KB262736

나는 이렇게 살고 싶었다

행복의 열쇠를 찾아주는 정락 스님 법문집

불광출판사

머
리
말

언제부터인지는 알 수 없습니다. 어떻게 살 것인가의 문제가 남아있는데, 왜 사는가? 하고 묻기 시작했습니다.

이렇게 여러 해를 보냈습니다. 어떻게 살 것인가? 왜 사는가? 여러 사람을 찾아다니며 물었습니다. 스님을 만나 여쭈었습니다. 스님이 제게 되묻기를,

"누가 사는데?"

"제가 삽니다."

"네가 누구인데?"

대답을 못했습니다.

스님이 "너는 부처이니라."

"저를 어떻게 부처라 할 수 있습니까?"

"그러면 다음에 부처 될 사람 정도로 생각하고 살아보아라."

그리고 출가를 했습니다.

모든 중생이 부처가 될 수 있다는 것, 아니 우리 모두는 '이미 부처'라는 것은 세상의 어느 종교에서도 찾아볼 수 없는 불교만의 특성이자 불교의 위대함입니다. 스님을 만나 '너는 부처'라는 말씀을 듣고 출가한 후 지금까지 피조물로, 종으로서의 삶이 아닌 부처로서의 삶, 보살로서의 삶, 사홍서원의 원력을 세우고, 육바라밀을 수행하는 보살의 삶을 살아야겠다고 마음먹었습니다.

그리고 지난날 일상생활에서 만났던 많은 일들을 생각하게 되었습니다. 그렇게 생각하고, 그렇게 말하고, 그렇게 행동한 것이 후회되었습니다. 이렇게 생각하고, 이렇게 말하고, 이렇게 행동할 것을 하고…. 그 때부터 다른 사람의 생각과 선택, 판단, 고정관념, 편견에 대해서도 관심을 갖게 되었습니다.

왜? '받는 것이 복'이라는 종의 생각을 할까?

'주는 것이 복'이라는 보살의 생각을 안 할까?

왜? 생일을 내가 태어난 날이라고만 말할까?

어머니가 낳아 준 날이라고 말하지 않을까?

부처님의 가르침은 순간순간 살아가면서 마음을 잘 쓰고, 선택을 잘하고, 고정관념에서 벗어나 본마음으로 살라는 것입니다. 우리가 수행을 하는 것은 우리 본마음인 불성(佛性)을 확실히 보고, 부처의 마음, 보살의 마음으로 살기 위해서입니다. 수행을 통해 본마음을 알면

누가 시키지 않아도, 애써 하려 하지 않아도 저절로 부처의 행, 보살의
행을 하게 되는 것입니다.

그동안 수많은 분들에게 부처님 법을 전해 왔습니다.
"놓으면 행복해집니다."
"순간의 선택이 미래 생까지 좌우합니다."
"주는 것이 복입니다."
"마음이 흔들릴 때 '본마음이 아닌 마음의 그림자가 일어나고
있구나' 하는 것을 알아차리십시오."
"남을 잘 이해할 수 있는 능력을 길러 견해와 성격 차이를 좁혀
살다보면 행복해집니다."
"자기도 이익 되고 남도 이익 되는 삶을 사세요."
"마음을 바꾸어야 자기의 생활을 바꿀 수 있고, 그래야 주변을
좋은 환경으로 바꿀 수 있습니다."
평소 사람들에게 늘 강조하는 것들이 알고 보면 다 나에게 던지
는 화두였습니다. 나는 이렇게 살고 싶었습니다.

2009년 봄날
화성 만의사에서
정락 화남

차례

■ 1장 ■

마음의 힘

마음이 왜 이렇게 흔들릴까?

제가 모시고 있다가 96세에 돌아가신 노스님이 계셨습니다. 어떤 스님이 설에 찾아와 노스님께 세배를 드린 다음, 노스님의 연세를 물어보았습니다. 노스님이 96세라고 답하시니까, 덕담이라고 한다는 말이 "스님, 100살까지는 사셔야 되겠습니다."라고 한 것입니다. 그 스님이 돌아간 뒤에 노스님이 말씀하시길, "그 스님, 참, 나보고 4년만 더 살다 죽으래."라고 하시면서 섭섭해 하셨습니다. 그 때 생사를 초탈하기 위해 출가하시어 평생 정진하셨어도 불로장생이 인간의 기본적인 욕망이라는 것을 느꼈습니다. 예나 지금이나 건강, 장수는 삶의 가장 중요한 화두입니다. 사람들에게 행복의 첫째조건이 무엇인가 물어보면, 대부분 '건강하게 오래 사는 것'이라고 대답합니다. 이렇게 모든 사람이 중요하게 여기는 건강을 세 가지로 크게 나누면 육체적 건강, 정신적 건강 즉 마음의 건강과 사회적 건강입니다.

육체적 건강에 대해서는 잘 아실 것입니다. 가정이나 직장, 사회생활에서 피로를 느끼지 않고 불편하지 않은 정도로 움직이면서 살아갈 수 있으면 건강하다고 합니다. 정신적 건강은 일상생활 속에서 웬만한 일에는 마음이 흔들리지 않는 것입니다. 걱정 근심하지 않는, 요새말로 스트레스를 안 받고 살 수 있을 만큼의 튼튼한 마음입니다. 사람에 따라서는 아무 것도 아닌 말 한 마디에 속상해 하고, 어떤 사람은 신경을 많이 써서 병이 나고 자살을 하는 경우도 있습니다. 큰일을 당해서도 마음이 요동치지 않고 평온을 유지할 수 있다면 마음이 건강한 사람이라고 할 수 있습니다.

사회적 건강은 다른 사람에게 스트레스를 주지 않는 마음입니다. 자기가 아무리 속으로 화가 나더라도 밖으로 표현하지 않고, 다른 사람의 마음에 기쁨과 즐거움을 줄 수 있는 마음입니다. 예를 들어, 다른 사람의 차가 지나가기 힘들 정도로 주차를 해놓았을 경우에도 상대방에게 욕을 하지도 않고, 속상해 하지도 않으면서 아무렇지 않게 차를 뺄 수 있을 정도면 마음이 건강한 것입니다. 한편 주차할 때에 다른 사람이 불편을 느끼지 않고 차가 잘 지나갈 수 있도록 미리 노력하는 사람은 사회적 건강이 좋은 사람입니다. 그런데 가만히 살펴보면, 다른 사람의 차가 지나갈 수 없을 정도로 주차하는 사람이 어쩌다 다른 사람이 그렇게 대놓은 경우를 보면 주차 문화가 어떠니 하면서 욕을 합니다. 그런 사람은 사회적으로도 문제가 있고 정신적으로도 문제가 있습니다. 남에게 피해주는 일은 조금도 하지 않으려고 노력하는 사람이 사회적으로 건강한 사람이고, 피해를 조금 입었어도 이해해주고 불평하지 않는 사람이 정신적으로 건강한 사람입니다. 세상에서 어리석고 독한 사람이 제일로 무섭고 몹쓸 사람입니다. 독한 사람은 너 죽고 나 살자는 사람이고, 어리석은 사람은 너 죽고 나 죽자는 사람입니다.

일상생활 속에서도 주고받는 말 한 마디를 못 참고 싫은 소리를 하는 것도 정신적 건강과 사회적 건강에 문제가 있는 것입니다. 체해서 소화가 안 되는 것은 육체적 건강에 문제가 있다면, 누가 말 한 마디 한 것이 딱 걸린다면 정신적으로 체한 것과 같습니다. 마음에 깊은 상처를 입기도 하고, 그 말이 걸려서 잊히지 않고 그 말 때문에 계속 속상해 한다면 정신적으로 건강하지 않은 것입니다. 상대방에게 가슴에 맺히도록 함부로 말하는 사람 또한 사회적 건강에 문제가 있다고 할 수 있습니다.

우리가 밥을 먹다가 체하면 소화제를 먹는다든가 손을 따든가 침을 맞는 등 여러 가지 방법을 쓰듯이 가족, 친구, 직장 동료들에게 한마디 들은 것이 마음에 맺혔다면 풀기 위한 노력을 해야 합니다. 참선을 한다거나 관세음보살을 지극히 부른다거나 반야심경을 외우거나 하면서 나으려고 노력해야 하는데 대부분 그렇게 하지 않습니다. 밥먹고 체한 것은 별별 노력을 다 하면서도 가슴에 상처를 입은 것은 소화시키려 하지 않고 지나간 일까지 서운하게 생각하면서 상처를 더 냅니다. 손가락 하나를 다쳤을 경우에는 약을 바르고 붕대도 감아가며 치료를 하는데 마음에 상처를 입었을 경우에는 전혀 치료를 하지 않습니다.

어떤 불자님이 아침 일찍 절에 왔습니다. 남편이 출근하면서 한마디 한 말이 가슴에 맺혀서 속상해서 절에 왔다고 합니다. 그런데 절도 많이 하고 불보살님 명호를 지극히 부르면서 마음을 편안히 하려고 절에 온 줄 알았더니 그게 아니었습니다. 지난번에도 그런 말을 하더니 또 그럴 수가 있냐는 둥, 시어머님도 똑같다는 둥 내가 못 살겠다는 둥 하면서 오히려 자꾸 상처만 더 내고 있어요. 그래 제가 한마디 거들었습니다.

"마음에 상처를 입었으면 빨리 치료를 해야지 왜 자꾸 상처를 더 내십니까? 사람이 다쳤을 때 약을 먹고 연고를 바르는 등 치료를 하잖아요. 그런데 치료를 하지 않고 앉아서 '지난번에는 이렇게 다쳐서 피가 얼마 정도 났는데, 앞으로는 또 어떻게 다칠 것'이라고 중얼거리기만 하면 다른 사람들이 뭐라고 하겠습니까? 미쳤다고 하겠지요. 마음의 상처도 마찬가지입니다. 치료는 하지 않고 오늘 일에 과거 일까지 들추어내서 상처만 내서는 나을 수 없습니다."

요즘 남녀를 불문하고 다이어트 열풍이 대단하다고 들었습니다. 간혹 몸매를 아름답게 하기 위한 욕구도 있겠지만, 살이 찌면 건강에 해롭기 때문에 갖은 운동을 다 하면서 살을 빼기 위한 노력을 아끼지 않습니다. 그렇듯 육체적인 건강을 위해서 미리미리 신경을 쓰며 여러 가지로 노력하듯이 웬만한 말에는 신경 쓰지 않을 만큼의 튼튼한 마음을 만들기 위해 노력해야 됩니다. 특히 마음에 상처를 잘 입는 사람은 어리석음, 성내는 마음, 욕심 즉 번뇌가 많기 때문입니다. 번뇌가 많은 사람은 유달리 참지 못하고, 웬만한 일에도 죽고 싶어 하고, 죽이고 싶어 합니다. 작은 일에도 그렇게 많이 흔들리는데 큰일에 부딪혔을 때 어떻겠습니까?

자신을 한번 돌아보십시오. 내 마음이 왜 이렇게 흔들릴까? 언제 내 마음이 흔들리나? 언제 화가 나고 언제 상처를 입는지 잘 생각해 보십시오. 재물을 잃었을 때, 자존심을 긁혔을 때, 다른 사람이 내 뜻대로 움직여주지 않을 때, 상대방이 막말을 할 때 등 여러 가지 원인으로 화가 나고 상처를 입겠지요. 잘 살펴보면 그 모든 것이 자기 마음의 번뇌에서 오는 것임을 알 수 있을 것입니다. 그런데 평소 번뇌를 없애려고 노력하셨습니까?

번뇌 망상 다이어트

어떤 보살님이 부지런히 절에 다니는 것을 보고 옆집 아주머니가 "그렇게 절에 열심히 다니면 얻는 것이 있느냐?"고 물었습니다. 그래서 보살님이 대답하기를, "얻는 것이 없다."고 하니까, "그런데 왜 다니느냐?"며 다시 묻는 옆집 아주머니에게 보살님은 "버리러 다닌다."고 대답했답니다. "절에 가서 스님 말씀 듣고 기도를 하다보면 욕심도 버리게 되고 성냄도 버리게 되고 버리는 게 많다."고 하니까 의아해 하며 물어보던 옆집 아주머니도 감동해서 이제는 같이 절에 다닌다고 합니다. 사실 평상시에 이런 대답 나오기가 쉬운 일이 아닙니다. 지속적인 수행을 했을 때 이 보살님과 같은 대답이 자동적으로 나오는 것입니다.

수행을 지속적으로 잘 하기 위해서는 중독과 비슷할 정도의 습관이 들어야 가능합니다. 요즘 나이든 사람들이 모이면 10년만 더 젊었으면 좋겠다고 하면서 말로는 이렇게 저렇게 살겠다고 하지만 막상 실제로 살 때에는 중생 소견, 중생 습관이 익어 있어서 지금과 별반 다름없이 살게 됩니다. 하지만 삼보에 대한 믿음, 결정심과 환희심이 일어나면 생활이 그대로 보살이 될 수 있습니다.

절에 오시는 분들은 다른 거창한 목표는 그만두고 일단 살 빼려고 헬스장, 수영장에 가시듯이 번뇌를 빼려고 절에 오시는 것으로 생각하십시오. 절에 와서 참선을 하든지 염불을 하든지 절을 많이 하든지 해서 번뇌를 없애 마음을 편안하게 하고, 웬만한 일에는 성내지 않고 욕심 내지 않는 튼튼한 마음을 만들어야 합니다. 평소에 마음 편하게 하고, 번뇌를 없애려고 노력해야 쉽지, 화났을 때 참으려면 잘 안됩니다.

자녀를 기르는 것도 그렇습니다. 자녀의 육체적 건강을 위해서는 옷 입는 것, 밥 먹는 것에 신경을 많이 쓰면서도 정신적으로 건강한 사람을 만들기 위해서는 노력하는 것이 별로 없는 듯합니다. 자녀가 화를 내거나 나쁜 마음을 냈을 때 꾸중은 하면서도 평소에 자녀의 마음을 편안하고 밝게 하기 위한 노력은 하지 않습니다. 부모의 행동거지를 보고 자녀가 닮는다는 것을 잘 알면서도 실천하지 않는 것을 보면 안타까울 뿐입니다.

사회적 건강에서 가장 중요한 덕목은 밖으로 표현하지 않고 참는 것인데, 참는 것, 인욕에도 두 가지가 있습니다. 하나는 요익중생(饒益衆生), 중생에게 이익이 되고 해가 되지 않게 하는 것입니다. 혹시 상대방이 나에게 나쁜 말을 하거나 핍박하더라도 그것을 밖으로 표현하지 않습니다. 즉 상대방에게 복수하지 않는 겁니다. 사실 그냥 참는 것은 완전하지 않은 것입니다. 안으로 화를 저축하고 있다가 참다 참다 터져 나오면 나중에는 이자까지 나와서 오히려 참지 않은 것보다 못할 수도 있기 때문입니다. 그냥 참는 게 아니라 그 일이 전혀 없을 때처럼 마음이 편안해져야 합니다.

인욕의 두 번째는 무심한 경지입니다. 풍랑을 만났을 때 이리저리 허둥대는 사람과 허둥대지 않고 가만히 앉아있으면서도 불안해서 마음을 지키기 위해 애쓰는 수심(修心)의 경지와 그 배에 탄 일도 없고 풍랑을 만난 일도 없다고 말하는 무심(無心)한 경지가 있습니다. 수심은 무심만 못합니다. 무심도 무라고 하면 없다는 것이 하나 있게 되지만 상대방에 따라서 말을 해야 하는 상황인지라 그렇게 말했을 뿐입니다. 개구즉착(開口卽錯)이라 하여 말을 하게 되면 벌써 어긋나기 때문에 소리를 질러 할을 하든지 방으로 한 대 때리든지 양구라고 하여 대답을 하지 않는 최고의 경지도 있습니다.

물론 말로만 무심해서는 안 되고 마음이 무심해지도록 본마음에 맡겨야 되는데, 그게 그렇게 쉽지는 않기 때문에 노력을 해야 합니다. 육체적 건강을 위해서 운동을 하고, 몸에 좋은 것을 찾아먹는 것처럼 마음을 닦는 공부도 매일매일 해야 합니다. 당장 오늘부터 저녁에 자기 전이든 아침에 일어나서 참선이나 염불, 사경을 하든지 혹은 절을 많이 해서 마음을 닦는 수행, 번뇌 망상을 버리는 수행을 하십시오. 내일부터 한다고 하는 사람은 항상 내일일 뿐입니다. "좋은 일은 내일부터 하고 나쁜 일은 꼭 오늘까지"라고 합니다. 담배 끊겠다는 사람들을 보면 꼭 오늘까지만 한다고 하지 않습니까? 오늘만 하면서 나쁜 일은 계속하고 좋은 일은 내일부터 한다면서 시작도 못하고 맙니다. 여기 아주 재미있는 예가 있습니다.

히말라야 산 속에 한고조(寒苦鳥)가 삽니다. 추운 고통을 받는 새라는 이름에서도 알 수 있듯이 그 새는 털이 많지 않아서 밤만 되면 추위에 떨면서 맹세를 한답니다. 내일 아침에는 당장 집을 지어 추운 고통에서 벗어나야겠다고 맹세를 하겠지요. 그렇게 추위에 덜덜 떨면서 해가 뜨기를 기다리는 것입니다. 그런데 해가 뜨면 털이 없어서인지 더 따뜻하게 느껴지니까 집을 또 안 짓습니다. 평생을 그렇게 실천하지 않고 맹세만 한답니다. 맹세만 해서는 아무 소용이 없습니다.

정진의 첫째가 실천력, 실천할 수 있는 힘입니다. 부지런한 주부는 밥 지을 시간이 되면 곧바로 시작해서 한 시간이면 다 끝내는데, 게으른 주부는 몇 시간 전부터 '해야 될 텐데' 하고 걱정하면서 빈둥거리다가 결국 반찬 사러 슈퍼에 갑니다. 학생이 숙제를 할 때도 그렇고, 직장인들도 마찬가지입니다. 미루고 미루다가 못하고 학교에 가서야 하는 학생들, 사무실에서 빈둥빈둥 놀다가 퇴근시간에 일거리를 싸가지고 집에 갖고 와서도 걱정만 하고 다음날 아침에 도로 사무실로 갖고 가는 경우가 많을 것입니다.

정진의 두 번째는 지속력, 지속적으로 하는 힘입니다. 한 번 시작하면 끝까지 해야 됩니다. 방학 때 계획표를 짜서 첫날은 열심히 하다가 며칠 지나면 하다말다 하고, 더 지나서 점점 안 하는 날이 많아지면 그럭저럭하게 되고, 나중에는 그만 두게 되어서 흐지부지되어버립니다. 하다말다 그럭저럭 흐지부지되는 게 중생의 모습입니다. 무슨 일이든 지속적으로 하면 성공할 수 있습니다.

부처님께서 전생에 태자로 있을 때 일입니다. 불쌍한 사람을 도와주기 위해서 보물을 캐는데, 하루는 보석을 구해 오다가 얼마나 지쳤던지 바닷가에서 잠이 들었습니다. 용이 지나가다 보니까 태자가 기가 막힌 여의주를 가지고 자는 겁니다. 용이 여의주를 몰래 훔쳐서 가버립니다. 잠에서 깨어난 태자가 여의주가 없어진 것을 알고 여의주를 찾기 시작합니다. 그 넓은 바다에서 여의주를 찾기 위해 바닷물을 퍼내기 시작합니다. 처음에는 용이 가소롭게 생각했지요. 지나가는 사람이 "언제 바닷물을 다 퍼내느냐."며 한심스러워하니까, "이번 생에 못하면 내생에 하고 내생에 못하면 또 다음 생까지 할 것"이라고 말합니다. 용이 태자의 얘기를 듣고 보니 겁이 난 겁니다. 바닷물이 없어지면 살 곳도 없어지지 않습니까? 그래서 할 수 없이 구슬을 태자에게 바쳤다고 합니다.

　　중국에도 이와 비슷한 우공(愚公)의 일화가 있습니다. 태산(泰山)이 해를 가리니 우공이 태산을 옮기고 싶어 합니다. 우공이 아들들과 태산을 퍼내서 바다에 갖다 버리며 산을 옮기고 있는데, 지나가는 사람이 언제 다 옮기겠느냐며 어리석은 일이라고 비웃자, "내가 못하면 아들이 하고, 아들이 못하면 손자가 하고, 두고두고 할 것"이라는 얘기를 옥황상제가 듣고 산을 옮겨주었다는 얘기입니다. 이처럼 지속적으로 하면 못할 일이 없다는 것입니다.

　　정진의 세 번째는 집중력입니다. 아무리 오래 지속적으로 한다고 하더라도 약한 마음으로 흐지부지하면 안 됩니다. 아주 열심히 해야 되는 것이지요. 부처님께서 전생에 앵무새로 태어났을 때 일입니다. 여러 짐승들이 살던 대밭에 불이 나자 난리가 났습니다. 짐승들이 허둥대며 도망가다 넘어지고 다치고 아수라장이 되었겠지요. 그런데 그 곳에 살고 있던 앵무새가 가만히 생각하니까 대밭이 다 타버리면 살 곳이 없어질 게 뻔했습니다. 그래서 저쪽 강에 가서 날개에 물을 묻혀 와서 불을 끄는데 얼마나 힘껏 날아다니며 힘차게 물을 뿌렸던지 제석천이 살고 있는 궁전이 흔들흔들합니다. 제석천이 놀라서 천리안으로 살펴보고는 궁전이 무너질까봐 비를 뿌려서 불을 꺼줬다는 이야기가 부처님의 전생 이야기인 『자타카』에 나옵니다.

　　또한 『화엄경』 「보살문명품」에 보면, 문수보살이 정진보살, 근수보살에게 묻습니다. "중생이 모두 불성을 가지고 있는데 어떤 사람은 빨리 발심해서 성불하고 어떤 사람은 늦게 성불합니까?"라는 물음에, 정진을 하지 않아서 그렇다고 답합니다. 집중해서 정진해야 하는데, 게을러서 시작도 하지 않는 사람이 많습니다. 늘 뒤로, 내일로 미루고 걱정만 하면 정진이 안 됩니다.

이제 어떻게 마음 관리를 해야 하는지 아시겠지요. 참선이든 염불이든 절이든 사경이든 자신에게 맞는 수행법을 한 가지 정해서 번뇌 망상을 없앨 수 있도록 정진하셔야 합니다. 또한 실천력·지속력·집중력을 키우면서 정진하셔야 합니다. 수행을 통해 번뇌 망상을 없애고 마음이 편안하고 튼튼해진 사람, 정신적으로 건강한 사람이 사회적으로도 건강합니다. 자기 스스로 마음이 편안하고 화를 내지 않는 사람이 남에게 화 낼 일을 안 하기 때문입니다. 모쪼록 모든 사람을 만날 때마다 육체적·정신적·사회적으로 건강하기를 기원해 주고, 본인 또한 건강하게 살 수 있다면 이 땅이 그대로 천당이요, 극락입니다.

두 짝을 다 잃었으면 더 나았을텐데…

어떤 신도님이 장갑을 한 켤레 선물해 주었습니다. 겨우내 따뜻하게 잘 썼는데 어느 날 장갑이 한 짝밖에 없다는 것을 알았습니다. '두 짝을 다 잃었으면 주운 사람이 잘 쓸 텐데…' 하는 생각이 먼저 일어나야 하는데, 한 짝을 찾을 생각부터 하였지요. 이렇듯 생각을 선택하는 것에도 남을 먼저 생각하는 인생관을 가졌다면 그런 판단이 앞설 수 있습니다. 사실 누군가 물어보면 그런 선택을 하리라고 대답할 수도 있지만, 실제 상황에 부딪히면 아까워서 찾으려는 생각이 앞서는 경우가 많습니다. 이런 판단은 머리로 따지는 게 아니라 그 순간에 되어야 합니다.

요즘 사리분별을 제대로 하지 못하는 사람, 해야 할 일과 하지 말아야 할 일의 판단능력이 부족한 사람이 많은 듯합니다. 남을 괴롭

히거나 남에게 해를 입히는 것이 나쁘다는 것을 알면서도 이해관계로 따져보아 그 일이 자기에게 이익이 된다면 슬쩍 넘어가는 경우는 일단 제쳐두겠습니다. 우리 사회가 전반적으로 도덕성이 해이해져서 정당하지 않은 행동으로 부를 축적한 사람도 정치적으로 출세하는 세상이니 그 점에 대해서는 일단 논외로 하겠습니다.

어쨌든 해야 할 일과 하지 않아야 할 일에 대해 바르게 그리고 빨리 판단해야 합니다. 무슨 일이든 이리저리 따지지 않고 빨리 판단했을 때 도덕적으로도 좋고 자기는 물론이고 모든 사람에게 이익이 되고, 지난 다음에도 잘 했다는 생각이 들 정도가 되면 판단력이 있다고 할 수 있습니다. 어찌 보면 살아가면서 판단력만큼 중요한 게 없습니다. 세상살이가 매 순간순간 시시때때로 판단하면서 살아가야 하기 때문입니다. 기업체에서 최고경영자를 중요시 여기는 것도 가장 중요한 순간에 판단을 해야 하는 입장이기 때문입니다. 기업을 탄탄하게 성장시킨 능력 있는 최고경영자도 순간적으로 판단을 잘못 해서 자기와 기업에 큰 손해를 가져오고 남에게 비난을 받는 경우를 봐도 잘 알 수 있을 것입니다.

판단력은 자기 스스로 경험을 통해서 생길 수도 있고, 책이나 스승 등 다양한 배움, 또는 복력(福力)으로 생길 수도 있습니다. 복력이라는 말에 반신반의하는 분들도 있을 것입니다. 하지만, 실제로 사람들의 삶을 살펴보십시오. 복이 있는 사람은 능력이 없어 보이는데도 하는 일마다 잘 됩니다. 또 복이 없는 사람은 머리도 좋고, 능력이 좋아 보이는데도 하는 일마다 잘 안 풀립니다. 머리를 써서 잘 판단한 것처럼 보이는데도 본인뿐만 아니라 주위사람에게까지 손해를 끼치는 것입니다.

복력이 있는 사람을 찬찬히 살펴보면, 마음을 잘 다스리는 것을 알 수 있습니다. 욕심이 많은 상태에서 판단하면 잘못 판단하기가 쉬운데 그 또한 마음을 잘 못 다스렸기 때문입니다. 욕심도 잘 다스려야 하지만, '하고 싶다', '하기 싫다'는 마음을 잘 다스릴 수 있어야 합니다. 이는 마시멜로 이야기에서도 잘 알 수 있습니다.

미국 스탠퍼드 대학의 월터 미셸 박사가 어린이들을 대상으로 '마시멜로 실험'을 합니다. 실험에 참가한 어린이들은 네 살짜리들이었는데, 달콤한 마시멜로(달콤하고 연한 양과자)를 하나씩 나누어주며 15분 동안 마시멜로를 먹지 않고 참으면 상으로 한 개를 더 주겠다는 제안을 합니다. 참가한 어린이들 중 3분의 1은 참지 못해 마시멜로를 먹어 치웠고, 3분의 2는 끝까지 참고 기다려서 상을 받았지요. 그리고 14년 후 15분을 참았던 어린이와 참지 못한 어린이 사이에 차이점을 밝혀서 유명해진 이야기입니다. 당시 마시멜로의 유혹을 참아낸 어린이들은 사회성이 뛰어난 청소년으로 성장했으며, 마시멜로를 먹어치운 어린이들은 쉽게 짜증을 내고 싸움도 잘하는 청소년으로 성장한 것입니다. 마시멜로의 이야기는 스트레스를 조절하고 욕구를 절제하는 자제력,

자신의 마음을 다스리는 것이 인생에 얼마나 큰 영향을 미치는지에 대해 잘 보여주고 있습니다.

마음을 잘 다스리는 연습을 하면 인생이 바뀝니다. 그와 반대로 마음을 잘못 다스리면 인생에 큰 해를 입는 일이 흔히 있습니다. 부모가 자녀를 기를 때에도 마찬가지입니다. 자기 마음을 제어하지 못해서 화나는 대로 자녀를 대하면 나중에 후회할 일이 많습니다.

세상에서 가장 사랑하는 사람이 누구냐는 물음에 대부분은 가족이라고 대답합니다. 그런데도 그렇게 사랑하는 가족끼리 서로 다투면서 상처를 주는 경우가 많습니다. 사람들의 말을 들어보면, 거의 대부분 기분으로 다투는 것이 많습니다.

"자식 겉 낳지 속 못 낳는다."는 얘기를 자주 들을 수 있습니다. 그 말끝에는 늘 자식 때문에 골치를 썩는 얘기가 이어집니다. 부모들이 자주 하는 말 중의 하나가 "학생이 하라는 공부는 안 하고 뭐 하러 쏘다니다 이제야 왔느냐? 도대체 뭐가 되려고 하느냐?"는 것이고, 이 말은 학생들이 가장 듣기 싫어하는 말이기도 합니다. 그 말을 들은 자녀는 당연히 기분이 나빠져서 공부가 더 하기 싫어집니다. 학생이 공부를 하지 않아도 된다고 생각해서 안 하는 경우는 드뭅니다. 하기 싫어서 안 하는 것이지요. 노는 것도 역시 꼭 놀아야 하기 때문에 놀기보다는 놀고 싶어서 노는 경우가 많습니다. 놀고 싶어서 노는 것처럼 아이의 마음을 잘 다스려서 공부가 하고 싶어서 할 수 있도록 도와주어야 하는데 오히려 기분 나쁘게 만들어서 공부에 더 흥미를 잃게 하고, 반감을 사는 부모가 많습니다.

버려야 할 것도 욕심 때문에 가지려고 노력하고, 꼭 해야 할 일도 하기 싫어서 하지 않는 경우가 많은 것을 보면 지적인 판단도 중요하지만 감정적인 판단, 기분이 주는 영향이 매우 크다는 것을 알 수 있습니다. 자녀가 스스로 감정을 잘 조절할 수 있도록 어릴 적부터 잘 이끌어주어야 합니다. 그런데 사실 알고 보면 먼저 부모가 마음을 잘 다스리면 자녀가 잘 자라고, 화목한 가정이 됩니다.

어느 부부가 전기밥솥을 같이 사러 갔다고 합니다. 아내가 사용법을 배워 왔는데, 집에서 해보니까 작동이 잘 안 됩니다. 남편이 설명을 듣고도 모르느냐고 핀잔하며 다시 한 번 배워오라고 합니다. 아내가 대리점에 가서 다시 알아보고 왔는데 또 작동이 안 됩니다. 그걸 보고 있던 남편이 아내에게 한마디 합니다. "당신, 학교 다닐 때 공부 못했지."라는 남편의 말에, 아내는 기분이 나빠져서 "그러는 당신은 잘했나?" 하고 대구를 하면서 싸움이 시작됩니다. 이렇게 밥통을 사용하고 안 하고의 사실적인 문제와는 전혀 관계없이 기분 문제로 싸움이 벌어지는 것입니다. 남편이 마음을 잘 다스리는 사람이었다면 아내가 기분 나빠할 말을 하지도 않았겠지만, 아내 역시 평소 마음공부를 잘했다면 설령 남편이 그런 말을 했다 할지라도 그러려니 하면서 넘어갈 수도 있습니다.

　아무리 하고 싶은 말이라 할지라도 해서는 안 되는 말은 하지 않는 능력을 키워야 합니다. 감정을 억제하지 못해서 해서는 안 되는 말을 해놓고 땅을 치고 후회하는 사람도 많습니다. 그러고 보면 우리는 하고 싶다 하기 싫다, 기분이 좋다 나쁘다, 긴장되다, 이완되다, 흥분되다, 안정되다 등 감정의 영향을 받으며 살고 있습니다. 기분은 일정 기간을 유지해가는 감정 상태입니다. 불쾌한 것, 긴장되거나 화가 나서 흥분 상태가 되면 스트레스를 받는다고 합니다. 이것이 육체적 건강에도 아주 큰 영향을 줍니다.

　알고 보면 이 기분은 영원한 것도 아니고, 한 생각 돌리면 아무렇지도 않는 것인데, 그 감정상태가 하루 종일 갈 수도 있고, 며칠 동안 갈 수도 있고, 잠깐 갈 수도 있고, 평생 동안 앙금으로 남을 수도 있습니다. 하지만 어떤 사람은 그냥 아무렇지 않게 지나갈 수도 있습니다. 그렇기 때문에 감정 상태를 잘 조절해서 아무리 험한 꼴을 당해도 평소 마음처럼 편안하게 유지할 수 있다면 건강하고 행복한 사람입니다.

욕심도 잘 다스려야 하지만,
하고 싶다, 하기 싫다는 마음을
잘 다스릴 수 있어야 합니다.
이는 마시멜로 이야기에서도 잘 알 수 있습니다.

전생에 남의 물건 안 훔쳤는데…

조선시대에 사셨던 스님의 이야기입니다. 다들 아시다시피 그 때는 불교를 박해하는 시대였지요. 특히 교조적인 유교에 물든 관리들이 스님들을 핍박하는 일이 많았습니다. 스님들에게 일도 시키고 성도 쌓게 하는 등 갖은 방법으로 괴롭히니까 어떤 스님이 부인을 얻었습니다. 다른 사람이 볼 때는 스님이 아닌 것처럼 지내려고 한 것이지요. 결혼만 했지 아무 일이 없으니까 얼마 안 지나서 부인이 못 살겠다고 떠나겠다고 합니다. 스님이 부인에게 줄 것이 없어서 바가지를 하나 줬대요. 부인이 바가지를 들고 가다가 길 가의 나무에 걸어놓고 길을 떠났습니다. 여기저기 헤매고 다니다가 결혼도 못하고 먹을 것도 없고 해서 다시 스님에게 돌아왔습니다. 스님이 "결혼도 못하고 왔느냐?"고 물으니까, 아무도 안 데려가더라고 하자, "내가 전생에 남의 마누라와

산 적이 없는데 누가 내 마누라와 살겠느냐."고 하더랍니다. 또 바가지를 어떻게 했느냐고 물어서 찾으러 갔더니 그대로 나무에 걸려 있더래요. 그러니까 "내가 전생에 남의 물건 안 훔쳤는데 누가 내 물건을 훔치겠느냐."고 하더랍니다.

이 스님의 일화에서도 알 수 있듯이 모든 것이 자기가 지은 대로 받는 것입니다. 부처님은 자비가 완성된 분이고 복과 덕이 완성된 분이고 청정하신 분이고 진실하신 분이고 지혜로운 분이라고 합니다. 부처님이 구비해야 할 다섯 가지 공덕(자비, 복덕, 청정, 진실, 지혜)을 갖추셨는데, 이 또한 전생부터 지으신 공덕입니다. 오계만 제대로 지켜도 부처님의 다섯 가지 공덕을 짓는 바탕이 됩니다.

살생을 하지 않으면 자비의 종자가 자라나서 자비가 완성되어 모든 것을 자비의 힘으로 판단하고 선택하는 자비의 힘이 생깁니다. 도둑질을 하지 않으면 복덕의 종자가 자라나고, 복이 있는 사람은 자기가 흥하는 쪽으로 선택하게 됩니다. 회사도 복이 다하면 바쁘지 않은 사람이 없을 정도로 야단인데 속으로는 망해갑니다. 삿된 음행을 하지 않으면 청정의 종자가 자라납니다. 거짓말을 하면 진실의 종자가 끊어지고, 술을 마시면 지혜의 종자가 끊어집니다.

잠깐 사윗감이나 며느릿감을 고를 때 다섯 가지 조건을 일러드리겠습니다. 첫째, 자비로워야 합니다. 사람이 독하면 큰일이 납니다. 둘째, 아무리 자비롭다고 해도 처자식을 굶기면 안 되므로 복이 있어야 됩니다. 셋째, 복이 있다 해도 바람을 피우면 그것도 못 견딜 일이니까 청정해야 됩니다. 넷째 거짓말을 하지 않고, 다섯째 어리석지 않고 지혜로워야 합니다. 며느리, 사윗감뿐만 아니라 일상생활 속에서 친구를 하나 사귀더라도 이 다섯 가지를 살펴보고 사귀면 틀림이 없을 겁니다.

이렇게 오계만 잘 지켜도 자비롭고 복과 덕이 있고 청정하고 진실하고 지혜로운 사람이 되어서 거기에서 오는 힘으로 판단합니다. 잔머리는 아무리 써봐야 아무 소용이 없어요. 지옥 갈 꾀만 부리는 경우가 많습니다. 복을 짓고 계행을 청정히 지키고 바른 인생관으로 결정해야지 정도에서 벗어나서 잔머리 굴려봐야 이익이 하나도 없습니다. 잠시 잠깐 이익을 본 것 같아도 결국은 손해를 봅니다.

자비로운 사람이 되면 자비심으로 판단하니 얼마나 자비스러운 일만 하겠습니까. 또한 복과 덕이 있는 사람이 결정하면 항상 모두에게 이익 되는 판단을 할 것이고, 청정한 사람이 하면 바른 판단이 될 것이고, 진실의 종자가 갖춰진 사람은 진실 속에서 사니 말 한 마디 할 때마다 세상 사람이 믿어줄 것입니다. 또한 지혜가 완성된 사람은 판단하는 일마다 지혜로운 일만 하겠지요. 이렇듯 계행을 청정히 지키는 것에서 바른 판단의 힘이 생깁니다. 인욕, 참는 공부를 많이 해서 완성이 되면 꼭 해야 될 일만 하고 싶어진답니다. 참을 일이 없어지고, 해서는 안 될 일은 하기 싫어지니까 얼마나 좋겠습니까?

보시를 하면 할 수 있는 능력이 생깁니다. 부모가 자녀를 키울 때에도 재시·무외시·법시 이 세 가지를 베풀 수 있는 힘이 있어야 하고, 아들 딸 결혼 시킬 때도 이 세 가지를 잘 키워서 결혼시켜야 합니다. 재시는 재물로 보시하는 것인데, 자기 것을 남에게 베푸는 것이 그리 쉬운 일은 아닙니다. 한편 재물이 없는 사람은 재시를 할 수 없지 않느냐고 반문할 것입니다. 부처님께서는 그런 분들을 위해 무재칠시(無財七施)라 하여 재물 없이도 베풀 수 있는 일곱 가지 보시에 대해 가르쳐주셨습니다.

첫째, 안시(眼施)는 부드러운 눈빛으로 사람을 대하여 상대방을 편안하게 해 주는 것을 말합니다. 둘째, 화안열색시(和顔悅色施)는 자비롭고 미소 띤 얼굴로 사람을 대하는 것입니다. 화기애애하고 미소를 머금은 표정은 그 자체만으로도 사람들에게 기쁨을 줍니다. 셋째, 언사시(言辭施)는 공손하고 다정한 말로 사람들을 대하는 것을 말합니다. "말한 마디로 천 냥 빚 갚는다."는 속담도 있듯이 부드럽고 친절한 말로 큰 문제를 해결할 수도 있습니다. 넷째, 신시(身施)는 예의 바르고 친절하게 사람들을 대하는 것입니다. 다섯째, 심시(心施)는 착하고 어진 마음으로 사람을 대하는 것입니다. 여섯째, 상좌시(床座施)는 다른 사람에게 자리를 양보하는 것입니다. 젊은이들이 전철이나 버스에서 노약자들에게 자리를 양보하지 않고 눈을 감고 자는 척하는 광경을 자주 대하곤 하는데 얼마나 안타까운 일인지 모릅니다. 일곱째, 방사시(房舍施)

는 재워 주는 것을 말합니다.

　무외시는 자녀를 편안하게 해 주는, 의지처가 되어주는 능력입니다. 부모만 생각하면 편안해지고, 부모의 사랑이 뼛속에 사무쳐야 의지처가 됩니다. 다른 사람을 편안하게 해 주고 다른 사람을 두렵지 않게 하는 무외시를 하다보면 자녀에게도 그렇게 해 줄 수가 있습니다. 88올림픽 때 꼴찌를 한 선수를 인터뷰할 때 아주 인상 깊었습니다. "성적이 나쁜데 어떻게 하느냐?"고 하니까, "괜찮습니다. 내가 아무리 꼴찌를 해도 저희 부모님이 저를 사랑하는 마음은 하나도 변하지 않을 것이기 때문입니다."라고 하더군요. 어떠한 경우에도 자식을 감싸주는 의지처, 자식에게 행복을 주는 부모가 되어야 합니다. 그런데 자기에게 힘이 갖춰지지 않으면 말로 아무리 떠들어도 그 힘은 나타나지 않고 남들이 알아주지 않습니다.

　정서적인 안정은 행복에 제일 큰 영향을 주는 것으로 늙어서도 큰 힘이 됩니다. 재물이 없어도 편안하게 살 수 있습니다. 세상을 살다보면 평생토록 평탄치만은 않지요. 어쩌다 인생의 내리막길에서 사업에 실패하면 자살이라는 극단적인 선택을 하는 사람들이 있는데, 다 정서적으로 안정되지 않아서 그러한 길을 가게 된 것입니다. 아무리 힘든 상황에 처했을지라도 어머니만 생각하면 힘이 불끈불끈 나고, 재도전할 수 있는 용기를 내는 사람은 어릴 때부터 부모가 정서적으로 안정된 마음을 길러준 덕분입니다. 이는 부모가 무외시를 많이 함으로

써 얻어진 힘에서 나온다는 것을 명심하시기 바랍니다.

셋째는 법시로, 남을 위해서 좋은 말을 전해주고 모범을 보여주는 것입니다. "자식은 부모 뒤에서 배운다."는 말이 있듯이 부모가 하는 대로 배웁니다. 자식을 올바른 길로 이끌어주는 것만큼 중요한 일이 없습니다. 그런데 요새는 자식을 잘 먹이고 잘 입히는 것에만 치중해서 마음을 편안하게 해주고 바른 길로 인도하는 역할이 무너지고 있는 것 같습니다. 그래서 이 사회가 힘이 드는 겁니다. 부모들은 "내가 너를 어떻게 키웠는데…."라고 하면서 푸념하는데 살펴보면, 거의가 돈을 많이 들여서 키우고, 과보호했다는 내용입니다.

돈 없는 사람이 돈으로 자녀를 키우려면 힘들듯이 부모가 의지처가 될 만한 능력, 바른 길로 이끌어줄 능력이 없으면 의지처가 되기 어렵고, 바른 길로 이끌어주기도 힘듭니다. 그런데 세 가지(재시·무외시·법시) 보시 바라밀을 잘 닦아 나가면 자연히 그런 힘이 생깁니다. 자녀를 바르게 잘 키우기 위해서라도 보시 바라밀을 닦으시기 바랍니다.

인생은 판단과 선택의 연속

인생은 판단과 선택의 연속입니다. 순간적으로 잘 선택하려면 그만큼 판단력이 좋아야 합니다. 결국 판단을 잘 하고, 선택을 잘하고자 하는 것도 잘 살고 싶기 때문일 것입니다. 세상을 잘 살아가기 위해 꼭 필요한 일에 대해 몇 가지 알아보겠습니다.

첫째, '그 일을 해야 할 것인가, 하지 않아야 할 것인가' 입니다. 이는 여러 면에서 판단할 수 있는데, 윤리 도덕적인 면과 이해관계로 따져서 살펴볼 수 있습니다. 그래서 그 일을 해도 괜찮은 것인가, 해서는 안 되는 것인가에 대한 판단을 아주 잘 해야 됩니다. 해야 할 일을 하지 않아도 된다고 하든지, 해서는 안 되는 일을 꼭 해야 된다고 생각해서 실행하게 되면 자기에게나 많은 사람에게 불행을 가져올 수 있습니다. 제일 먼저 생각해야 할 것은 이 일을 해도 괜찮은가 또 하지 않아야 하는가에 대한 판단을 잘 할 수 있어야 합니다.

둘째, '해야 한다, 안 해야 한다' 하는 사실적인 판단만 하는 것이 아니라 마음으로 '하고 싶다, 하기 싫다'는 감정이 있습니다. 그래서 그 마음을 얼마만큼 잘 다스릴 수 있느냐 하는 것이 매우 중요합니다. 꼭 해야 할 일인데 하기 싫어서 안 하는 경우도 있고, 꼭 해야 한다고 판단하면서도 하기 싫어서 안 할 수도 있고, 절대 해서는 안 될 일도 자기가 하고 싶으면 할 수 있다는 것입니다. 예를 들어서 학생이 공부는 꼭 해야 하는 데도 하기 싫으면 안 하고 놀거나, 나쁜 짓은 절대 해서는 안 되는데 하고 싶다고 하는 것이죠. 사실 '해야 한다, 안 해야 한다'는 것을 지적으로 판단해서 결정하는 것도 매우 중요하고, 감정적으로 자기 마음을 잘 다스려서 해야 할 일은 열심히 하고, 해서는 안 되는 일은 절대 하지 않을 수 있는 능력이 꼭 필요합니다.

해야 할 일은 하기 싫어도 억지로 하는 게 아니라 하고 싶으면 훨씬 잘 할 수 있을 것이고, 해서는 안 될 일은 하고 싶어도 참는 정도가 아니라 그것 자체가 하기 싫으면 얼마나 좋겠습니까? 예를 들면, 학생이 공부를 해야 하는데 공부가 하고 싶으면 얼마나 좋겠느냐는 거죠. 물건을 꼭 살 필요가 있는데 사고 싶으면 더 좋겠지요. 사서는 안 되는데 사고 싶다는 마음 때문에 그 물건을 사면 쓸모없는 물건이 되어 결국 버리게 됩니다.

셋째, '할 수 있다, 할 수 없다'는 능력입니다. 저 물건은 꼭 사야 되는 물건이고 사고 싶은 물건이지만 돈 없으면 못 사는 것처럼 할 수 없으면 못 하는 겁니다. 공부도 해야 한다고 판단해서 공부하고 싶어도 가정환경이 너무나 어려워서 가족을 부양해야 할 상황이면 할 수 없게 됩니다.

그래서 해야 할 일이 하고 싶고, 할 수 있으면 행복합니다. 해서는 안 되는 일이 하고 싶으면 불행하고, 할 수 있으면 더 큰 불행이 옵니다. 해서는 안 되는 일을 하고는 싶어도 주변의 여러 환경이 못 하게 막으면 큰 불행은 막습니다. 나쁜 짓을 해서는 안 되는데도 그것을 하고 싶어 할 때 부모님, 선생님, 주위 어른들이 못하게 지켜주면 큰 불행은 막는 것입니다.

제가 아는 사람의 딸이 사춘기 때 불량한 친구들과 어울려 다니면서 부모 속을 많이 태웠습니다. 다행히 부모가 올곧게 사는 분들인지라 딸을 바른 길로 이끌어줄 수 있었지요. 그 딸이 지금은 부모님 덕분에 나쁜 길에서 벗어날 수 있었다면서 엇나갔을 때 함께 다니던 불량한 친구들 중에 좋은 부모를 만나지 못한 아이들은 지금도 헤매고 있다면서 부모님께 고마워한다는 말을 들었습니다.

요즘 시대는 할 수 있는 능력의 범위가 굉장히 넓어졌습니다. 애들이 놀 장소가 없다느니 문화시설이 없다는 의견이 분분한데, 그만큼 나쁜 짓을 할 수 있는 자리는 엄청나게 많아졌습니다. 옛날에는 나쁜 짓이라고 해봐야 겨우 친구 때리고, 남의 밭에 뛰어다니다 야채를

밟아서 야단맞는 정도였습니다. 온 동네에 어른들이 지켜보고 잘못 된 것은 고쳐주고 하는 분위기였기 때문에 나쁜 짓을 할 환경 자체가 형성되지 않았지요. 그런데 지금은 할 수 있는 조건이 그 때보다 훨씬 많아졌습니다. 바깥 환경은 말할 것도 없고, 집안에서도 제 방에 틀어박혀 있으면 무슨 일을 하는지 모릅니다. 무엇보다 예전 아이들보다 '하고 싶고, 하기 싫다'는 것을 자제할 수 있는 능력이 훨씬 모자랍니다. 어릴 때부터 인스턴트 음식을 많이 먹어서 그런지, 풍족하게 오냐오냐 자라서인지 지금 아이들은 하고 싶은 것을 참지 못합니다. 절대로 해서는 안 될 일은 하고 싶어도 참아야 되고, 해야 될 일은 싫어도 억지로라도 해야 되는데 그렇게 하지 않는 겁니다.

할 수 있는 능력은 많아졌지, 게다가 하고 싶은 마음은 더 강해졌지, '해야 한다, 안 해야 한다'는 판단력은 부족하지, 아니 아예 거기에 대한 관심이 별로 없습니다. 하고 싶으면 해버리고 해야 할 일, 안 해야 할 일을 따지지 않습니다. 어린애든 어른 노인 할 것 없습니다. 세상 자체가 '해야 할 일, 안 해야 할 일'에 대한 판단은 이미 실종되었고, 자기가 하고 싶으면 해버리는 세상입니다. 그 일이 자기에게나 남이나 모든 사람에게 피해가 되고 좋지 않은 일이라도 자기가 하고 싶고 자기가 할 수 있으면 하는 세상이 되어버린 것입니다.

이런 세상에는 능력 있는 사람이 나쁜 사람이라고 할 수 있습니다. 능력 있는 사람이 옳고 그름을 판단하지 않는 세상에서는 차라리 능력이 없어서 못 하는 게 낫습니다. 돈 없어서 부정입학 안 시키면 얼마나 다행입니까. 돈 많아서 몇 억씩 들여서 부정입학 시켜서 자기는 징역가고 아이는 학교에서 쫓겨나고 망신당하는 것은 하고 싶고 할 수 있어서 해버린 결과입니다. 돈 버는 일이라면 무슨 일이든 하고 싶고 할 수 있으면 해버립니다. 우리 역사 5,000년 동안 자연 환경을 파괴한 것보다도 해방 후 60년, 특히 근래 2,30년 동안에 얼마나 많은 파괴를 했는지 모릅니다. 이득만 있다면 파괴하는 것이 현실입니다. 앞으로 후손들이 어떻게 살아갈지 걱정이 됩니다.

꼭 해야 할 일

가치관이 전도된 시대라고 합니다. 어떻게 해서든 해야 할 일과 하지 않아야 할 일을 잘 판단할 수 있는 사람을 길러야 합니다. 교육의 전부를 거기에 투자해야 한다 해도 과언이 아닙니다. 할 수 있는 능력은 너무 많아서 오히려 큰일입니다. 능력이 없어서 못 사는 것이 아닙니다. 그런데 모든 사람들이 능력만 기르려고 얼마나 애를 씁니까? '하고 싶다, 하기 싫다'는 마음을 잘 다스릴 수 있는 능력은 없어졌고, '해야 한다, 안 해야 한다'고 판단하는 것 자체도 관심이 없고 따져보지도 않습니다. 하고 싶은 일도 해서는 안 되는 일이라는 생각이 들어야 자기를 억제할 수 있는 노력을 하게 되는데 그 능력이 사라졌습니다.

어렸을 때부터 '이것은 해서는 안 된다, 이것은 어떤 일이 있어도 해야 된다'는 교육이 필요합니다. 옳고 그름에 대한 판단을 잘 할 수 있는 사람, 그때그때 일이 닥쳤을 때 옳은가 나쁜가를 따지지 않고도 제대로 판단할 수 있는 능력이 갖춰져야 됩니다.

가치관과 인생관이 잘 확립이 되어야만 비로소 거기에 맞춰서 하고 싶다는 생각도 나게 되고, 자기 능력껏 하면 되는 것입니다. 가정 내에서도 부모를 먼저 생각하고 사랑하는 마음으로 자기 능력만큼 효도하면 됩니다. 그것으로 충분합니다. 부모들은 자식의 능력 이상을 바라지 않습니다. 할 수 있는데 안 하니까 서운하고 속상하지, 할 수 없는 일을 하지 않는다고 나무라지는 않습니다. 무엇보다 자비심 있고 남을 먼저 생각하는 사람이 바른 판단과 선택을 할 수 있고, 해야 할 일을 할 수 있습니다.

꼭 해야 할 일 가운데 가장 중요한 것은 부모에게 효도하는 것입니다. 사람들 중에는 금생만 생각하는 짧은 소견으로 어리석은 행동을 하는 이들이 참으로 많습니다. 부모 몰래 자녀에게만 맛있는 것을 먹이면 나중에 자기가 자식에게 따돌림을 당하고 굶게 되는 사실이 눈에 보이면 좋은데 그게 보이지 않습니다. 해인삼매(海印三昧)는 부처님이 화엄경을 설하실 때 들어가신 삼매를 말하는데, 여기서 인(印)은 도장을 찍으면 글씨가 한 번에 찍히듯이 과거·현재·미래가 부처님의 삼매에 일시에 떠오른다는 것을 말합니다. 만일 어머니 해인삼매가 되면 나중에 늙어서 양로원 구석에서 굶고 앉아 있는 자기의 모습이 그대로 보이게 될 것입니다. 그러면 깜짝 놀라 부모님을 먼저 챙겨드린 다음에 자식에게 주겠지요.

효도가 하고 싶어지는 사람이 되면 효도하는 게 전혀 힘들지 않을 것입니다. 자식을 위해 온전히 희생하면서도 하고 싶어서 하니까 힘이 덜 듭니다. 효도도 자식에게 하는 것과 같은 마음으로 하면 훨씬 더 쉬울 것입니다. 자녀를 사랑하는 마음과 똑같은 마음으로 부모를 사랑하여 효도한다면 자식을 기를 때 느끼는 행복과는 비교도 안 될 만큼 큰 행복을 느낀답니다. 그걸 해보지 않고 살아가는 사람은 금생에 진짜 행복을 모르고 죽는다고 할 수 있습니다.

자식에게 맛있는 음식을 해준다든지, 데리고 놀러 간다든지 하면서도 근본적으로 불안한 마음이 바탕에 깔려 있습니다. 반면 부모에게는 의지하는 마음이 있어서 그렇게 편할 수가 없습니다. 또한 부모는 자식에게 절대 과하게 바라지 않습니다. 어떻게든 자식을 위해 애를 씁니다. 자식은 10가지 해주면 100가지 내놓으라고 하지만, 부모는 자식에게 한 가지만 받아도 100가지를 주려고 합니다. 효도에 구체적인 방법이 따로 없습니다. 부모를 사랑하는 마음만 있으면 마음이 편안하고 진짜 행복합니다.

생일만 보더라도 '부모님이 낳아주신 날이냐, 내가 태어난 날이냐' 생각하기에 따라서 엄청난 차이가 납니다. 생일을 자기가 태어난 날이라고 생각하면 축하 받고 선물 받는 날로 보냅니다. 좋은 선물 안 사주면 가출도 하고, 생일상 잘 안 차렸다고 불평하는 겁니다. 그러니 자식 생일잔치 해 주는 게 낳을 때보다 더 힘들다는 말이 나오는 것입니다. 또 기껏 생일상 차려주었더니 친구들과 술 마시고 취해서 술상 앞에 엎어져 있는 것을 보면 더욱 속상하다고 합니다. 또 미역국을 왜 먹는지도 모르고 먹는데, 어머니 은혜를 갚기 위해 어머니에게 미역국을 끓여드려야 하는 겁니다.

생일은 내가 태어난 날이라고만 생각하지 말고 부모님이 자신을 낳아주신 고마운 날이라고 생각해보세요. 그러면 생일을 부모님 은혜를 갚는 날로 생각하고 고마운 마음이 우러나와 자기 능력껏 부모님에게 선물 사드리면서 행복하게 보낼 수 있습니다. 사실 효도 교육을 어렵게 복잡하게 생각할 게 없습니다. 제일가는 효도 교육은 부모가 자식 사랑하는 마음의 반만큼이라도 자식이 부모 사랑하는 마음을 일으키게 해 주면 됩니다. 부모는 자기 자식을 사랑하기 때문에 능력껏 아이를 기릅니다. 그와 같은 마음의 반만큼이라도 행하면 효도한다는 겁니다.

제가 어느 절에 있을 때, 신도회장님의 부인 보살님이 아주 이름난 효부였습니다. 동네에서도 소문난 효부였지요. 효행에 얽힌 일화가 여러 가지 있는데, 그 중에서 잊을 수 없는 것이 있습니다. 어느 날 시어머니가 감기에 걸려 열이 나고 몸살을 하니 젊은 며느리가 약을 사러 갔습니다. 비가 주룩주룩 쏟아지는데, 약방으로 맨발로 뛰어가서 사람들이 다 미쳤다고 했답니다. 고무신을 신고 뛰어가다가 불편하니까 맨발로 뛰어간 겁니다. 자식이 아플 때 그렇게 하는 사람은 있어도 시어머니 약 사러 가면서 신을 벗어들고 뛰어가는 사람은 드물 겁니다. 그 마음만 봐도 감동이 되고, 평소 어떻게 효도했는지를 짐작할 수 있지요. 낳아주신 부모의 은혜에 대해서 고마운 마음을 가지면 편찮으실 때 약 사러가고, 불편하실까 봐 편하게 모시려 하는 마음이 절로 생겨날 것입니다. 또한 아침에 일어날 때마다 새롭게 태어나는 기분으로 부모님께 감사하다는 인사말 올리는 것이 습관이 되기만 하면 쉽게 효도할 수 있을 것입니다.

'슬프다, 속상하다, 하는 마음이 일어나면
'왜 내가 이 영원하지도 않은
감정에 휘둘리고 있지,'라는 생각을 하십시오.

남들도 다 그런다고?

옛날에 어느 선비 이야기인데, 명절에 소를 먹이던 머슴이 자기 집에 가서 소에게 먹일 꼴을 베 올 사람이 없었다고 합니다. 할 수 없이 선비가 망태와 낫을 들고 들로 나갔습니다. 한참 다니다 보니 논둑의 풀이 너무 좋아서 벴습니다. 그런데 논 임자가 와서는 남의 풀 베어간다며 도둑놈이라고 몰아세우는 겁니다. 선비는 그런 일을 전혀 해 본 적이 없는지라 들판에 있는 풀은 네 것 내 것이 없는 것이라고 생각하고 풀을 벴는데, 임자가 와서 도둑놈이라며 망태와 낫을 빼앗아 가버린 것입니다. 선비가 저녁 무렵이 되었는데도 돌아오지 않자 집에서는 걱정을 했지요. 마침내 아들이 아버지를 찾아 나섰는데, 들판에 쭈그리고 앉아 계시는 겁니다. 아들이 "왜 지금까지 여기 계세요?"라고 여쭈니까 "내가 모르고 도둑질을 하다가 주인한테 들켜서 망태와 낫을 뺏졌다.”고 합니다. 아들이 생각하길, 속상해서 그렇게 앉아 있는 줄 알고 집으로 가시자고 하니까, “조금 있다가 해가 넘어가서 어두워지면 가자. 도둑놈이 어떻게 대낮에 뻔뻔스럽게 사람들 앞에 돌아다니느냐.”고 하는 겁니다. 이 선비처럼 부끄러워서 못 갈 정도가 되어야 합니다.

또 한 가지, 끼니조차 거를 정도로 가난한 선비가 있었습니다. 너무나 배가 고파서 허리가 꼬부라질 정도가 되자 부인이 할 수 없이 남의 논에 가서 나락을 뜯어다가 그것을 갈아서 죽을 쑤어 주었답니다. 남편이 “우리는 농사를 안 짓는데 이게 웬 죽이냐?”고 물으니까 아내가 사실대로 대답합니다. 그러자 남편이 그 죽을 가져다 그 논에 버리더랍니다.

이 선비들처럼 남의 물건을 나무 하나, 풀 한 포기라도 건드리면 안 된다고 생각해야 하는데, 요즘 사람들 중에는 작은 것은 대수롭지 않게 생각하기도 하고, 남의 물건을 훔치는 것만 훔치는 것이라고 생각하는 듯합니다. 세상이 변했기 때문에 훔친다는 것에 대한 내용도 달라져야 하는 것입니다. 직장인이 근무시간에 일은 하지 않고 다른 짓을 하면 월급도둑이고, 경영인이 월급은 형편없이 주면서 직원을 혹사시키면 직원의 노동력을 훔치는 것입니다. 공직자가 대가성 뇌물을 받은 것도 훔치는 것이지요. 그런데 요즘 사람들은 웬만한 것은 훔친다고 생각하지 않고, 남에게 피해를 주고서도 세상 사람들이 다 그런다며 부끄러운 줄 모릅니다. 죄의식도 느끼지 않고, 아주 뻔뻔스러운 것입니다. 특히 몸으로 손으로 도둑질하는 것이 아닌, 사기를 치는 것에 대해서는 진짜 죄의식을 느끼지 않는답니다. 옛날과 비교해서 통계적으로 볼 때 절도나 강도는 배가 불어났는데, 사기 쳐서 남의 재산 빼앗아 오는 것은 10배나 불어났다고 합니다. 그것도 3D현상이라고 한답니다. 힘들고 위험하고 더러운 일은 안 하려는 세상인지라 남의 물건을 훔치거나 강도짓을 하려면 생명을 걸 정도로 힘드니까 커피숍에 앉아서 입으로 속여서 버는 게 더 낫다고 생각하는 사람들이 많으니 사기꾼이 엄청나게 늘었겠지요.

바늘 도둑이 빌딩 도둑 되고 나라 도둑 되어서 나라를 망쳐먹는 겁니다. '남들도 다 그러는데'라고 생각하면서 잘못에 대한 죄의식도 없고 참회하지 않는 사람들이 많습니다. 요새 뇌물을 받고도 "뇌물 안 받은 사람 있으면 나와 보라고 해." 하면서 뻔뻔스럽게 사는 이들도 많은데 두 선비의 일화에서 귀감을 삼아야 합니다.

또 한 가지 예를 더 들면, 제 2차세계대전을 승리로 이끈 영국의 정치가 처칠 경의 일화입니다. 처칠 경이 회의가 있어서 바삐 회의장으로 가는데 일방통행인 길이 있었답니다. 빨리 가기 위해서 그 길로 들어가다가 경찰에게 잡혔습니다. 돌아가라고 하는 경찰에게 운전기사가 부탁을 합니다. 총리가 타고 계신 차인데, 급히 회의가 있어서 가시는 길이니 가게 해달라는 부탁을 경찰이 일언지하에 거절합니다. 처칠이 기사에게 "혹시 적군이 저기에서 쳐들어오느냐?"고 물으니, 아니라고 합니다. 적군이 쳐들어오면 교통법규를 위반하더라도 어쩔 수 없이 빨리 가야 하겠지만, 비상사태가 아니면 돌아가자고 해서 돌아갔답니다. 그 후 처칠이 경찰청장을 불러서 그 때 그 경찰을 일계급 특진시켜 주라고 했습니다. 그런데 경찰청장이 말하길, "수상을 돌려보냈다해서 일계급 특진 시키는 법이 없다, 당연히 해야 할 일을 한 것이다."라며 안 된다고 하는 겁니다. 이 일화를 보면서 우리나라 상황이 생각났습니다.

몇 년 전 TV에서 심야토론 프로그램을 보는데, 교통법규 위반하는 사진을 찍으면 보상금을 주는 것에 대해서 찬반토론을 하고 있었습니다. 간단하게 논리적으로 설명하면 토론할 일이 하나도 없는 겁니다. 사진을 찍어서 돈을 벌려고 한다지만 교통을 위반하는 사람이 없으면 돈을 못 벌지 않습니까? 교통법규를 위반하지 않는 사회를 만들려고 노력하면 되고, 중앙선이 잘못 됐으면 고치면 되고, 어쩔 수 없이 교통법규를 위반하면 그것을 잘 살펴보면 됩니다. 그런데 법규를 위반하는 것에 대해 죄의식이 전혀 없고, 아주 당연하게 생각하고 있는 사람들이 많습니다. 사진 찍는 것을 두고 사생활 침해라고 하는데, 교통법규 위반해서 다른 사람에게 피해주면 사생활 파괴뿐만 아니라 남의 가정까지 파괴하는 겁니다.

남의 물건을 직접 훔치는 것만 도둑질이 아니라 혹시라도 간

접적으로 훔치는 일이 아닌지 잘 살펴보고 살아야 할 것입니다. 인격적으로 성숙해져서 순간적으로 남을 먼저 생각하고, 옳게 판단할수 있는 사람이 되어야 합니다. 자기가 잃어버린 신발 한 짝을 줍는 사람을 위해서 순간적으로 나머지 한 짝도 그쪽으로 던지는 간디와같은 인격을 갖추면 그렇게 살게 되는 것입니다. 그와 같은 마음은세세생생을 좌우하는 큰 복이 됩니다. 그런데 잃어버린 신발을 찾으려는 생각에만 계속 머무니 중생살이를 면치 못하는 것입니다.

우리나라 아줌마가 외국에서 배추를 사러 갔었답니다. 그런데외국의 어떤 아주머니가 배추를 고르는데 제일 싼 곳으로 가서 제일작은 것으로 고르더랍니다. 대부분 같은 가격이면 보통 큰 것을 고르는데 가장 작은 것을 고르기에 왜 그러느냐고 물었더니, 큰 것을 가지고 가봐야 쓰레기만 늘어난다고 하면서 우리 식구는 이 정도면 된다고하더랍니다. 우리는 콩나물을 살 때도 덤을 한 주먹 더 달라고 해서 가지고 와서는 쓰레기를 만드는 경우가 많지 않습니까. 시골 사람이 서울 갔다 와서 하는 말이, 서울 사람들은 사과도 먹을 줄 모른다고 합니다. 살 때는 큰 걸 고른다고 법석을 떨다가 먹을 때는 한 입만 먹고 버려서 쓰레기만 늘린다는 이야기도 들었는데 근본적으로 마음을 고쳐야 합니다.

조선시대에 영의정이 된 사람의 어렸을 때 이야기인데, 어느날 손님이 와서 사랑채에서 밥 먹는 것을 보고 있더니 어린아이가 자기 어머니보고 밥 먹는 사람이 누구냐고 묻더랍니다. 땅속이 어떻게 생긴 지를 잘 알아서 묏자리를 봐주는 지관인데, 할아버지 묘터를 잡아주려고 온 사람이라고 설명해 주니까, 어린아이가 하는 말이 "저 사람은 땅 속을 잘 모를 겁니다."라고 했답니다. 왜 그러냐고 묻는 어머니에게, "밥 먹다가 뉘가 나오니까 그것을 먹지 않고 상에다 놓잖아요. 뉘 속에 쌀이 들어 있는지도 모르는 사람이 어떻게 땅 속을 알겠어요. 그냥 보내는 게 좋겠어요."라고 하니, 부모도 네 말이 맞다 하며 그 사람을 보냈다고 합니다. 밥 먹다가 뉘 하나 나오는 것을 어떻게 처리하느냐에 따라서 삶이 엄청나게 달라진다는 것을 아시겠지요.

우리 일상의 일거수일투족이 다 그렇습니다. 손을 씻을 때 물을 적당히 받아서 씻는 것과 물을 막 틀어놓고 씻는 경우도 그렇습니다. 물 아껴 쓰지 않는 버릇 하나가 인생에 큰 영향을 미칩니다. 옛날 사람들은 바느질을 하다가 실이 조금 남으면 긴 실을 연결해서 썼습니다. 그 까짓것 버리지 그렇게 잇느라고 고생하느냐고 말씀드리자, 할머니께서 "죽어서 저승에 가면 염라대왕이 실을 이으라고 한단다. 겨우 이어놓으면 풀어서 다시 이으라고 하면서 애를 먹인단다."고 하시던 말씀이 기억납니다. 어려서 들었던 말이 한편으론 믿어지지 않으면서도 행동으로 남아 있고, 습관이 되어서 그렇게 하는 겁니다.

이와 같이 해야 될 일과 안 해야 될 일을 합리적으로 여러 각도에서 판단해서 복을 받는 삶을 선택하는 것과 복을 까먹는 삶을 선택하는 경우가 있습니다. 어떻게 판단하고 선택하느냐에 따라서 인생이 바뀝니다. 금생뿐만 아니라 내생까지도 작용한다는 것을 잊지 마십시오.

놓친 버스는 탈 수 없다

제가 아는 노보살님이 자기 방에서 나오니까 거실에 있던 아들과 며느리가 하던 이야기를 멈추었다고 합니다. 아들에게 "무슨 이야기를 했느냐?"고 물어보니까, "어머니는 알 것 없다."고 하는데, 그 말을 듣는 순간 섭섭하고 배신감이 들어서 죽고 싶었다면서 하소연을 하더군요. 그래서 제가 "자업자득입니다. 이해하세요."라고 말씀드리니, "제가 전생에 무슨 잘못을 저질렀느냐?"고 묻기에 답변을 해드렸습니다. "전생까지 갈 것도 없고, 보살님이 예전에 남편과 집안일에 대해 이야기할 때, 아들이 들어와서 물어보면 자세하게 대답해줬느냐?"고 물어보았지요. 당연히 이야기해주지 않고 공부나 하라며 쫓았다고 합니다. "그렇게 아들이 어릴 적에 알 필요가 없는 일이어서 쫓아냈듯이 보살님의 아들과 며느리도 보살님이 알 필요가 없는 일이기 때문에 보살님을 생각하는 마음으로 그렇게 하지 않았겠습니까? 그래도 보살님 아들은 효자라서 '노인네가 왠 참견이냐?'며 야단치고 쫓아내지 않은 것을 고맙게 생각하세요."라고 말씀드리니, 노보살님의 섭섭했던 마음도 조금 풀어지는 듯했습니다.

또 하루는 어떤 노보살님이 찾아왔습니다. 눈은 퀭하니 들어갔고, 바싹 마르신 데다 한숨을 몰아쉬는데 금방이라도 돌아가실 것 같았습니다. 큰 아들이 죽어서 밥도 못 먹고 몇날 며칠 상심하여 그 지경이 되었다고 합니다. 그 보살님께 "놓친 버스는 탈 수 없는 것입니다. 나와 인연이 없는 차를 자꾸 생각하고 있어봐야 손해입니다. 인연 없는 큰아들은 잊어버리고, 작은 아들이나 챙기십시오. 어머니가 진지를 안 드셔서 작은 아들도 어머니 걱정하느라 또 죽게 생겼으니 작은 아들이라도 놓치지 않으려면 진지 잘 드시고 같이 잘 사세요."라고 말씀드렸습니다.

무슨 일이든 마음 하나 고쳐먹으면 간단하게 해결됩니다. 어떤 문제에 부딪혔을 때 즐겁거나 기쁜 마음이 일어나기도 하고, 화가 나고 분노하는 마음이 일어나기도 하고, 원망스럽고 슬픈 마음이 일어나기도 합니다. 동양의학에서 말하기를, 2,30대에는 육체적·정신적으로 쾌락을 쫓기 쉬운 상황이기 때문에 즐거운 마음과 기쁜 마음을 지나치게 쫓다보면 인생을 망치게 된다고 합니다.

4,50대에는 분심, 화나는 마음이 많이 일어나게 되어 있는 상황

이기 때문에 화를 잘 다스려야 합니다. 자녀에 대해서도 성내는 마음이 많이 일어난다고 합니다. 2,30대에는 품안의 자식인지라 어느 정도 자기 뜻대로 자식을 기르는 시기여서 문제가 덜하기도 하고, 아직 어리니까 앞으로 좋아지겠지 하는 기대감도 있기 때문에 화도 덜 내고 풀기도 쉽습니다. 그러나 4,50대에는 이미 성장한 자녀에게 더 이상 기대할 수도 없고, 마음대로 안 되는 상황입니다. 자녀도 사춘기 때인지라 부모에게 대들기도 하니, 자녀에게 화가 나면 며칠씩 지속되어 병이 생길 정도라고 합니다. 직장에서도 마찬가지예요. 2,30대에는 선배들에게 야단맞아도 술 한 잔 마시고 풀 수 있는데 4,50대에는 후배에게 당하니 상처도 오래 가고 견디기 힘들어지는 것입니다.

4,50대의 문제가 화라면, 6,70대에는 슬픈 마음이 큰 문제입니다. 육체적·정신적·경제적 능력이 없어질 뿐만 아니라 화를 내도 사람들이 알아주지 않습니다. 그것이 서러움이 되고 병이 되는 것입니다. 물론 6,70대 중에서 돈도 많고 자식도 성공해서 훌륭하게 되고 객관적으로 봤을 때 복이 많아 보이는 분도 있습니다. 그런데 마음속으로 외로움이나 슬픔, 분한 마음을 다스리지 못하면 불행한 사람이 됩니다. 자기의 마음속에 분심(忿心)이나 비심(悲心)이 있다면 아무리 주변에서 조심을 하더라도 스스로 마음에 상처를 입고 분노하고 슬퍼하는 마음이 커서 불행하게 되는 것입니다.

젊은 부모나 늙은 부모나 자식 사랑하는 마음은 같습니다. 그런데 젊은 부모는 자식에게 사랑을 표현하면서 살 수 있는 반면, 늙은 부모가 사랑을 표현하면 자식이 알아서 하겠다며 오히려 부모의 사랑을 부담스러워합니다. 사랑을 표현하지 못하는 늙은 부모는 서운한 마음이 깊어져 사랑이 미움으로 바뀌고, 자녀에 대해 배신감도 느끼고, 한이 맺히게 되는 것입니다. 그래서 옛날 효자들은 늙은 부모에게 사랑을 표현할 수 있도록 일부러 응석을 부렸습니다. 요즘 시대에는 그런 효자가 드뭅니다. 그러니 늙을수록 마음속으로 자녀 사랑하는 법을 배워야 합니다. 이런 훈련을 받으면서 노인이 되어야 하는 것입니다. 만일 그런 마음의 훈련을 받지 않으면 견디지 못해 극단적인 경우 자살도 하게 되는 것입니다. 노인은 무슨 일이든 마음을 편하게 해석하고, 기쁘게 살아야 집안이 편합니다. 그런데 그렇게 살려고 해도 자꾸 뒤틀리는 생각이 일어납니다. 쓸데없이 걱정하는 것이 노파심인 것은 노인의 심정이 그렇기 때문입니다.

그래서 젊어서부터 마음공부를 해야 하는 것입니다. 그래야 노인이 되어서 괜한 마음고생도 하지 않고, 본인도 마음이 편하고, 젊은 사람들의 마음도 편하게 해 줄 수 있는 것입니다. 노인이 되어 그 마음을 바꾸는 것이 보통 힘든 일이 아니니 젊어서부터, 아니 지금 당장 마음공부를 해야 합니다. 마음공부라고 하면 너무 어렵게 생각하는 것 같으니 조금 쉽게 말씀드리겠습니다. 무슨 일이 일어났든 항상 긍정적으로 받아들이십시오. 가정에서도 회사에서도 긍정적으로 생각하면 모든 일이 술술 풀립니다. 그리고 기쁜 마음, 화나는 마음, 슬픈 마음이 다 자기 것이 아닌 망상이라는 것을 알아야 합니다. 또한 슬프고 기쁘고, 화나는 이 마음이 영원한 것이 아닙니다. 허공의 구름처럼 잠깐 떠도는 감정일 뿐입니다.

그런데 사람들은 이 잠깐 지나가는 감정, 망상에 집착해서 살아갑니다. ‘놓친 버스는 탈 수 없다’는 것을 알면서도 자기 마음속에서는 놓친 버스를 계속 붙잡고 괴로워하고 죽겠다고 아우성입니다. 슬프다, 속상하다 하는 마음이 일어나면 ‘놓친 버스는 탈 수 없는데 왜 내가 이 영원하지도 않은 감정에 휘둘리고 있지.’라는 생각을 하십시오. 또한 ‘본마음이 아닌 마음의 그림자, 망상이 일어나고 있구나.’ 하는 것을 알아차리십시오. 그러면 어느 정도 진정이 될 것입니다. 그리고 여러 가지 마음이 본마음에서 나왔으니 근본자리인 본마음에 맡겨버리면 됩니다. 본마음에 맡기면 다스리려고 노력할 것도 없고 그대로 해결되는 것입니다. 마음공부를 달리 할 필요도 없습니다. 진리는 결코 어렵지 않습니다.

포숙아 같은 마음으로 살자

관포지교(管鮑之交)는 아름답고 깊은 우정을 상징하는 말로 중국의 관중과 포숙아의 고사에서 비롯되었습니다. 관중과 포숙아가 서로 동업하여 장사를 하는데, 이익을 나눌 때는 항상 관중에게 더 많이 주었습니다. 포숙아의 부인이 속상해 하니까 "저 친구는 나보다 더 가난해서 더 받아야 된다."고 말합니다. 둘이 똑같이 돈을 투자해서 장사를 했어도 나눌 때에는 형편 따라 돈이 더 필요한 사람에게 많이 준 것입니다. 말이 쉽지 참으로 드문 행동입니다. 그리고 관중이 전쟁터에서 도망을 쳤을 때도 다른 사람은 이구동성으로 관중을 비난했습니다. 그 때마다 포숙아는 "관중에게는 노모가 계신다. 전쟁터에서 죽으면 노모 홀로 남게 되니 효도하기 위해서 도망친 것."이라며 관중을 두둔했습니다. 또한 관중이 하는 일마다 안 되어서 포숙아에게도 큰 피해를 입혔습니다. 그 때 다른 사람은 다 관중을 비난하는데도 "아직 때를 못 만나서 그렇다."고 이해를 해줍니다. 관중은 포숙아의 추천으로 제나라 환공에게 중용되었고, 재상의 지위까지 올라가 그 능력을 발휘합니다. 관중은 "부모는 나를 낳았지만 나를 알아준 것은 포숙아."라 하여 평생 동안 둘 사이의 우정이 변치 않았습니다.

불자라면 누구나 포숙아 같은 마음으로 살아야 합니다. 자리이타(自利利他), 자기도 이익 되고 남에게도 이익 되게 살아야 하는 것입니다. 하지만 살다보면 자기 이익을 중심으로 살기 쉽습니다. 중생의 소견으로는 자기가 조금 손해를 본다고 생각하고 남을 위한다는 마음을 가져야 자기에게도 이익이 되고 남에게도 이익 되는 삶을 삽니다. 그런데 자기는 이익 되고 남에게 손해 보도록 하려고 살면 결국 자기도 손해 보고 남도 손해 보게 되는 것입니다. 사실 남도 이익 되고 나도 이익 되는 자리이타의 삶을 살기 위해서는 그릇이 그만큼 커야 합니다. 자기의 그릇을 키워야 나와 남이 함께 잘 살 수 있고, 중생의 삶이 아닌 보살의 삶으로 향상시킬 수 있는 것입니다.

대화를 할 때도 상대방이 어떤 주장을 하면 '저런 의견도 있구나.' 하고 사실적으로만 생각하면 그 의견을 충분히 듣고 이해할 수 있습니다. 그런데 먼저 자기 입장에서 상대방이 잘못되었다고 생각하니까 상대방의 의견을 제대로 듣지 않으니 대화가 잘 안 되는 것입니다. 대부분 자기주장에만 집착하면서 상대방을 설득하고 굴복시키려 하는

데, 먼저 자기 의견을 잘 살펴보고, 상대방이 받아들일 만큼의 좋은 의견을 내야 하는 것입니다.

저도 수많은 사람들과 대화를 나누었습니다만, 실제 생활에서 대화가 잘 안 되는 이유를 살펴보니, 각자 준비가 안 되어 있기 때문입니다. 자기도 이익 되고 상대도 이익 되는 삶을 살아야겠다는 마음가짐이 뒷받침되지 않은 상태인지라 대화가 안 되는 것입니다. 불효자나 비난 받는 정치가를 살펴보더라도, 불효하겠다고 각서 써놓고 하는 사람은 아무도 없습니다. 못 된 인간이 부모에게 하는 행동이 그대로 불효이고, 품격 미달의 정치가가 하는 행동이 그대로 눈살 찌푸리게 하는 것입니다. 상생의 삶을 살 수 있는 사람이 되면 가정에서도 행복한 삶을 살고, 정치를 해도 상생의 정치를 하게 마련입니다. 가장 중요한 것은 인간 됨됨이입니다.

제가 효시범학교로 지정되어 있는 학교에 초청받아 강연하러 간 적이 있습니다. 학생이 인사를 하는데 들어보니, "효자입니다." 라고 합니다. 그렇게 인사하고부터 학생들이 많이 착해졌다고 합니다. 옆자리에 앉은 학생이 자기에게 조금 피해를 주더라도 이해하고 배려한답니다. 말과 행동의 힘이 이렇게 큰 것입니다. 효자라고 인사하면서 효자는 어떻게 행동해야 좋은지를 스스로 터득해가는 것이지요.

상대방의 잘못을 지적할 때에도 상대방이 기분 나쁘지 않도록 배려하는 마음으로 하면 기분 좋게 상황이 전개됩니다. 만일 부인이 요리를 잘못해서 너무 짜게 되었을 때, 남편이 먹으면서 "요즘 소금 값이 내렸는가? 소금을 넉넉히 넣은 것 같네."라고 하면서 유머러스하게 말하면 부인의 기분이 좀 덜 나쁠 것이고, 다음에는 신경을 더 쓰겠지요. 그런데 짜네 싱겁네 하면서 반찬 타박을 하면 성질을 내면서 아예 반찬을 안 해 줄지도 모릅니다.

또한 항상 입장을 바꾸어서 생각할 줄도 알아야 합니다. 상대방을 고맙게 생각하고 미안하게 생각하고 좋게 받아들일 줄 알아야 하는데 자기중심적으로만 해석하니 문제가 생깁니다. 어떤 연세 드신 할머니의 이야기를 들려드리겠습니다.

일요일에 거실에서 아들과 얘기를 하는데, 며느리가 설거지를 같이 하면 좋겠다며 아들을 부릅니다. 아들이 며느리와 함께 설거지하는 것을 보고 속이 부글부글 끓습니다. '며느리 잘못 얻었다'고 생각하면서 속이 상해가지고 딸네 집에 갔습니다. 딸이 설거지를 하다가 사위에게 같이 하자고 하니까, 사위는 "남자가 왜 부엌에 들어가느냐."며 도와주지 않는 것입니다. 이것을 보고 할머니는 '사위를 잘못 얻었다'고 생각하며 속상해 합니다. 그런데 아들네 집에서는 '부부가 서로 네 일 내 일 없이 사이좋게 같이 일을 하니 참 좋다'고 생각하고, 딸네 집에서는 '남자가 사나이 대장부 같다'고 좋게 생각하면 속상할 일이 아닙니다. 이치로는 잘 아는 일이지만 자기 입장만 생각하니까 여유도 없고 배려할 수도 없는 사람이 됩니다. 가족과 이웃과 모든 사람에게 피해를 주지 않고 이해하고 배려하는 사람이 되면 행복해지겠지요. 대화하는 방법을 구체적으로 몰라도 그런 마음으로 하면 잘 됩니다.

부처님 법을 멀게 생각하지 말고, 이런 일상생활이 보시바라밀이고 인욕바라밀이며 계행을 지키는 일이라는 것을 알아야 합니다. 일상생활에서 자기 마음을 잘 다스리고 다른 사람을 배려하면서 살아가는 것이 바로 부처님의 가르침을 실천하는 것입니다. 그와 같은 모습을 보고 자란 아이들이 나중에 국회의원이 되고 기업가가 되면 어떤 일을 하든지 그렇게 잘 할 것입니다. 그렇지 않고 부부간에 싸우는 것만 보고 자란 사람은 어디에 가서든 싸우게 됩니다.

몇 년 전에 공중전화 부스에서 기다리던 아기 엄마가 앞에서 쓸 데 없이 길게 전화를 하는 청년에게 "한참 기다렸다. 빨리 전화 끊으라."고 했다가 살인사건이 일어난 일을 기억하실지 모르겠습니다. 자기를 잘못 다스려서 귀중한 생명을 죽이고, 자기 신세도 망쳤습니다. 요즘 자기를 다스리는 능력이 없는 아이들이 늘어나는 것 같아 걱정입니다. 어떤 신도님 얘기를 들어보니, 아들이 대학교를 졸업하고 취직을 했는데 얼마 안 가서 사표를 내고 나와서 속상하다는 하소연을 합니다. 학생 때 공부 못하는 것보다 훨씬 더 속상하다고 말씀하십니다.

세상에서 가장 힘든 것이 자기를 다스리는 것이라고 합니다.

자기만 자기 마음대로 할 수 있으면 온 세상을 자기 마음대로 할 수 있습니다. 자기도 자기 마음대로 못 하면서 다른 사람을 내 마음대로 하려고 하니 안 되는 겁니다. 바로 지금 이 자리에서 수행하겠노라는 마음을 굳게 다지세요. 수행을 통해 자기 스스로를 자기 마음대로 할 수 있는 능력을 갖출 수 있어야 무슨 일이든 해나갈 수 있는 힘이 생깁니다. 자기도 이익 되고 남도 이익 된 자리이타의 삶이 펼쳐집니다.

돈이 있으면 귀신도 부린다?

"돈이 있으면 귀신도 부린다."는 말이 있습니다. 이런 말까지 있는 것을 보면 돈이 제일이라고 생각하는 사람이 많은 세상인 것 같습니다. 하기야 요즘 인사말이 "부자 되세요."라고 할 정도이니 돈은 우리 사회의 아주 중요한 가치로 자리 잡은 듯합니다. 재테크 이야기, 돈이 있으면 귀신도 부린다는 이야기를 하면 일반인들은 좋아할지 모르겠지만, 우리 불자들은 적어도 금즉시공(金卽是空)이 되어야 합니다. 물론 돈이 곧 공이라는 이야기를 하면 보통사람들한테는 아주 인기가 없을 것입니다. 그래도 금즉시공의 도리를 알아야 행복지수를 높일 수 있습니다.

제 이름, 정락은 절에서 지은 것입니다. 원래 '일심유정(一心唯正) 만사종락(萬事從樂)'이라 하여 굉장히 길었습니다. 일심(한마음)은 바르고,

만사(세상 살아가는 일거리)는 다양해서 즐거움이 따른다는 뜻인데, 너무 길어서 바를 정자와 즐거울 락자만 따서 정락이라고 했습니다. 정자도 좋고 락자도 좋은 글자이지만 세상을 살아가는 데 있어서는 하나가 더 필요해서 성으로 김, 쇠금을 붙여서 김정락이라고 하였습니다. 뭐니뭐니해도 머니가 제일이라고 하던데, 모니 모니해도 모니 중에는 석가모니가 제일이라서 성을 석씨로 바꾸어서 석정락이라고 합니다.

제가 잠깐 말장난을 하듯 말씀드렸는데, 돈이 있을 때와 돈이 없을 때를 보면 걸어 다니는 사람의 모습까지도 달라집니다. 절에서 다양한 사람들을 만나보니 다 그렇더군요. 어느 날 어느 보살이 왔는데 얼굴이 훤해졌습니다. 어깨에 힘도 들어가고 걷는 것도 아주 당당합니다. 무슨 좋은 일이 있는가 싶어 물어보면 틀림없습니다. 또한 돈을 많이 가지고 있다가 망한 사람은 그 모습도 말할 수 없이 초라해 보여 보는 이로 하여금 측은지심이 들게 합니다. 하지만 돈이니 명예는 자기의 힘이 아니라는 것을 알아야 합니다. 자기 스스로에게 힘이 있다면 있고 없는 것에 별 문제가 없어야 합니다. 자기 힘이 아닌 것에 의존하면 자기 자신의 진정한 삶을 살지 못합니다.

세상살이에는 환경에 의한 삶이 있는데, 가장 대표적인 것이 돈과 권력입니다. 국회의원에 당선되었을 때에는 악수할 때 손은 내밀면서도 몸은 뒤로 넘어질까 겁날 정도입니다. 목소리도 그럴 듯합니다. 그런데 임기가 끝나서 재출마했다가 떨어졌을 때에는 코가 땅에 떨어질까 걱정입니다. 목소리도 기어들어갑니다. 하지만 수많은 사람들이 탐내는 권력이 바깥 환경에 불과한 것입니다. 자기 자신과 근본적으로 상관이 없는 것임을 깨달아야 항상 편안하고 행복한 삶을 살 수 있습니다. 하지만 그것을 모르고 권력, 명예, 부에 의존하는 마음을 가지고 살다보니까 괴로운 것입니다. 그것들이 자기 삶인 것 같고, 힘이 되는 것으로 보여서 있을 때는 거들먹거리고, 없을 때는 고개를 숙이지만 그게 사실은 아무 것도 아닙니다.

사람들은 누구나 '돈이 생겼으면, 명예가 생겼으면' 하는 환경적인 삶은 바꾸어지기를 원합니다. 그것을 환경의 혁신, 변화라고 할 수 있겠지요. 그런데 더 궁극적으로는 생활이 혁신되어야 합니다. 환경만 바뀌고 생활이 혁신되지 않은 상태에서는 행복할 수 없습니다. 또한 무엇보다 자기 자신이 혁신되어야 합니다. 생활, 자기 자신이 혁신되지 않고 환경만 혁신되기를 바라면 완전한 자기 힘이 될 수 없습니다.

예를 들어 어머니가 자식에게 주는 영향력을 살펴봅시다. 밥을 먹여주고 옷을 입혀주는 환경적인 힘도 있습니다. 또한 어머니가 바르게 살아가는 모습, 공부하는 모습을 보여서 아들딸에게 모범을 보이는 생활의 힘도 있지요. 우리는 대개 이 두 가지를 어머니의 영향력으로 봅니다. TV나 책을 보면 환경보다는 생활에서 오는 영향력을 보여줘야 한다고 강조합니다. 그렇지만 불자들은 그것만으로 안 된다는 것을 알아야 합니다.

그런데 어머니가 자식에게 주는 영향력은 고작 품 안에 있을 때 뿐입니다. 그래서 나온 말이 "자식도 품 안의 자식"이라는 말입니다. 자식이 품을 떠난 뒤에는 포기하고 산다 해도 과언이 아닙니다. 그렇지만 자식에게 바라는 것은 높아서 초등학생이 박사가 되기를 바라고, 세계적으로 유명한 피아니스트, 화가, 과학자, 경영인이 되기를 바랍니다. 자식을 내로라하는 유명인으로 만들겠다는 욕심으로 돈도 많이 쓰고 큰 영향력을 쓰다가 자식을 바보로 만들기도 합니다.

참으로 어머님의 영향력이 자식에게 미치려면 자기 마음의 힘에서 나오는 자비심이 있어야 합니다. 그래야 훌륭한 아들딸로 기를 수 있습니다. 이런 어머니로 중국의 맹자님 어머니와 우리나라의 율곡 선생 어머니 사임당 신 씨를 들 수 있겠지요. 자신의 힘이 없이 외형적인 힘, 즉 환경적인 힘만으로 자식을 훌륭하게 만들려고 욕심을 부리면 오히려 자식을 망칠 수도 있습니다. 건물을 지을 때, 밖에 드러난 건물이 높을수록 밑에 그만한 기초공사가 되어 있다는 것을 알아야 합니다. 옛날, 농경시대만 해도 자식을 낳아서 먹이고 입혀서 노동력만 갖출 수 있도록 키우면 되었습니다. 지금은 그 때에 비교하면 할 일이 얼마나 많아졌는지 모릅니다. 옛날에 초가집을 지을 때에는 맨 땅에다 주춧돌만 놓고 집을 지어도 괜찮았습니다. 하지만 지금은 엄청난 기초 공사를 하고 집을 지어야 합니다. 그와 같이 현대를 살아가는 우리는 상층구조가 높아졌으므로 내면적인 힘도 그만큼 커져야 합니다. 그런데 그 힘은 갖추지 않은 상태에서 밖으로 드러난 집만 크게 짓고 있습니다. 게다가 욕심은 그보다 더 높은 집을 짓고 싶어 합니다. 바깥의 삶에는 엄청나게 큰 힘을 발휘하고 싶은데, 그것을 지탱할 만한 기초공사가 안 되어 있어서 지금 어머니들이 모두 지쳐있는 것 같습니다.

시험 철이 되면 수많은 어머니들이 절에 자식의 학업 성취 불공을 올리러 오십니다. 학업 성취뿐만 아니라 승진, 경제력, 화합 등 갖가지 소원을 가지고 불공을 드리는 분들이 많습니다. 그 모든 것이 환경의 변화를 바라는 것입니다. 그런데 환경의 변화는 원하면서도 생활이나 자기 스스로가 변화되었으면 하는 바람으로 부처님께 공양을 올리거나 상담하는 사람은 드뭅니다. 특히 불교에서는 생활의 변화에서 더 나아가 자기 자신을 혁신하라고 가르칩니다. 자신의 힘에 맡기라는 표현을 하지요. 이것을 『화엄경』에서는 불공덕(佛功德)이라고 표현하기도 하는데, 우리는 모두 마음의 힘에 의해서 살아가고 있습니다. 하지만 대부분의 사람들은 고작 생활의 힘, 그렇지 않으면 환경의 힘으로 살아가기 때문에 큰 능력을 발휘하지 못하는 것입니다. 순수한 내 본마음 자리에서 나와야 지속적으로 엄청난 힘을 발휘할 수 있습니다.

어떻게 판단하고 선택하느냐에
따라서 인생이 바뀝니다.
금생뿐만 아니라 내생까지도
작용한다는 것을 잊지 마십시오.

마음 공부하는 종교

불교의 『법화경』에 '궁자(窮子)의 비유'가 있습니다. 어느 부자에게 아들이 하나 있었는데, 밖에 나갔다가 길을 잃어 거지가 되었습니다. 아버지가 잃어버린 아들을 찾으려고 갖은 애를 썼습니다. 어느 날 거지가 찾아와서 구걸을 하는데, 자세히 보니 자기 아들이었습니다. 부자가 거지에게 가서 '너는 내 아들'이라고 하니 놀라면서 믿지 않았습니다. 오히려 두려워하면서 도망을 쳤습니다. 부자는 몸이 날래고 영리한 하인에게 거지 옷을 입혀서 그 아들을 따라다니게 하였습니다. 하인으로 하여금 아들과 친해지도록 하여서 집으로 데려 오라고 합니다. 마침내 하인을 따라 집으로 온 아들에게 처음에는 청소 일을 시킵니다. 청소는 번뇌를 없애는 성문의 과정이라고 합니다. 여기에서 끝나는 것이 아니라 점차적으로 점점 더 무거운 직책을 주고, 나중에는 재산을 다 관리할 수 있는 중책을 줍니다. 그리고 인연이 무르익은 어느 날 아버지가 사람들을 모아놓고 '이 사람은 내 아들'이라고 하면서 재산을 다 물려주고 아버지 지위까지 넘겨준다는 내용입니다.

여기에서 아버지는 부처님이고, 아들은 중생입니다. 마침내 아들도 아버지처럼 부처님이 된다는 것이 불교와 다른 종교의 가장 뚜렷한 차이점입니다.

"불교는 어떤 종교인가?"라는 질문을 했을 때, "마음 공부하는 종교이다, 극락세계에 태어나려는 종교다, 깨달음을 얻기 위해 수행하는 종교다. 성불, 곧 부처가 되려는 종교다, 또 중생을 제도하려는 종교다." 등 다양한 대답을 들었을 것입니다. 또한 누군가로부터 질문을 받을 때도 많았을 텐데, 본인이 정리가 안 되다 보니 어떻게 대답해야 할지 곤혹스러웠을 것입니다. 가장 효과적으로 대답하기 위해서는, 질문을 몇 가지로 정리해서 대답하는 게 좋습니다. 불교는 무엇을 믿는가? 불교의 목적이 무엇인가? 불자들은 어떻게 살아야 하는가? 이 세 가지로 나누어 대답해 주시면 됩니다.

첫째 불교는 무엇을 믿는가? 불교는 부처님을 믿는 종교라고 말할 수도 있지만 불(佛)·법(法)·승(僧) 삼보에 귀의하는 종교입니다. 불교에서는 믿음보다는 귀의라는 말을 씁니다. 불보, 부처님은 깨달으신 분이고 그 가르침, 법보는 깨달음을 이룰 수 있는 방법을 가르치신 것이고, 그 가르침에 따라서 열심히 수행하는 분이 승보, 불제자 공동체입니다. 다른 종교는 믿음의 대상이 저 높은 곳에 있고, 믿는 내가 저 아래에 있어서 영원히 하나가 될 수 없습니다. 하지만 불교의 귀의는 '나도 부처님처럼 성불한다'는 뜻이 담겨 있습니다. 이는 불교만의 특성이자, 불교의 위대함입니다.

둘째, 불교의 목적이 무엇이냐? 불교에서는 목적이라는 말보다는 원력이라는 말을 씁니다. 불교의 목적은 사홍서원입니다. 중생을 다 건지고 번뇌를 다 끊고 법문을 다 배우고 불도를 다 이루는 것이 목적입니다. 원력에서 원(願)은 내가 그렇게 되고자 하는 마음, 그것을 이루고 말겠다는 희망적인 것이고, 력(力)은 그렇게 할 수 있는 힘을 말합니다. 말하자면, 물에 빠진 사람을 다 건져주고 싶다는 것은 원이고, 그것을 건질 수 있는 수영 능력은 력입니다. 그래서 불교의 원력에는 목적과 달성까지 포함됩니다. 중생을 다 건질 수 있는 능력, 번뇌를 다 끊을 수 있는 능력, 법문을 다 배울 수 있는 능력이 있어서 성불하는 겁니다.

한편 감옥에 갈 정도의 죄는 아니지만, 삼대 죄악이 있습니다. 모르면서 배우지 않는 죄, 할 수 있으면서도 하지 않는 죄, 알면서도 가르쳐주지 않는 죄입니다. 그렇다면 어디까지 배워야 모르면서 배우지 않는 죄를 짓지 않는가? 부처님 법문을 다 배우겠다는 것이 그 죄에서 벗어나는 길입니다. 법문(法門), 법의 세계로 들어온다는 것은 지식으로 안다는 의미가 아니라 가르침을 다 이룬다는 뜻입니다. 그리고 할 수 있으면서도 하지 않는 죄는 욕심·성냄·교만함·게으름 등 번뇌 때문입니다. 번뇌를 다 끊으면 할 수 있는 것은 다 하게 되는 것입니다. 알면서 가르쳐주지 않는 죄는 성불할 때까지 가르쳐야 한다는 것을 뜻합니다.

네 가지 큰 서원인 사홍서원[중생무변서원도, 번뇌무진서원단, 법문무량서원학, 불도무상서원성]이야말로 삼대 죄악을 완전히 없애서 완성된 경지까지 갈 수 있는 내용입니다. 예를 들어서 아들이 야단치는 엄마를 고맙게 생각할 수도 있고, 원망할 수도 있는 일입니다. 부처님 법을 배우면 지혜와 자비심이 증장되어 이러한 판단을 제대로 할 수 있습니다. 사홍서원을 이룰 수 있는 힘을 기르는 것이 바로 수행입니다.

학생이 공부를 잘 하는 구체적인 방법이 아주 많습니다. 하지만 가장 중요한 것은 스스로 공부하려고 애쓰는 사람으로 길러야 합니다. 아무리 좋은 방법을 많이 알아도 하지 않으면 소용이 없습니다. 실천력과 지속력, 집중력을 어려서부터 길러줘야 하는 것입니다. 밥 먹을 때도 한 자리에서 먹도록 하는 생활습관에서부터 시작됩니다.

셋째가 어떻게 살아야 하는가를 말하는 수행입니다. 수행은 육바라밀[보시·지계·인욕·정진·선정·지혜]인데 이것을 통해서 사홍서원의 목적을 달성할 수 있습니다. 육바라밀을 수행하면서 자기 마음을 다스리는 힘을 키우면 모든 일이 잘 됩니다. 보시를 통해 욕심을 다스릴 수 있고, 인욕을 통해 참을 것이 없는 사람이 되어버립니다. 어머니가 되면 자녀를 잘 키우고, 효자가 되면 효도도 아주 쉽고 즐겁게 할 수 있습니다. 가족 사이의 화합도 서로 이해하면서 자기 마음을 다스릴 수 있어야 가능합니다.

수행도 집중이 잘 되어야 하는데, 일상생활 속에서는 번뇌 망상이 들끓기 마련인지라 집중하기가 쉽지 않을 것입니다. 일단 자기 마음을 바라볼 수 있는 힘을 기르는 것부터 시작하십시오. 본마음에 맡기는 것이 가장 쉽고 가장 효과적인 방법입니다. 문제를 분석해서 이렇게 저렇게 고친다고 하다보면 더욱 번잡해지고 번뇌 망상만 커집니다. 문제가 일어났을 때 그 자리에서 놓아버리는 것입니다. 그러면 자기가 원하는 것은 다 할 수 있는 힘이 생깁니다.

순간의 선택이 미래 생까지 좌우한다

"순간의 선택이 평생을 좌우한다."는 광고 문구를 보신 적이 있을 것입니다. 단순한 물건이든 종교든 직업이든 선택이 대단히 중요합니다. 그런데 심사숙고해서 선택한다 해도 알고 보면 순간의 선택입니다. 100년을 살아도 순간을 사는 것입니다. 점이 연결된 것이 선이듯이 순간을 살면서 판단하여 결정하고 선택하는 것이 인생입니다. 어떤 인생관, 어떤 가치관을 갖고 있느냐에 따라서 순간의 선택이 달라지고, 그에 따라 삶이 달라집니다. 이론적으로야 어떻게 사는 것이 좋다고 판단할 수 있지만 실제 생활에서 그때그때 행동할 수 있는 것은 몸에 배어 있어야 가능합니다. 윗사람에게 야단맞았을 때 홧김에 사표를 써서 힘들게 사는 사람도 있고, 자기 인생의 발전적인 계기로 만드는 사람도 있습니다. 마찬가지로 자식이 부모에게 야단맞으면서 어떤 마음을 선택하느냐에 따라서 인생이 달라집니다. 고마워하는 마음을 가지면 더 열심히 공부하여 성공적인 인생을 살 것이고, 원망하는 마음을 가지면 집 밖으로 나돌다가 결국 후회하는 길을 걸어갈 확률이 큽니다.

이와 같이 인생은 늘 첫발을 어디로 떼야 하는지 방향 선택이 매우 중요합니다. 한 걸음씩 계속 걸어 나가는 노력도 아주 중요하지요. 노력하느냐, 노력하지 않느냐, 고마운 마음을 일으키느냐, 원망하는 마음을 일으키느냐, 모든 것이 선택하는 것입니다. 그런데 평소에는 고마워하는 마음을 갖고 있다가도 야단을 맞고 마음의 동요를 일으켰을 때에는 그 마음가짐이 달라집니다. 그럴 때 흔들리지 않고 평소의 마음을 유지하는 것이 중요합니다. 그렇지 않으면 한순간의 흔들림으로 싸울 수도 있고, 잘못해서 상대방이 크게 다칠 수도 있고, 그로 인하여 자기 인생이 망가질 수도 있습니다. 감정의 동요가 있기 전의 마음, 평상시의 마음만 잘 유지해도 세상 살아가는 데 큰 문제는 없습니다.

승찬 대사의 『신심명』에 보면, "호리유차(毫釐有差) 천지현격(天地懸隔)."이라는 구절이 나옵니다. 털끝만큼의 차이가 나중에는 하늘과 땅의 차이가 난다는 것입니다. 예를 들면 받는 것이 복이라고 생각하는 사람과 주는 것이 복이라고 생각하는 사람의 차이는 큽니다. 머리로는 주는 것이 복이라고 하면서도 실제에 있어서는 받는 사람을 부러워하는 마음이 생깁니다. 이런 마음이 지속되면 하늘과 땅만큼의 차이가 생기는 것입니다. 지옥과 천상의 차이도 엄청나게 큰 것 같지만 근원을 보면 순간순간 일어나는 자기 마음에서 시작된 것입니다.

남에게 야단맞을 때 고마워하는 마음을 갖거나 최소한 원망하는 마음을 갖지 않고 자기의 잘못을 후회하거나 반성하는 마음을 갖는다면, 그리고 그런 마음이 계속해서 이어진다면 그 사람의 삶은 크게 달라집니다. 순간의 선택을 그렇게 하고, 그런 마음을 지속시킬 수 있다면 성공할 수 있습니다. 부모에게 불효하는 아들을 보면 그 사람이 작정하여 불효하는 것이 아니라 순간순간의 선택을 그렇게 하고 습관화되어 불효하는 것입니다.

그렇기 때문에 수행력을 통해 순간의 판단과 결정, 선택을 잘할 수 있어야 합니다. 수행력과 복력만큼 가피를 받는 것입니다. 상상할 수 없는 불가사의한 위신력이 우리에게 베풀어지는 것을 가피라고 하는데 그것을 받아 지니는 것은 임지(任持)라고 합니다. 그래서 가피와 임지의 한 자씩을 따서 가지(加持)라고 합니다. 전지전능하고 불가사의한 불보살의 위신력이 똑같이 베풀어진다고 하더라도 받는 사람의 임지력에 따라 받아서 지닐 수 있는 만큼만 받을 수 있습니다.

의상 대사 법성게에 "우보익생만허공(雨寶益生滿虛空) 중생수기득이익(衆生隨器得利益)"이라는 구절이 있습니다. 중생을 이익 되게 하는 보배의 비, 가피력이 허공에 가득 쏟아지고 있는데 중생은 그릇에 따라서 그 이익을 받는다는 뜻입니다. 그릇이 크면 많이 받기 마련인데 중생의 그릇은 모두 똑같다고 했습니다. 능력은 차이가 있어서 그 능력으로 받을 때는 크고 작은 것이 있을 수 있지만, 보배의 비를 받는 그릇은 다 같다고 합니다. 다만 번뇌 망상으로 가득 차 있으면 하나도 못 받고, 번뇌 망상이 텅 비어 있으면 보배의 비를 다 받을 수 있는 것입니다.

어떤 보살님 두 분이 이야기를 나누고 있었습니다. 한 분이 말씀하시길, "절에서 관음기도를 열심히 해서인지 밤마다 관세음보살님이 전화를 해줘서 좋은 가르침을 주십니다. 기도영험을 참 많이 봤습니다."라고 하니까, 옆에 있던 분이 "나도 열심히 기도를 했는데, 왜 나한테는 전화를 안 해주시는지 모르겠네요. 오늘밤에도 전화가 오면 저에게도 전화를 좀 해달라고 말씀드려 주세요."라고 합니다. 다음날 관세음보살님의 전화를 받는다는 분에게 묻습니다. "제 얘기를 하지 않았나 봐요. 저한테는 전화가 또 안 왔어요."라고 하니까, 가피를 입는 분이 말씀하시길, "제가 관세음보살님께 말씀을 드렸는데, 관세음보살님께서 기도를 열심히 하는 사람에게는 다 전화를 하는데, 보살님은 할 때마다 통화 중이라서, 번뇌 망상이 가득 들어 있어서 연결이 안 된다고 하시더군요."라고 하는 이야기를 들은 적이 있습니다. 꿈속에서 가피를 입든, 알게 모르게 가피를 입든 자기가 비워버린 만큼 받게 되어 있습니다. 욕심·진심·치심을 비우고 본마음에 맡겨야 보배의 비를 받을 수 있다는 말씀입니다.

본마음에 맡긴다는 것이 다른 종교의 신(神)으로 잘못 생각할까 봐 염려가 되어 말씀드립니다. 부처님 당시에 크게 세 종류의 외도가 있었는데, 이미 결정지었다고 하는 운명론자(運命論者), 신의 뜻이라 믿고 복종하는 신의론자(神意論者), 우연히 이루어진다는 유물론자(唯物論者)가 있었습니다. 그 당시에 부처님께서는 외도들과 논쟁하면서 "사람을 죽여 놓고 운명이라고 하면 되겠는가? 또한 신의 뜻이라 하거나 우연히 이루어진 것이라서 내가 책임이 없다고 하면 되겠느냐?"고 하셨습니다.

이와 비슷한 예를 현실 속에서 볼 수 있는데, 평양에 가서 남북한 이산가족이 상봉할 때였습니다. 남한에서 간 기독교 신자인 형님은 이렇게 만난 것이 다 하나님의 뜻이라고 말하고, 북한의 동생은 김일성 수령님의 뜻이라고 이야기하였습니다. 이를 옆에서 지켜보던 스님이 말씀하시기를, "저 사람들을 헤어지게 한 것이 김일성과 하나님이냐?"고 하셨답니다.

사람들의 겉모습은 차이가 나는 게 사실입니다. 하지만 잘생기고 못생기고, 장애가 있고 없는 것을 신의 뜻이라거나 우연이라거나 운명이라고만 한다면 납득이 가지 않습니다. 더더군다나 온갖 고생을 하고 남을 위해 희생하면서 열심히 살았지만 빛도 못 보고 죽는 게 신의 뜻이라거나 우연이라고 한다면 얼마나 억울하겠습니까?

불교에서는 신의 뜻이나 우연으로 보지 않고 자기가 지어서 자기가 받는 것으로 봅니다. 불교와 운명론을 비슷하게 여기는 분들을 위해서 설명해드리겠습니다. 어떻게 태어났느냐고 하는 것은 전생이 없이 금생만 갖고 얘기하려면 설명이 안 됩니다. 현재 받는 것을 보면 과거를 알 수 있고, 현재 내 삶을 보면 미래를 알 수 있는 것입니다. 현재는 과거의 결과이자 미래의 원인입니다. 그러나 저는 삼세 윤회는 그만두고라도 우리는 순간순간을 사는데 내 선택에 의해서 내 삶을 결정한다는 가르침이 제일 낫겠다 싶어서 불교를 선택했습니다. 자기 스스로 짓고 받는다는 인과응보를 믿고, 모든 것이 인연으로 이루어진 인연론을 믿고, 자신의 삶 속에서 자기 책임 아래에 살아야겠다는 생각으로 사는 사람들은 절에 다니든 다니지 않든 불자라고 할 수 있습니다. 과거에 지은 죄업을 참회하고 현재에 보살행을 하면 보살이 되고, 중생 노릇을 하면 중생이 됩니다.

또한 불교는 과거에 지은 죄업을 참회하여 궤도 수정할 수 있는 종교입니다. 중생의 마음으로 살았기 때문에 중생이 되었으니, 이제 부처님의 마음으로 살면 부처님이 될 수 있다는 것이 불교입니다. 우리의 마음에는 여러 가지 관념, 생각, 감정이 들어있는데, 이는 본마음이 아니고 밝지 않은 무명의 마음입니다. 자기 본마음을 떠나서 무명 속에 살았으므로 이제 자기 본마음으로 돌아가자는 것이 불교의 가르침입니다. 참회에는 과거의 잘못을 인정하고 뉘우치는 것도 있지만, 앞으로는 그렇게 살지 않겠다는 마음, 잘못된 마음을 선한 마음으로 바꾸어서 살겠다는 각오이기도 합니다. 우리의 본마음은 완성된 마음이며 가장 지혜로운 마음이고 가장 자비스런 마음이고 가장 밝고 가장 높고 가장 신비한 마음입니다. 마음을 텅 비운 것이 본마음입니다. 텅 빈 마음으로 살겠다는 뜻으로 본마음에 모든 것을 믿고 맡기고, 이렇게 사는 삶이 부처님의 삶이고 보살의 삶입니다.

어쨌든 조선시대와 21세기 여성의 지위를 비교해보면 하늘과 땅 차이가 나는 것처럼 자기 힘으로 전혀 선택할 수 없는 노예 민족에게 주어진 가르침이 우리 시대에는 맞을 수가 없습니다. 그 당시의 가르침에 따라서 살 것이 아니라 지금 이 시대에 맞는 가르침이 필요합니다. 지금은 업인과보, 자기가 지은 업대로 과보를 받는 시대, 자기가 결정한 것에 따라서 선택할 수 있는 시대입니다. 지금의 시대는 노예로 살 수밖에 없었던 시대와는 달리 선택의 폭이 아주 넓어졌습니다. 어떤 종교를 선택할 것인가? 순간의 선택이 평생, 아니 미래 생까지 좌우합니다.

천불전

■ 2장 ■

행복의 열쇠

복주머니를 열지 않아야 더 큰 복을 받는다

옛날에 두 사람이 산에 나무를 하러 갔습니다. 산신령님이 나타나서 "너희들이 전생에 지은 복을 담아 놓았노라. 이 복주머니를 열고 소원을 얘기하면 이루어질 것이다. 다만 지어 놓은 복이 많지 않아서 세 가지만 이루어질 것이다."라고 말하면서 복주머니를 하나씩 나눠 줍니다. 둘 중에 한 사람은 복주머니를 써먹지 않고도 평생을 잘 살았습니다. 그런데 다른 한 사람은 집에 돌아오자마자 자기 부인을 불러 자랑을 합니다.

무슨 소원을 말할까 둘이서 의논하다가 결국 다투게 됩니다. '이게 좋다, 저게 좋다' 의견 일치를 보지 못하고 다투면서 기운을 다 뺐습니다. 술을 좋아하는 사람이라 술 한 잔 먹다 보면 좋은 생각이 날지도 모르겠다며 술 한 상 차려오라고 합니다. 금세 술이 한 상 잘 차려졌어요. 부인이 바라보니까 참으로 한심스러운 겁니다. 소원이 세 가지밖에 안 이루어진다는데 겨우 생각해낸 것이 술 한 상이니 얼마나 한심스럽겠습니까? 하도 남편이 얄미워서 복주머니를 들고는 남편 콧잔등에 술잔이나 붙어버리라고 했어요. 코에 술잔이 붙었으니 술도 못 마실 뿐만 아니라 숨도 못 쉬게 생겼습니다. 결국 할 수 없이 "술잔아, 떨어져라."라고 했지요.

욕심으로 술 나오라고 했고, 부인이 화가 나서 진심(嗔心)으로 술잔이 붙으라 했고, 다시 어쩔 수 없이 술잔이 떨어지라고 했듯이 그렇게 살아가는 사람들이 많습니다. 세상 사람의 행동을 보면, 자기 욕심으로 자기 이익만 생각해서 하는 경우도 있고, 자기에게 아무 이익이 없어도 남을 못 살게 하려고 하는 경우도 있고, 또 하나는 어쩔 수 없이 하는 경우도 있습니다. 복주머니를 쓰지 않고 잘 살았다는 사람처럼 복은 안 써먹는 게 좋습니다. 복을 까먹으려고 애쓸 필요가 없다는 말입니다.

아들이 시험에서 100점을 받아왔습니다. 어머니가 "뭐 사줄까?" 하고 물어볼 때, 아들이 아무 것도 안 받고 그냥 넘어가면 그 다음에는 더 좋은 것을 사주려고 할 것입니다. 그런데 100점 한 번 맞아놓고는 핸드폰을 바꿔달라는 둥 게임기를 사달라는 둥 너무 많은 것을 요구하다가는 혼날 수도 있는 것입니다. 복은 안 쓰는 게 훨씬 낫다는 도리만 알아도 좋은데, 대부분의 사람들은 과거에 지은 복을 까먹지 못해서 애를 태웁니다. 어떻게든지 복을 바라고, 노력보다는 복으로 되는 일에 한껏 욕심을 냅니다.

　사람들의 한평생을 봐도 그렇고, 하루하루 살아가는 것을 봐도 그렇습니다. 짧은 소견으로는 도저히 알 수 없는 일이 일어납니다. 특별히 잘못한 것이 없는데도 불행한 일이 일어날 수도 있고, 그렇게 원하지도 않고 그렇게 애쓰지도 않았는데 좋은 일이 생길 수도 있습니다. 좋고 나쁜 일을 달리 표현하면 손해 되는 일과 이익 되는 일로 나눌 수 있을 것입니다. 물론 이익과 손해를 꼭 금전적인 일이나 당장의 일로 볼 것만은 아닙니다. 먼 훗날을 보아도 그렇고 여러 사람과의 관계를 해석해보아도 잘 된 일이다, 좋은 일이다, 해가 되는 일이라고 볼 수 있는 일이 자기의 의지나 노력 외에 생기는 경우가 있다는 말입니다. 그것을 두고 우리는 흔히 재수가 있다 없다, 운이 좋다 나쁘다고 합니다. 간혹 한평생이 괴로운 사람도 있는데, 이럴 때 팔자 한탄도 하고, 전생 업보에 대해 얘기하는 것을 자주 들었을 것입니다.

　불교에서는 모든 것을 자업자득이라 하여 자기가 전생부터 지어온 자기의 업을 받는 것이라고 합니다. 또한 일반적으로 열심히 했는데도 소원이 이루어지지 않는다든지 자기에게 불리한 일, 나쁜 일이 생겼을 때 업장, 업의 장애 때문이라고 합니다. 이럴 때는 자기 마음속의 탐심이나 진심, 어리석은 마음을 바꾸어 과거에 지은 모든 업을 소멸해야 합니다. 또한 좋은 일이 생기면 복력, 복의 힘 덕분이라고 하는데, 복 또한 지어놓으면 어떤 내용으로든 받게 되어 있으니 그것에 대해서는 신경 쓰지 말고 복을 계속 지어야 합니다. 업장이 되는 악업은 짓지 말고 지금까지 지어놓은 악업은 참회해서 소멸시켜야 하며, 복을 받는다는 것은 결국 복을 까먹는 게 되니, 과거에 지어놓은 복은 받으려고 애쓰지 말고 새롭게 복을 지으라는 얘기입니다.

예를 들어 부모에게 받는 것은 다 복으로 받는 것입니다. 부모가 온 정성을 들여서 키우는데도 자식 입장에서는 부모에게 받는 것은 항상 부족하다고 생각합니다. 하다못해 복권을 사서 당첨되기를 바라는데, 그 또한 자기 노력으로 되는 게 아니고 복으로 되는 것입니다. 그런데 복권 당첨된 사람들이 어떻게 사는지 조사해 보면, 대부분 복권 타기 전보다 나아지지 않았답니다. 큰돈을 받으면 행복해질 줄 알지만 그렇지 않다는 겁니다.

몇 십 년 전 어느 스님 한 분이 1억짜리 주택복권에 당첨된 일이 있었습니다. 1억은 당시로서는 어마어마하게 큰돈이었습니다. 그 스님이 그 돈 때문에 잠깐 잘못 생각해서 환속을 했습니다. 그런데 얼마 지나지 않아 그 돈 다 없애고, 다시 절로 들어왔습니다. 그 스님을 누가 잘 대해주겠습니까?

그처럼 복으로 되는 일은 늘 부족하고 자기 노력으로 하는 일은 할 만큼 했다고 생각하는 것이 보통사람의 심정입니다. 어쨌든 복으로 되는 일은 회향을 잘 해야 합니다. 그래야 자기에게 공덕이 되고 복이 됩니다.

불자들 중에 일이 잘 안 되면, "내가 전생에 업이 두터워서 죄가 많다."고 하면서 업장을 소멸시키기 위해 빌고, 소원이 있을 때에도 이루게 해달라고 빕니다. 자기 과거에 지은 죄업을 소멸하려는데 속마음은 뭔가 이뤄달라는 욕심이 가득 들어있습니다. 그러니 참회가 되겠습니까? 업장 소멸이 안 됩니다.

손으로 눈을 가리면 앞이 안 보이듯이 소원이 있는데 이루어지지 않는 것은 업장 때문인지라, 참회를 해서 업장을 소멸하기 위해 비는 것입니다. 다시 말하면 빈다는 것은 마음을 비운다는 뜻이며, 참회한다는 의미입니다. 그런데 소원을 이루어달라는 마음이 앞서니까 업장이 소멸되지 않아 소원이 이루어지지 않는 것입니다. '과거에 내가 잘못을 저질러서 그 업장이 내 소원을 이루지 못하게 하니까 소멸되게 해주십시오.' 하는 과정이 일반적으로 생략되기 때문입니다.

아들딸이 말 안 듣고 속 썩이면 '내가 전생에 무슨 죄가 많아서 저런 자식을 낳았나.'라고 말은 하면서도 속으로는 미워하는 마음, 속상해 하는 마음이 앞섭니다. 전생의 죄를 참회하는 마음이 앞서지 않기 때문에 참회가 안 되고 소원도 이루어지지 않는 것입니다.

절에 와서 부처님께 공양 올리고 예경을 하고 복을 짓는다는 것이 소원이 이루어지기를 바라는 마음으로 하는 경우가 많습니다. 그것은 복을 짓기도 전에 까먹을 연구부터 하는 것입니다. 알고 보면 소원이 이루어지는 것은 복을 까먹는 것입니다. 우리가 마음을 닦는 것은 안 되는 것을 되게 하기 위해서가 아니라, 되든 안 되든 그 마음을 쉬기 위한 것입니다.

과거에 지은 업도 참회해서 없앨 수 있다고 했습니다. 애들이 잘못 했을 때 뉘우치면서 용서를 빌면 부모가 용서하잖아요. 그와 같이 잘못 한 것을 그대로 다 받는 것이 아니라 참회해서 소멸시킬 수 있듯이 복도 지어놓은 그대로 받는 게 아니라 잘못 하면 까먹을 수도 있다는 말입니다. 자기가 오늘 이전에 복을 짓기 위해서 이렇게 살았다고 하면 아래쪽에 있던 것이 올라갔다는 것으로 복을 지은 것이고, 복을 까먹으면 다시 내려오는 것이 불교의 인과법칙입니다. 이 모든 것이 영원히 고정된 것은 아니라는 뜻입니다. 만일 고정되어 있다면 중생은 영원히 중생이어서 성불하지 못하고 자기가 지은 죄업은 도저히 소멸할 길이 없을 것 아닙니까?

부처님의 가피 중 가장 좋은 것은 명훈가피라고 하는데, 명(冥)은 드러나지 않는다는 뜻이고 훈(熏)은 스며든다는 뜻입니다. 마치 향내가 옷에 스며들면 향을 치워도 향내가 나듯이 자기가 지은 복력이 그렇게 스며든다는 겁니다. 복을 까먹지 않으면 그 복의 힘이 자기의 삶 속에 스며들고 또 복 짓는 삶을 살게 됩니다. 그러니까 계속해서 복의 힘에 의해서 살 수 있다는 겁니다. 복이나 운이나 재수가 고정된 것이 아니라는 것을 꼭 아셔야 합니다. 아무리 복이 있고 운이 좋은 사람도 까먹는 짓을 하면 없어진다는 것을 아셔야 합니다. 마음을 푹 쉬어버리면 업장도 소멸되고 복도 안 까먹고 살 수 있습니다. 마음을 쉬면 욕심이 없어지니까 복 까먹을 일도 없고, 자기 죄업을 참회해서 업장 소멸이 제대로 되고, 죄업 짓지 않고 복을 지으면서 살게 됩니다.

다른 사람의 복을 빼앗지 말라

대전에서 옥천 쪽으로 가다보면 식장산(食藏山)이 있는데, 산 이름에 얽힌 일화가 감동적입니다. 식장산 밑에 살던 부부가 노모를 모시고 아들을 하나 낳고 다복하게 잘 살았습니다. 그런데 아들이 어렸을 때는 노모가 밥을 먹다가 조금씩 나눠 줘도 문제가 없었지요. 그런데 점점 성장하니까 할머니 밥이 반으로 줄어들고, 나중에는 할머니는 거의 먹을 수 없게 되었습니다.

애 아버지가 부인에게 "애는 나중에 또 낳아서 기를 수 있지만, 어머니는 그렇지 않다. 어머니를 오래 사시게 하려면 애를 갖다 버려야겠다."고 합니다. 부인과 의논 끝에 애를 업고 산으로 갔습니다. 아이를 묻으려고 땅을 파는데 자기 어머니 밥그릇과 똑 같은 밥그릇이 나오는 겁니다. 그 때 산에 따라온 애 엄마가 통사정을 해서 애를 데리고 집으로 돌아왔습니다. 그런데 이상한 것은 산에서 나온 밥그릇에다 쌀을 조금 넣어두면 한 그릇이 되고 돈을 조금 넣어도 한 그릇 차는 겁니다.

그런데 그 사람은 자기 어머니가 쓰실 만큼만 밥그릇에 넣어서 나오게 했지 부자가 되려고 하지 않았습니다. 그리고 어머니가 돌아가신 뒤에는 그릇을 다시 묻어버린 겁니다. 그래서 지금도 밥그릇, 식기를 묻은 산이라고 해서 그 산을 식장산이라고 한답니다. 그 그릇은 자기 어머니 복이라고 생각해서 더 이상 욕심을 부리지 않은 이 사람은 참으로 현명한 사람입니다. 만약 욕심을 부렸다면 도둑으로 몰려서 심하게 매를 맞고 잘못하면 사형을 당할 지도 모르는 일입니다. 자기 복이 아닌 것을 욕심내다 보면 그런 일이 흔히 생길 수 있습니다.

복은 될 수 있으면 아끼고 자기 복이 아닌 것은 탐내지 말아야 합니다. 자기 노력으로 하는 것은 열심히 하면 되지만 복으로 되는 것은 탐내고 욕심내 봐야 되지도 않습니다. 다른 사람의 복을 뺏는 것, 남의 덕을 보려고 하는 것이 좋은 게 아니고 빚을 지는 것입니다. 복으로 되는 일은 만족할 줄 알아야 합니다. 복으로 되는 일은 아무리 적고 사소한 것이라도 만족해하고 고마워하는 마음을 가져야 복을 덜 까먹는 것이 됩니다.

옛날에 서당이 하나 있었는데, 멀리 고개 넘어 사는 한 학생이 혈색이 점점 나빠지고 몸이 야위어갑니다. 훈장이 지켜보니, 당장 어떻게 될 것처럼 학생의 건강이 나빠 보여서 하루는 학생 뒤를 따라가 보았습니다. 학생이 고개를 넘어올 때마다 예쁜 색시가 나타나 입에서 구슬을 빼서 학생 입에다 넣었다 뺐다 하는 겁니다. 그렇게 혼을 다 빼 가는 것이었습니다. 훈장은 그 색시가 여우가 변신한 요물임을 알고는 학생에게 "색시가 구슬을 넣으면 삼키고 하늘을 한 번 쳐다보고 땅을 한 번 보라."고 말해주었습니다. 학생이 계속 시키는 대로 못하자, 훈 장이 "오늘 못하면 죽는다. 당장 삼켜라." 하고 큰소리로 말하니, 놀라 서 엉겁결에 삼켜버렸습니다. 그리고 하늘을 쳐다봐야 되는데 워낙 기 운이 없어서 하늘을 못 쳐다보고 땅만 바라봐서 천기는 모르고 땅만 아는 풍수쟁이가 되었지요.

그런데 이 사람이 여우 혼을 먹어서 그런지 심술이 아주 고약해 졌어요. 조금만 대접을 못 받아도 그 집을 망하게 묘를 써주는 겁니다. 하루는 어느 집에 갔는데 푸대접을 받았다고 생각해서 화가 나 있는데, 집주인이 뒷산에 산소 자리를 잡아달라고 하는 겁니다. 가서 보니, 뒤 에는 뱀이고 앞에는 개구리라서 뱀이 개구리를 잡아먹으러 내려오는 산세였습니다. 개구리 등에다 묘를 쓰면 그 집안이 망할 형국이라는 고약한 생각으로 자리를 잡아줬습니다.

그로부터 몇 년 후 그 집을 다시 가게 되었습니다. '어떤 꼴로 망해 있나' 궁금해 하며 가보니, 과연 그 집은 없어지고 고래등 같은 기와집이 수십 채 들어서 있는 겁니다. 당연히 집주인이 바뀌었다고 생각하고는 하룻밤 쉬어가자고 부탁하였지요. 그런데 그 때 그 주인이 버선발로 뛰어나와서 절을 하는 겁니다. "선생님 덕분에 부자가 되었습니다. 고맙습니다."라고 하면서 떡 벌어지게 술상을 차려주는 겁니다. 여우 혼 먹은 사람은 술을 마시면서도 속이 뒤집혀서 죽을 지경이었겠지요.

다음날 묘지 있는 곳으로 가보니, 아직까지 개구리가 죽지 않은 상태였습니다. 도대체 왜 이런 일이 생겼는지 알 수가 없어서 속만 태우고 있는데, 나무를 하는 아이들이 석양 무렵이 되자 "황새봉에 해 진다, 그만 집에 가자."고 하는 겁니다. 아이들 말을 듣고 보니 건너에 넘어다보는 산이 하나 있는데 황새봉이었던 것입니다. 그러니까 뱀이 개구리를 잡아먹으러 오다가 황새가 앞에 나타나니까 뒷걸음질을 치면서 못 잡아먹는 형국이었던 것입니다. 풍수쟁이가 미처 그것을 못 봤던 것이지요.

그는 그 집 주인에게 다시 돌아가서 "여기는 개구리 등이고 여기는 뱀 머리입니다. 개구리에다 묘를 써서 큰 부자가 못 된 것입니다. 조금만 올려 쓰면 권력도 얻고 큰 부자가 될 수 있으니 묏자리를 옮기는 게 좋겠습니다."라고 말합니다. 이런 말을 들으면 대부분 귀가 솔깃해서 그렇게 하겠다고 하는데, 이 사람은 "이만하면 됐습니다." 하면서 만족해하더랍니다. 만일 욕심을 냈다면 망했을텐데, 만족한 덕분에 집주인은 계속 부를 누릴 수 있었지요.

이 이야기에서 명당자리에 대해서는 다 잊어버리시고, 더 이상 욕심내지 않고 만족하는 마음에 대해서만 교훈을 얻으셔야 합니다. 이 집주인처럼 자기가 노력하지 않고 복으로 이루어지는 것에 대해 만족하고 분에 넘치는 욕심을 부리지 않아야 편안하게 잘 살 수 있습니다.

세상에 사업하는 사람들을 생각해 보십시오. 운이 한창 뻗어갈 때에는 사업이 아주 잘 됩니다. 그런데 욕심내서 무리하게 사업을 확장하다가 망하는 사람이 많습니다. 상식적으로 생각해봐도 자기 능력으로 어떻게 그런 큰 재산을 만들겠습니까. 다 시대를 잘 만나고, 복력으로 된 것입니다. 그렇기 때문에 만족할 줄 알아야 됩니다. 옛날 만석꾼도 자가용은 없었어요. 옛날 부잣집 마나님들은 알뜰살뜰하게 살림하는 능력이 매우 컸습니다. 그러면서도 마음대로 사용할 수 있는 돈은 얼마 안 됐습니다. 요즘 기업체의 말단 직원 부인만큼도 돈을 못 만졌습니다. 요즘 부인들은 옛날 같으면 벌써 망했을 정도로 살림하는 능력도 형편없지만 시대를 잘 만나서 돈도 많이 만지고 잘 사는 것입니다. 이것도 복입니다. 그러니 만족할 줄 알고 양보할 줄 알고 회향할 줄 알아야 합니다. "지은 복은 까먹지 말고, 다른 사람 복을 뺏으려고 하지 말고, 복으로 되는 일은 욕심 부리지 말고 만족할 줄 알라."는 이 세 가지가 복 받는 법입니다.

그런데 복력 중에 제일 큰 복은 수행복입니다. 수행 중에 얻은 복은 다른 것과 비교가 안 될 정도로 큽니다. 『금강경』에 보면 "삼천대

천세계에 가득한 칠보로 보시한 것보다도 이 경을 읽고 외우고 남을 위해 설해 주면 그 복이 더 수승하다.”고 하였습니다. 이것이 바로 수행을 의미합니다.

세상살이에서 좋은 일이 있고 나쁜 일이 있는 것은 파도가 올라갔다 내려갔다 하면서 치는 것과 같습니다. 파도가 쳐서 내려오면 앞으로 밀려가는데 사람들은 올라가는 것을 좋다고 생각하고 내려오는 것을 나쁘다고 생각하니 올라갔다가 안 내려오려고 매달리고 서로 올라가려는 것과 같습니다. 파도가 내려와야 되는데 내려오는 것을 못 참고 올라가려 하다가 결국엔 힘이 빠져서 올라가지 못합니다.

세속에서 잘 살려면 최소한 안 되는 일을 되게 하려고 애쓰지 말고 되는 방향으로 나가려고 해야 합니다. 정 마음을 쉬지 못하겠으면 파도타기 하듯이 살아야 합니다. 올라갔다가 내려갔다가 파도를 따라가면서 살면 되는데 올라가려고만 하니까 어렵습니다. 되는 일, 안 되는 일 다 놓아버리고 푹 쉬어버리면 되는 일은 다 되게 되어 있습니다. 세상일이 억지로는 안 됩니다. 순리대로 자기가 지은 복대로 살면 그나마 편안하게 살 수 있습니다. 그러나 가장 좋은 것은 수행력으로 살아가는 것입니다. 이것만 알아도 평생 동안 행복의 열쇠를 가진 것입니다.

덕 있는 장수가 복 있는 장수만 못하다

우리는 무엇으로 살아가고 있는가? 한마디로 힘, 능력으로 살아간다고 할 수 있습니다. 체력이나 재력, 지식 등의 개인적인 능력도 있고, 사회가 제도적으로 만들어놓은 지위에 따른 능력도 있습니다. 제도적인 것은 아니지만 집안에서도 창고 열쇠를 지니는 사람, 시어머니 혹은 며느리가 갖는 힘, 선후배 간의 지위에 따른 힘도 있고, 인기를 얼마나 끄느냐에 따른 힘도 있지요. 그런데 사실 그와 같은 힘은 참으로 허망한 것입니다. 어느 날 하루아침에 아무런 힘이 안 되는 경우도 있기 때문입니다. 재력이 특출한 재벌도 망하기 시작하면 걷잡을 수가 없지요. 그런 것을 볼 때 왜 그런지 한번 생각해 볼 필요가 있습니다. 도대체 능력은 그대로 다 지니고 있는데도 왜 무너질까요?

출가하기 전 우리 동네에 재래식으로 종이공장을 하는 사람이 돈을 많이 벌었습니다. 우리 동네는 200여 호 되는 작은 마을이었는데, 그 사람이 해마다 몇 마지기씩 논을 샀습니다. 해가 더해질수록 더욱 많은 논을 사는 것을 보고 동네 청년들이 모여서 머리를 맞대고 계산을 하는 겁니다. "앞으로 몇 년 후에 저 공장이 이 동네 땅을 다 살 수 있을까?"라고 하는 말을 듣고, 제가 저도 모르게 "복이 있으니까 그렇지, 복이 다 하면 잘 뻗어가던 호박 넝쿨이 가을 서리 맞아서, 혹은 호박만 하나 열려도 멈추는 것처럼 될 수도 있다."고 말했습니다.

그런데 웬일인지 그로부터 얼마 뒤 그 종이공장이 망했습니다. 내가 괜히 안 해야 할 말을 해서 망한 것 같아서 뜨끔하기도 하고, 미안하기도 했습니다. 그 때부터 '공장을 하다보면 세월이 흐를수록 재력이나 기술력도 늘 테고, 여러 가지 능력이 더 생길 텐데 저 공장이 왜 망했을까.' 고민했습니다. 그러면서 '능력 이외의 다른 힘이 있는 것 같다.'는 생각을 했지요.

세상 사람들은 겉으로 보이는 능력만 생각하는 것 같습니다. 그래서 전부 능력을 키우기 위해 평생을 애쓰고 살잖아요. 학생이 공부를 하는 거나 직장인이 돈을 버는 거나 건강을 위해 운동하는 것이 다 자기 나름대로 능력을 기르기 위해서 노력하는 것입니다. 그렇게 능력으로 되는 일에만 매달리며 사느라 복력의 세계는 모르는 것 같습니다. 유명한 음악가들 중에 어머니가 어릴 때부터 교육을 잘 시켜서 성공할 수 있었다고 인터뷰한 경우도 보았습니다만, 그 몇 배를 노력해도 안 되는 경우도 있습니다. 오히려 부모가 자식교육에 너무 극성을 부려서 스트레스가 심한 나머지 자식이 가출하여 인생을 망쳐 버리는 사람도 많이 봤습니다. "될성부른 나무는 떡잎부터 알아본다."는 속담이 있는데, 이 속담 역시 능력 이전에 복력이 있다는 것을 암시하는 말입니다. 한편 "용맹 있는 장수가 지혜 있는 장수만 못하고, 지혜 있는 장수는 덕 있는 장수만 못하고, 아무리 덕 있는 장수라도 복 있는 장수만 못하다."는 말이 있는데 일리 있는 말입니다.

옛날에 어떤 임금 밑에 유난히 복이 많은 신하가 있었습니다. 아무리 어려운 외교문제도 쉽게 해결되고, 지방에서 난리가 나도 그 신하가 나서면 쉽게 진정될 수 있었습니다. 이런 복 많은 신하를 둔 것을 고마워해야 하는데, 오히려 시기 질투심이 난 임금님이 신하를 궁지에 빠뜨릴 계책을 세웠습니다. 궁중에 있는 보석을 신하의 집안에다 보관해달라고 맡기고는, 신하가 집으로 가는 도중에 장수를 시켜서 보석을 빼앗아오게 하였습니다. 보석을 빼앗긴 신하는 걱정 근심으로 밥을 먹지 못하였습니다. 시아버지가 진지를 못 드시자, 몸보신을 시켜드리려고 신하의 며느리가 시장에 가서 잉어를 사왔습니다. 그런데 잉어 뱃속에 보석이 들어 있는 게 아니겠습니까? 아버님 몫으로 사온 것인지라 며느리가 밥상에 잉어와 함께 보석을 같이 올립니다.

어떻게 된 연유인가 하면, 보석을 훔쳐간 사람이 강을 지나다가 넘어져서 보석을 빠뜨렸는데, 그것을 잉어가 먹고, 결국은 복 많은 신하의 집에 오게 된 것입니다. 보석을 임금님에게 바치니, 임금님이 결국 '복 있는 사람은 어쩔 수 없다.'고 생각합니다. 복을 지으면 언제든지 받게 되어 있습니다. 이 신하 또한 전생부터 열심히 복을 지었기 때문에 복을 받는 것입니다. 그런데도 우리는 복을 짓기보다는 복을 받는 것을 더 좋아합니다.

나무를 한번 보십시오. 겉으로 보면 나무기둥, 가지, 잎, 꽃, 열매가 있습니다. 그런데 그것만이 다가 아닙니다. 땅 속에 더 중요한 뿌리가 있잖아요. 그런데 평소에는 뿌리가 있다는 것을 보지도 못하고 생각도 하지 않습니다. 꽃이 필 때는 꽃을 보고 좋다고 하고, 열매를 거둘 때는 열매만 거둬들이면서 좋다고 합니다. 나무에 큰 영향을 주는 뿌리의 세계가 있다는 것을 알아야 멋진 꽃을 볼 수도 있고, 튼실한 열매를 거둘 수 있는 것입니다. 나무를 심을 때 뿌리가 뻗어갈 자리를 생각하지 않고 심으면 결국 나무는 죽게 된다는 것을 깨달아야 합니다.

건축물을 지을 때를 생각해 보십시오. 빌딩을 짓는 데 기초공사를 하지 않으면 어떻게 되겠습니까? 무너지게 됩니다. 기초공사가 바로 복력의 세계라고 할 수 있습니다. 복력을 튼튼하게 하지 않으면 능력 이상의 것을 하거나 혹은 능력과 상관없이 무너지게 됩니다. 그런데 우리는 그 세계를 잘 모릅니다.

어려서 딱지치기, 구슬치기하면서 놀 때는 동네에서 딱지와 구슬을 제일 많이 가지고 있는 저보다 한 살 더 먹은 동네 형이 제일 부자인 줄 알고 부러워했습니다. 그런데 그 형이 어느 날 학교에 가서 공부한다며 그것을 나에게 다 주었습니다. 그 때 이것보다 더 좋은 것이 있는지 상상도 못했고, 이해가 안 됐지요.

이와 같이 세상에는 능력뿐 아니라 복력이 있다는 것을 알아야 합니다. 복력도 다 하게 되면 타락하게 되므로 계속 복을 짓고 살아야 합니다. 더 나아가서는 능력이고 복력이고 세속적인 욕심으로 사는 것은 다 쉴 수 있어야 합니다.

어릴 때는 어른의 세계를 모르고 살듯이 중생 소견으로는 능력의 세계만 생각하지 복력과 수행력의 세계를 모릅니다. 안 되는 것을 되게 하기 위해서가 아니라 되고 안 되는 것을 다 쉬기 위해서 마음을 닦습니다. 그래야만 다 이루어집니다. 되고 안 되고가 있다는 것은 항상 되기도 하고 안 되기도 해서 계속 윤회하는 삶을 삽니다. 되고 안 되고는 태어나고 죽는 윤회의 모습입니다.

우리가 모르는 세계가 있다는 것을 한 번 생각해봅시다. 숙명통이 열리면 전생에 어떻게 살았는지 내생에 어떻게 살 것인지 알 수 있다고 합니다. 위에 있던 것이 아래로 내려올 때 방향을 생각하면 어떻게 살아왔는가 하는 것을 알 수 있어요. 그래서 현재를 보면 과거를 알 수 있는 것입니다. 그리고 미래에 어느 쪽에 있을 지는 지금 살아가는 방향을 보면 압니다. 올라가는 삶을 살고 있으면 다음에 저 위에 있다는 것을 알 수 있지요. 그래서 과거 일을 알고자 하면 현재의 삶을 보고, 미래 일을 알려면 현재를 보면 알 수 있다고 한 것입니다. 이렇게 중생의 삶은 비슷비슷한 욕심 속에 살고 있으니까 알 수 있는데, 수행인의 삶은 예측할 수 없다고 합니다.

미래는 마음먹기에 따라서 달라진다

사람들을 보면 크게 네 가지 삶이 있다고 합니다. 밝은 데에서 와서 밝은 곳으로 가는 사람, 밝은 데에서 와서 어두운 데로 가는 사람, 어두운 데에서 와서 밝은 곳으로 가는 사람, 어두운 곳에서 와서 어두운 곳으로 가는 사람입니다. 어두운 데에서 왔는지 밝은 데에서 왔는지는 과거니까 알 수 있지만, 미래에 밝은 데로 갈지 어두운 데로 갈지는 지금 내가 어떻게 하는가에 따라서 달라집니다. 하지만 작정하고 나쁜 짓만 하려는 사람이나 좋은 일만 하려는 사람이 아니라면 잘 알 수가 없어서 미래는 맞추기가 어렵습니다.

발을 한쪽만 방 안에 두고 내가 나갈 것인지 들어갈 것인지를 맞추기 어려운 것은 내 마음에 따라서 금세 달라지기 때문입니다. 현재 발이 하나만 들어가 있는 것은 과거의 작용이지만 미래는 마음먹기에 따라서 달라집니다. 바로 중생이 어떻게 살고 있느냐와 어떻게 살 것인가를 말씀하신 분이 부처님이시고, 그 가르침이 불교입니다.

그런데 현대인들은 능력으로 산다고 생각해서 능력만 중시하고 있습니다. 남을 짓밟고라도 잘 살고 싶어 하는 것입니다. 자기 능력껏 산다고 하면서 복력을 까먹는 부분에 대해서는 전혀 생각하지 않습니다. 자식을 기르면서도 복력보다는 능력 부분에 더 많은 신경을 씁니다. 돈을 벌고, 체력을 키우고, 학력을 신장시키는 것에 전력을 다 합니다.

어느 날 전철을 타고 갈 때 일입니다. 마침 앞자리의 손님이 일어났습니다. 더 나이가 많은 분이 있으면 앉으시라고 주변을 둘러보는데 멀리 있는 학생이 총알같이 뛰어와서 앉습니다. 함께 있던 그 학생의 어머니는 흐뭇한 표정을 짓고 있어요. 능력적인 면에서는 그게 좋은 일이겠지요. 재빠르게 자리를 잡았으니까요. 혹시 아파서 병원 가는 중인가 해서 "어디에 가느냐?"고 물어 보았습니다. 태권도장을 간다는 겁니다. 어이가 없었지요. 운동하러 가는 아이가 왜 앉아서 가야 하는지 이해할 수 없는 일이었습니다.

무재칠시(無財七施)라고 해서 돈 안 들이고 보시하는 일에 '자리를 양보하는 보시'도 있는데, 남의 자리를 차지하고 앉는 것은 자기 복을 까먹는 일입니다. 세상을 살아가면서 시시때때로 복력을 길러야 하는데 오히려 까먹으면 어떻게 되겠습니까. 만일 천수천안(千手千眼)만 있고 자비심이 없다면 어떻게 되겠습니까? 능력만 있고 판단력이 없으면 어떻게 되겠습니까? 무자비한 사람은 능력이 있을수록 나쁜 일을 더 많이 하게 되니 능력이 재앙이 됩니다.

제가 먼저 살던 절 앞에 탑이 있었습니다. 사람들이 탑에 올라가서 사진을 찍는 일이 많았습니다. 스님들이 올라가지 못하게 해도 자꾸 올라가는 것을 본 일이 있습니다. 그럴 때 올라가고 싶지 않은 마음을 내도록 신통을 부리는 게 낫지 올라간 사람이 떨어지라고 말하면 안 될 것입니다. 어느 청년회원이 다른 사람과 다툰 뒤에 "저런 사람은 안 보이는 몽둥이로 때려 죽였으면 좋겠다."고 악담하는 소리를 듣고 깜짝 놀란 일이 있습니다. 나옹 스님의 축원문에 보면 "내 이름 석 자만 들어도 지옥·아귀·축생에는 가지 말고 내 모습만 보아도 해탈을 얻으라."는 내용이 나옵니다. 나옹 스님 말씀처럼 이왕 하는 말이면 "저런 사람도 절에 와서 착한 마음이 생기게 하면 좋겠다."고 말해야지 복이 됩니다.

복은 단순히 욕심으로 무엇인가 이루고자 하는 것이 아니라 수행복이 되어야 합니다. 『금강경』에 나오는 무주상보시는 복덕을 말하는데, 달리 표현하면 수행복, 수행력을 키우는 것입니다. 능력적인 면에서만 따진다면, 자기가 몇 억 몇 천 기부금으로 복 지은 것을 일간지에다 널리 알리고 사진 찍으며 자랑해야겠지요. 그런데 그 복력이 복덕이라는 수행력에까지 가려면 무주상으로 해야 된다는 것입니다.

절에 가면 불자들이 법당에서 절을 많이 합니다. 과일도 올리고, 공양금도 올리고, 절도 하고 염불도 하는 등 복을 엄청 많이 짓는 것 같습니다. 그런데 절을 나서기도 전에 복 까먹는 소리가 여기저기서 들립니다. 남을 미워하고 질투하는 말이 복을 많이 까먹는 대표적인 일입니다. 남이 좋은 일을 했을 때 칭찬하고, 같이 기뻐해 주면 그 복이 같아지는데도 그걸 못합니다.

예를 들어 절에 큰 불사가 있을 때 회향식에 주지스님이 시주를 많이 하신 분, 화주를 많이 하신 분을 발표하고 때론 표창을 주기도 합니다. 그 때 "훌륭하다. 나도 언젠가 저렇게 좋은 일을 할 수 있을까." 하고 칭찬하고 기뻐해 주면 그 복이 같아진다는 겁니다. 능력은 같지 않겠지만 복력은 같아지는 것입니다. 그런데 좋은 일을 하는 사람에게 직접적으로 방해하지 않았더라도 말만 잘못해도 그 복이 감해집니다. 마음으로 시기하고 질투해도 마찬가지입니다. 칭찬하고 부러워하면 복이 같아지는데, "돈이 많으니까 냈겠지." "돈만 많이 내면 제일인가, 마음을 잘 써야지."라고 말하면서 질투하면 복이 감해지는 것입니다. 그뿐만 아니라 다른 사람 험담도 하고, 기도비를 얼마 냈다는 등 자랑도 하면서 애써 지은 복을 그대로 까먹고 갑니다.

집에 가서는 말할 것도 없습니다. 절에서는 아들 대학 합격하라고 몇 시간씩 기도하면서도, 자식이 공부 안 하고 집에 들어오면 저래 가지고 어떻게 합격하겠느냐는 둥, 한심해 죽겠다는 둥 하며 자식 기

죽이는 소리를 며칠씩 하는 것은 떨어지라는 기도를 하는 것과 마찬가지입니다.

앞에서도 말씀드렸듯이 나무뿌리의 세계를 알아야 합니다. 뿌리와 열매가 연결되어 있다는 것, 꽃을 볼 때도 꽃만 볼 게 아니라 가지도 있고 잎도 있음을 알아야 합니다. 겉으로 드러난 능력만 볼 게 아니라 전생에 어떻게 살았는지, 어떤 시대에 태어났는지, 지금 어떤 복을 받고 있는지를 생각해야 합니다. 요즘 시대에 사람으로 태어난 정도면 굉장한 복을 지은 것입니다. 그걸 까먹지만 않아도 괜찮답니다.

자기가 어떤 집안에 태어났든지 자기가 전생에 지은 업보이므로 원망하거나 미워하지 말아야 합니다. 자기가 지은 복을 자기가 받고 산다는 것을 알면 남이 복 지어서 잘 사는 것보고 미워하거나 시기할 필요가 없겠지요. 능력도 없는 사람이 자기보다 먼저 진급했다고 불평해대면서 그 사람을 깎아내리고 모략을 하는 경우도 있는데 쓸데없는 짓입니다. 오히려 자기에게 더 손해입니다. 복 있는 사람에게는 못 당한다는 것을 알아야 합니다. 속된 말로 재수 있는 사람은 물에 빠져도 잉어를 물고 나오고, 재수 없는 사람은 뒤로 자빠져도 코가 깨진다고 합니다. 솔직히 말해서 능력으로만 세상이 움직인다면 살기가 좀 더 쉬울 것입니다. 만일 상점을 운영할 때 24시간 문을 열어서 돈을 벌 수 있다면 모두 다 그렇게 해서 돈을 벌 것입니다. 그런데 꼭 그렇게 되는 것은 아닙니다. 물론 그렇다고 해서 노력하지 말라는 말은 아닙니다. 나무뿌리를 알아야 된다고 해서 뿌리만 중요하고 나무 위는 필요 없다는 말은 아닙니다. 말귀를 잘못 알아듣고 나무뿌리만 남겨두고 나무기둥과 나뭇가지를 몽땅 잘라버릴까 봐 걱정입니다. 그래서 이 이야기를 할 때는 항상 조심스럽습니다.

그리고 복을 짓는 것은 능력으로 짓는 것이기 때문에 능력을 기르는 것도 중요합니다. 능력도 키워야 복도 지을 수 있는 것입니다. 다만 어떤 마음을 갖고 쓰느냐에 따라 다를 뿐입니다. 관세음보살이 왜 천수천안, 능력이 필요하겠습니까? 일체 중생을 더 많이 살피고 더 많이 도와주기 위해서 그 능력이 필요한 것입니다. 일체 중생을 제도하려는 마음을 가졌을 때 그런 능력이 생겨야지 일체 중생을 괴롭히려는 마음을 가졌을 때 그런 능력이 생기면 안 되겠지요. 또한 능력도 중요하지만 그에 못지않게 복력, 수행력이 필요합니다. 알고 보면 중생이 굉장한 능력을 지니고 있는데 복력이 따라주지 않는 능력을 쓰기 때문에 힘이 든다는 사실을 알아야 합니다. 이 세상에 있는 것을 골고루 나누어 먹기로 하면 하나도 부족하지 않다고 합니다. 그런데 골고루 나누지 않았기 때문에 너무 먹어서 살 때문에 고민하는 사람이 있고, 먹을 게 없어서 굶어 죽는 사람도 있는 것입니다. 수행력이라야 영원하고 완전하고 만족한 경지를 이루지 우리가 기르려는 능력만 가지고는 항상 파도치듯이 오르고 내리고 윤회하는 삶에서 못 벗어난다는 것을 말씀드립니다.

능력보다는 복력을 길러라

농사를 지을 때 좋은 밭이 있고 좋지 않은 밭이 있듯이 복을 짓는 데에도 아주 좋은 밭이 있고, 거기에다 복을 지으면 복이 잘 자란다고 비유할 수 있습니다. 복전에 세 가지가 있는데 첫째, 경전으로, 경전을 잘 받들고 공경하면 복이 됩니다. 둘째, 은전으로, 은혜를 베푼 분에게 고마운 마음으로 그 은혜를 갚는 삶을 살면 복이 됩니다. 셋째, 비전으로, 자비를 베풀면서 사는 삶입니다. 경전 중에서 가장 수승한 복전은 불법승 삼보이고, 은전 중에서 가장 수승한 분은 부모와 스승이고, 비전 중에서 가장 수승한 복전은 배고픈 사람에게 밥 주고 병든 사람 간호하는 것입니다.

동네에 나이 많은 어른에게 인사하면서 공경만 해도 복 받을 일이고, 이웃의 어려운 사람을 도와주면 복을 받습니다. 또한 자연, 물, 햇빛, 공기가 우리에게 얼마나 많은 은혜를 베풉니까? 물만 아껴 써도 복을 받고, 밥을 먹을 때에도 고마운 마음을 갖고 먹으면 복이 됩니다. 그래서 밥 먹을 때 고마워하지 않고 투정을 부리면 복 달아난다고 하는 것입니다. 어려운 이웃을 도와주는 것이 자기 것을 없애는 것 같지만 실로는 복을 짓는 것입니다.

또한 어떤 대가를 바라지 않고 하면 더 큰 복이 됩니다. 복 지은 일을 칭찬 받고 신문에 나거나 하면 그만큼 복이 감해집니다. 무주상 보시, 상을 내지 않고 대가를 바라지 않고 보시를 하면 큰 복이 됩니다. 세상에 알려지고 칭찬 받는 것은 능력의 차원이고 복력의 차원은 아닙니다. 부처님께 공양 올리고 절하고 자기 죄업을 참회하는 것은 공덕이 되고 복력이 됩니다. 아들딸에게 능력을 길러주는 것에만 애쓰지 말고 복력을 지을 수 있도록 이끌어주어야 하는데 일반적으로는 거의 까먹기만 합니다. 수행력이 있어야 복력을 유지할 수 있습니다.

아들딸에게 효도를 가르치는 것은 아주 큰 복을 짓게 하는 것입니다. 아들딸의 입장에서 보면 부모를 존경하는 사람이 되어야 복이 됩니다. 그래서 아들딸들이 부모에게 어떻게 해야 되는지를 가르쳐야 합니다. 한편 부모와 스승은 복 짓기에 가장 큰 밭이기 때문에 부모와 스승을 원망하면 가장 많이 복을 감한다고 합니다. 부모와 스승의 은혜를 고마워하고, 사랑하는 마음이 되어야 복을 받습니다. 60된 아들이 80된 노모에게 매를 맞으면서 울기에 "왜 우느냐?"고 물으니 "어머니가 이제는 힘이 없어서 매를 대도 안 아프니 속상해서 운다."고 하더랍니다. 이런 마음을 가질 수 있도록 길러야 합니다.

　　세상 사람들이 살아가는 것을 살펴보면, 같은 능력을 가진 사람이라도 결과가 다릅니다. 복력의 차이라고밖에 달리 설명할 수 없습니다. 어린이의 능력은 별 차이가 없는데, 어느 나라에 태어나는지, 어떤 부모를 만나느냐에 따라서 자라는 과정은 큰 차이가 있고 행복감을 느끼는 것도 다르잖아요. 자식에게 정성을 쏟은 만큼 자라주면 자식 키우기가 쉬울 텐데, 차이가 나는 것은 복력 때문이라고 합니다.

　　아버지 노릇에 대해 강의하러 다니시는 교수님의 강의를 들은 적이 있습니다. 교수님 말씀은 대개가 다 능력적인 부분이었습니다. 그 교수님에게 아들이 하나 있는데, 말을 안 듣고 속을 썩인다고 합니다. 청중 가운데 한 분이 아버지 노릇에 대해서는 박사님이신데, 왜 그런지 물어보니 "제가 자식 복이 없어서 그렇습니다."라고 대답하더군요. 그 교수님도 능력과 노력만으로 안 되는 부분이 있다고 생각하시니 그렇게 말씀하셨겠지요. 사실 능력은 자라면서 점점 커지지만 복력에 대해선 알기 힘듭니다.

　　세상 사람들을 보면, 타고난 대로 두는 것이 아니라 육체적·정신적·경제적인 능력을 기르기 위해 온갖 노력을 다 합니다. 부모도 자녀의 능력을 키워주기 위해 얼마나 애를 쓰는지 모릅니다. 그런데 복력을 키워주려는 노력은 별로 안 합니다. 오히려 어떤 의미에서는 복력을 감하려는 노력을 한다고 할까, 타고난 복을 누리고 산다기보다 그 복을 오히려 감해가는 경우가 많습니다. 어려서는 자기 능력보다는 부모 복으로 살아가면서도 자식 입장에서는 늘 부족하다는 생각을 하면서 복을 감하는 모습을 볼 수 있습니다. 부모 역시 자녀를 과보호하면서 자녀의 복을 감하는 것을 도와주는 역할을 하는 것 같습니다.

고 3학생이 토요일에 학교 갔다 와서 어머니께 말씀드립니다. "곧 겨울도 닥쳐오는데 시골의 할머님이 어떻게 겨울준비를 하고 계시는지 살펴보고 도와드리고 오겠다."고 하면 좋은 생각이라고 하면서 할머니께 뭐라도 사다드리라고 돈 주는 어머님이 몇이나 되겠습니까? 대부분 "지금 때가 어느 땐데 공부할 생각은 안 하고 시골 가야겠다는 생각을 하느냐?"고 잔소리를 늘어놓을 것입니다. 자식의 생각은 조상의 은혜를 갚는 복 짓는 일인데, 그런 얘기를 하면 철없는 자식 취급 받는 게 요즘의 현실입니다.

자식으로 하여금 끊임없이 노력하여 공부가 점점 늘어가듯이 복 짓는 것도 늘릴 수 있도록 잘 이끌어주어야 합니다. 또한 고마움이 뼛속 깊이 사무쳐서 자식의 마음 속 깊이 부모에 대한 사랑이 우러나는 삶을 살아야 합니다. 부모를 존경하고 은혜에 고마워하며 사랑하는 마음으로 효도하면 그 복력으로 잘 살게 되고 더 큰 복을 지어서 많은 사람에게 베풀면서 살 수 있는 자식이 되는 것입니다.

능력이 있어도 노력하지 않으면 발휘하지 못합니다. 또한 능력을 아무리 발휘하려고 해도 안 되는 부분이 있는데, 복력이 없기 때문이라는 것을 알아야 합니다. 산술적으로 하나 더하기 하나 하면 둘이 되는 식으로 능력을 발휘할 수 있는 건 아닙니다. 장사를 잘 하는 능력이 있고, 노력을 많이 기울여도 복이 없으면 계속 돈을 벌 수 있는 건 아니라는 겁니다. 우리 삶 속에는 분명히 복이 주는 영향이 있어요. 나무 위의 조건만 봐서는 계속 쭉쭉 잘 자랄 것 같은데도 뿌리의 조건이 안 맞으면 나무가 죽듯이 우리가 겉으로 보이는 능력만으로 평가할 수 없는 부분이 있습니다. 그래서 복력도 길러야 합니다.

자식이 부모를 모시고 사는 것도 부모 복이 있으면 효도를 아주 쉽게 한답니다. 사실 효자 효부상을 받을 만큼 효도를 하고 벌 받을 만큼 불효하는 것은 일부분이고, 나머지 사람들은 그런 대로 삽니다. 다 겁생을 놓고 보면 큰 효도 안 하고 큰 불효 안 하고 사는 사람이 복 있는 사람입니다. 제일 복 없는 사람이 상 받을 만큼 효도를 하는 사람입니다. 제가 노인대학에 갈 때마다 늘 하는 이야기인데, 아들 딸 효도했다고 상 받게 하는 것은 피차 죽을 고생 하는 거다, 상 못 받게 평소 몸 관리 잘 하라고 말씀드립니다. 언젠가 한국방송공사(KBS)에서 효부상 심사를 하는데, 34년 동안 중풍에 걸린 친정어머니를 정성껏 모시면서 효도한 분께 대상을 준 적이 있습니다. 그런 어려운 환경 속에서도 효도를 했으니 상을 받을 만합니다만, 그렇게 죽을 고생 안 하고 효도할 수 있으면 얼마나 좋겠습니까.

금생에 보시하면 내생에는 더 많이 보시할 수 있다고
생각하면 생각만으로도 행복해집니다.
그런데 금생에 작게 보시하면서 내생에 더 많이
받는 것이 복이라고 생각하면 그 순간에 욕심이 생겨서
행복이 왔다가도 달아납니다.

"매를 맞을래?"

언젠가 기차를 탔을 때 일입니다. 옆자리에 단정한 차림새의 할아버지가 신문을 보고 계셨습니다. 그런데 제 뒷자리에 탄 꼬마가 할아버지 뒤통수를 자꾸 쥐어박는 겁니다. 할아버지가 처음에는 하지 말라고 좋은 말로 타이르다가 자꾸 계속 그러니까 야단을 치더군요. 그리고 꼬마의 어머니에게도 "애를 이렇게 가르쳐서는 나중에 깡패밖에 더 되겠느냐?"며 화를 냈습니다. 그러자 "어른이 그것도 이해를 못하느냐, 애한테 어떻게 그런 악담을 하느냐."며 싸움이 났습니다. 보다 못해 제가 그 꼬마의 어머니에게 "가르쳐야 하는 방향이 틀렸다."고 하면서 아들 쪽을 꾸중해야지 할아버지 쪽으로 향하면 안 된다고 했지요.

"할아버지하고는 한두 시간 있다가 기차에서 내리면 그만인 관계이지만, 아이는 평생 같이 살아야 하기 때문에 애를 잘 가르쳐야 됩니다. 어머니가 노력하면 아이의 버릇을 고칠 수 있습니다. 하지만 할아버지는 평생 살아오면서 굳어진 성격으로 자기 가족도 못 바꾼 것입니다. 더군다나 지금 할아버지가 화가 나 있는데, 이런 상태에서 어떻게 그 버릇을 고치겠습니까? 헛일 하지 말고 아들을 잘 가르치셔야 합니다."라고 말했습니다.

남 고칠 생각하지 말고 자기 자신, 자기 아들을 잘 가르쳐야겠다고 생각하면 행복의 길이 열립니다. 소견을 바꿀 때 진정한 행복을 찾을 수 있는 것입니다.

예를 들어, 아이들이 싸우면 때린 아이가 있고 맞은 아이가 있습니다. 이럴 때 대부분 맞은 집 아이 부모가 애를 데리고 때린 아이의 집을 찾아가서 따지는데, 이렇게 되면 어른싸움으로 번질 수도 있고, 좋은 해결이 안 납니다. 반대로 때린 집 아이 부모가 때린 애를 데리고 맞은 아이의 집을 찾아가서 "우리 아이가 잘못했으니 용서해 달라."고 하면 아무 문제없이 조용히 넘어갈 수 있습니다.

상당히 오래된 이야기입니다만, 중학생이 초등학생을 칼로 찔러 숨지게 한 사건이 있었습니다. 그 때 모든 사람들이 학교 앞까지 아이를 데리러 가기도 하고, 핸드폰을 사주는 등 '어떻게 하면 내 자식을 피해 입지 않게 할 것인가'만 연구했습니다. 그런데 반대로 '내 아들이 남을 때리고 피해 주면 어떻게 할까' 해서 내 아이를 때리지 않는 사람, 나쁜 일을 하지 않는 사람으로 만들겠다는 생각을 가지면 문제가 훨씬 더 잘 해결됩니다.

학교에서 체벌하는 것도 마찬가집니다. 제가 교사 연수에 초청받아서 강의할 때, "옛날 우리 서당에서는 때린 일이 없다."고 했습니다. 매로 시작해서 매로 끝나는 것이 서당 교육이라고 생각하고 있던 선생님들이 모두 의아해하며 눈을 둥그렇게 뜨고 쳐다보더군요. "서당에서는 선생님이 학생을 때리는 게 아니라 잘못한 학생이 자청해서 매를 맞는다."고 했습니다. 마찬가지로 교양 있는 부모는 자식에게 "매를 맞을래?"라고 묻지, 애를 때린다고 하지 않았습니다. 예전에는 때리는 개념이 아니라 학생이 잘못한 것을 인정하고 스스로 매를 준비해 와서 목침에 올라가 맞는다고 생각하면 체벌이 아무런 문제가 되지 않습니다.

맞는다는 개념에는 행복이 들어 있는데 때린다는 것에는 불행이 들어 있는 것입니다. 이와 같이 금생에 보시하면 내생에는 더 많이 보시할 수 있다고 생각하면 생각만으로도 행복해집니다. 그런데 금생에 작게 보시하면서 내생에 더 많이 받는 것이 복이라고 생각하면 그 순간에 욕심이 생겨서 행복이 왔다가도 달아납니다.

고정관념을 바꾸고 생각을 바꾸어야 행복이 옵니다. 행복이 마음속에 있는데 어디 있는지 알지 못하고, 없는 곳에 가서 찾으니 못 찾는 것입니다.

원수를 사랑하라

어떤 불자님이 친구 집에 놀러갔는데, 친구가 기독교인이라 마침 목사님이 심방을 오셔서 함께 이야기를 나누었다고 합니다. 목사님이 "불교에도 '원수를 사랑하라'는 말이 있느냐?"고 질문을 하기에, "그런 말은 못 들어봤다."고 대답하니, 원수를 사랑하라는 정도의 말씀이 있어야 종교라고 할 수 있으므로 개종하라고 권유하더랍니다. 그날 이후로 그 불자님이 기가 죽어 지내다가 절에 가서 스님께 여쭈었다고 합니다.

"불교에는 자비라는 말이 있는데, 자비무적(慈悲無敵)이라고 자비라는 말 안에는 원수라는 개념이 없습니다. 없는 원수를 어떻게 사랑합니까? 원수를 만들어놓고 사랑하려면 얼마나 힘들겠어요."라는 스님 말씀을 듣고 곧바로 친구 집에 찾아가서 불교는 이렇게 자비로운 종교라며 자랑스럽게 이야기를 했다고 합니다.

이렇게 불교의 자비는 완성된 사랑입니다. 중생을 즐겁고 행복하게 해 주고자 하는 마음이며, 중생의 고통을 대신 받고 고통을 없애주고자 하는 마음을 닦는 종교가 불교입니다. 다겁 생 동안 윤회의 수레바퀴 속에서 헤매고 있는 중생의 공통점은 완전하지 못하고 만족하지 못해 괴로운 삶이라고 할 수 있습니다. 부처님께서 출가하신 것도 괴로움에서 궁극적으로 해탈하고자 함이었습니다. 부처님께서 깨달으신 지견으로 중생의 괴로운 삶의 원인이 갈애와 욕망, 번뇌 망상임을 일러 주셨습니다.

불교, 즉 부처님의 가르침은 괴로움에서 벗어나서 완전하고 만족하고 행복한 삶을 일깨워주는 것입니다. 좀 더 구체적으로 불교신자들은 무엇을 믿고, 무슨 목적으로 살며, 어떤 방법으로 살아야 하는가? 삼보(三寶: 부처님, 부처님의 가르침, 스님)를 믿고, 사홍서원의 원력을 세우고, 육바라밀을 수행해야 한다고 말씀드릴 수 있습니다.

어떤 사람은 종교적인 믿음에 대해 이야기하면 "다 소용없다, 믿을 것은 나밖에 없다."고 말합니다. "나도 못 믿는데 누구를 믿느냐?"고 반문하기도 합니다. 또 어떤 사람들은 자기 자신의 마음을 믿는다고 합니다. 그런데 중생의 마음은 허망한 것이고 진짜 못 믿을 것이기 때문에 이 마음을 믿었다가는 큰일 납니다. 그래서 세상에 믿을 것이 없다고 이야기합니다. 중생심은 시시각각 변하고 욕심 부리고 자기중심적이고 관념 속에 빠져 있습니다. 이 마음을 자기인 줄 알고 살아온 것은 속아서 살아온 것입니다.

영원하지 않고 허망한 것을 믿고 살아온 것이 중생입니다. 그렇다면 지금까지 믿고 의지하고 살아온 것이 잘못되었다면 무엇을 의지하고 믿고 살아야 할까요? 전기는 어떻게 생겼습니까? 뜨거울까요, 차가울까요? 그것이 뜨겁다면 냉장고는 못 만들겠죠. 전기를 만졌을 때 충격을 받은 사람은 전기는 충격을 주는 것이라 할 것이고, 기계를 돌리는 것을 보면 동력이라 할 것이고, 냉장고를 보면 차게 하는 것이라 하고, 난로를 보면 따뜻하게 하는 것이라 하겠지만 그 모든 것이 전기 그 자체는 아닙니다. 그것은 전기의 작용일 뿐입니다. 불성(佛性)도 그와 같습니다. 모양도 이름도 붙일 수 없지만 작용, 공덕의 세계로 나타나기는 합니다.

중생들이 말하는 행복의 조건은 건강하게 오래 사는 것, 능력이 있는 것, 자유와 지혜가 있어야 되고, 여럿이 함께 살아가기 때문에 서로 사랑하면서 화합해야 되고, 기쁨과 환희가 있어야 되는 등 여러 가지가 있습니다. 하지만 중생의 삶에서는 이 모든 것을 만족시킬 수가 없습니다. 건강도 영원하지 않고 재력, 체력, 사회적 지위가 상징하는 능력도 영원하지 않습니다. 자유도 마음속에 근심 걱정과 번뇌 망상, 욕심이 있는 한은 완전한 자유라고 할 수 없습니다. 다른 사람으로부터 벗어난 것뿐만 아니라 자기 마음의 구속으로부터 벗어나야 완전한 자유입니다. 한편 세속적인 지혜는 중생 소견에서 나온 것이기 때문에 관념으로 본 것입니다. 오히려 "꾀 부려서 지옥 장만한다."는 말이 있을 정도로 완전한 지혜가 아닙니다. 세속적인 사랑도 완전하지 않은 것은 마찬가지입니다. 사랑 중에 어머니의 자식 사랑이 최고라고 하지만 어머니가 속상할 때는 그렇지도 않습니다. 남녀 간의 사랑은 말할 것도 없죠. 세속적인 기쁨도 일시적이고 완전하지 않습니다. 천상에서 다섯 가지 쇠퇴해가는 현상이 있는데 그 중의 하나가 기쁨이 없어진다고 합니다. 우리도 어렸을 적에는 작은 일에도 많이 기뻐했는데 나이를 먹으니까 크게 기쁜 줄을 모르고 삽니다. 이렇게 우리가 바라는 세속적인 행복의 조건은 다 갖추기도 어렵지만 갖춘다고 해도 허망한 것입니다.

하지만 부처님께서는 중생들에게 영원하고 완성된 생명의 도리를 제시해 주셨고, 우리들은 그에 대한 감사의 마음으로 부처님께 육법공양을 올립니다. 생사를 벗어난 열반은 감로의 차 공양으로 상징했습니다. 그리고 능력의 완성은 보리, 깨달음인데 이것을 상징해서 부처님 앞에 과일 공양을 올립니다. 보살행의 결과가 꽃이 피어서 열매로 완성된 것이지요. 또한 자유가 완성된 것은 해탈이며, 이것을 상징해서 해탈지견의 향 공양을 올립니다. 해탈에서 나온 지견과 중생심에서 나온 지견은 다릅니다. 받는 것이 복이라고 생각하는 것은 중생지견이고, 베푸는 것이 복이라고 생각하는 것은 해탈지견입니다. 지혜가 완성된 것을 반야라고 하는데, 이것을 상징해서 등 공양을 올립니다. 어두운 것은 어리석음, 밝은 것은 지혜로 비유한 것이지요. 또한 사랑이 완성된 것을 자비라고 합니다. 일체 중생을 행복하게 해 주고자 하는 마음을 자무량심, 자심(慈心)이라 하고, 일체 중생의 고통을 없애 주고자 하는 마음을 비무량심, 비심(悲心)이라고 합니다. 자비는 모든 보살행의 근본이 되기 때문에 자비를 상징해서 보살만행의 꽃 공양을 올립니다. 꽃은 보살행이고 열매는 부처님입니다.

한편 세속의 기쁨은 허망합니다. 부처님께서는 법열, 법희선열이라 하여 완전하고 변함이 없는 법의 기쁨과 선정의 즐거움에 대해 일깨워주셨습니다. 슬픈 일이 있으면 기분이 내려가고 기쁜 일이 있으면 기분이 올라가는데, 어디에서 시작하느냐가 참 중요합니다. 기분이 좋으면 세상을 다 얻은 것 같은 마음이 생기고, 기분이 나쁘면 죽이고 싶은 마음이 들 정도로 그 마음의 폭이 굉장히 큰 사람도 있습니다. 그런데 평상시 마음을 낮춰 놓으면, 다시 말해서 살아 있다는 것만으로도 기쁘다는 마음을 유지하고 있다면 기분 좋은 일로 올라가도 크게 높지 않고, 조금 내려와도 다른 사람이 기분 좋은 수준보다 더 높겠지요.

예전에 어느 의사 선생님이 엔돌핀 이야기를 한 적이 있습니다. 부부간에 손을 잡고 산책하고 오면 산책하기 전의 수치보다 뇌파검사를 해보면 굉장히 올라가는데, 참선하는 스님을 재보면 별 차이가 없다고 합니다. 참선하는 스님은 항상 기쁜 마음이기 때문에 크게 변동이 없는 겁니다. 그것이 완성된 기쁨입니다. 수처작주, 이르는 곳마다 주인공이 되는 것이지요. 모든 것을 본마음에 맡기고 항상 하는 마음으로 변동 없이 살아가는 것이 행복입니다. 그냥 있어도 행복한 것이지 좋은 일이 있어서 행복한 게 아닙니다. 자식이 대학에 합격했다거나 새 집을 사서 기쁜 것은 아무 것도 아닙니다. 어떤 상황 때문에 행복한 것은 지속될 수 없는 것입니다. 더 좋은 것과 비교하면 그 기쁨은 금방 깨어져버립니다. 그런 것에 흔들리지 않고 법희선열에 젖어서 사는 것이 완성된 기쁨입니다.

우리는 이와 같이 열반·보리·해탈·반야·자비·법열 등의 공덕을 갖추신 부처님을 의지하고 믿는 겁니다. 앙굴리마라라는 살인마가 부처님을 죽이려고 쫓아오다가 부처님 모습만 보고도 죽일 마음이 없어진 것처럼 완성된 사랑인 자비는 다른 사람도 자비롭게 만듭니다. 우리의 목적은 부처님과 같은 분이 되는 것입니다.

세상 사람들은 자유·평등·평화가 구현된 것을 완성된 세계라고 이야기합니다만, 이것은 세속적인 마음으로는 이룰 수가 없습니다. 자유와 평등은 서로 배치되는데, 자유롭게 두면 평등이 깨지고 평등하게 하면 자유가 없어집니다. 평등을 보시로 바꾸면 자연스럽게 평등이 이루어지고, 계행을 청정히 지키면 자유로워지고, 인욕하면 평화로워집니다. 내가 계행을 지키는 것이 다른 사람까지도 자유롭게 만들어줍니다. 내가 살생하지 않으면 상대방이 생명을 잘 지킬 수 있습니다. 내가 자연 환경을 훼손하지 않으면 수많은 생명이 그 덕을 봅니다. 평등 역시 보시를 통해 평등을 추구해야 하는데, 공산주의식으로 남의 것을 빼앗아서 주려니 힘이 드는 겁니다. 자유도 남에게서 빼앗으려 하지 말고, 자기가 먼저 다른 사람을 철저하게 자유롭게 해 주면 저절로 이루어집니다.

사업에 실패하는 이유

세상에는 능력으로 되는 일과 복력으로 되는 일이 있습니다. 일단 능력으로 되는 부분은 꾸준히 노력해야 됩니다. 좋은 일, 나쁜 일을 잘 판단해서 해야 될 일을 능력껏 해야 됩니다. 또한 복력을 짓기 위해서 꾸준히 노력해야 하지만 복을 써먹는 것은 애쓰지 않아도 됩니다. 복으로 되고 안 되는 것은 신경 쓰지 말고 복은 짓기만 하라는 겁니다. 그런데 자기 복이 아닌 것을 끌어다 쓰려면 더 화가 됩니다. 감을 한 개 먹을 복이 있는 사람은 감나무 밑에서 기다려도 감 한 개가 떨어져서 먹을 수 있지만, 그 복이 없는 사람은 감나무 위에 올라가다 가지가 찢어져 떨어져서 다치게 됩니다.

우리가 사람을 볼 때 얼굴이나 보고 옷이나 보지 그 사람의 능력은 다 모릅니다. 그런데 복력까지 어떻게 알겠습니까? 복력은 자기 것도 모르는데 남의 것까지 어떻게 알 수 있겠습니까? 그것은 아예 바라지 말고 애쓰지 말라는 겁니다. 복력이 없는 사람이 노력한다고 해서 복력으로 되는 부분이 되지는 않습니다. 자식 복 없는 사람이 아무리 자식 잘 되기를 바라고 자식을 몰아세워도 오히려 복이 깎아지는 겁니다. 세상이 살기가 쉽습니다. 자기 능력은 보이는 대로 아는 대로 노력해서 발휘하고, 복은 까먹지만 않아도 됩니다. 그런데 복을 더 짓지는 못할망정 자라면서 거의 다 까먹으니 문제입니다.

신문에 칼럼도 쓰는 미국의 방송인이 한 말을 들었는데 일리가 있는 것 같아서 말씀드립니다. 그 분이 이야기하기를, 사업에 실패하는 이유를 대략 8가지로 들 수 있는데, 직원 관리를 못하는 것 등과 아울러 운이 없어서 복이 없어서 안 되는 것도 있답니다. 능력적 부분, 모든 조건은 다 갖춰졌는데 안 되는 경우가 있답니다. 그 때는 하려고 하면 할수록 망한답니다. 운이 다하고 복이 없는 상황, 회사가 망할 운에 처했을 때는 이상하게 더 바쁘답니다. 망하기 위해 애쓰는 형국이지요. 복이 없어서 안 되는 것을 억지로 하려고 하면 더 망한대요. 그러니 능력적 부분만 노력하라는 겁니다. 능력으로 안 되는 일은 욕심을 버리고 다시 말해서 쉬고, 본마음, 복력에 맡기면 제자리에 되돌아옵니다. 절에 와서 기도하는 것은 되고 안 되고를 다 쉬는 것이라고 생각하면 됩니다. 능력으로 억지로 하려고 했던 마음을 쉬어야 복을 덜 감합니다. 한평생 복주머니를 열어보지 않은 사람은 그 복력으로 잘 살았답니다.

어려운 사람에게 보시하고 세상에 알리는 것은 능력입니다. 보시한 것을 감추면, 무주상으로 하면 복이 됩니다. 복을 짓는 법에서 이렇게 다릅니다. 나무 위는 햇빛이 잘 비춰야 되지만 뿌리는 햇빛이 닿으면 안 됩니다. 그것과 똑같은 이치로 능력은 나타내는 부분이지만 복력은 나타내면 감해지고 억지로 써먹으면 감해집니다. 그렇지만 가만히 놔두면 그 복력의 힘이 능력의 바탕 힘이 됩니다. 노력하라는 의미에서 얘기하기를, 감나무 밑에 입 벌리고 있으면 감이 떨어지느냐고 하지만, 감 떨어지는 것이 복력의 부분이라고 생각하면 차라리 입 벌리고 있는 것이 낫습니다. 떨어지면 먹고 안 떨어지면 안 먹으면 되지요. 그렇다고 해서 사주팔자처럼 생각하고 운명이 정해져 있다고 생각하면 안 됩니다. 정진을 통해 능력과 복력을 길러야 한다는 말입니다. 자기 능력도 중요하지만 많은 일들이 복력으로 이루어지는 것을 아셨습니까? 이제 끊임없이 복력을 짓고 복 그릇을 키우는 기도를 하시길 바랍니다.

19세기, 20세기 초까지는 태어날 때부터 타고난 신분이 인생을 좌우하는 시대였습니다. 신분을 잘 타고 나면 잘 살았기 때문입니다. 그에 비해 20세기는 인간의 능력이 위주가 되는 시대였습니다. 능력을 최고로 키운 시대라고 볼 수 있는데 그것이 한계에 왔다는 얘기를 합니다. 이 다음 시대는 능력은 거의 비슷하고, 복력이 큰 힘을 발휘할 것이라고 생각하는 사람도 있겠지만 그것만도 아닙니다. 복력을 넘어서야 합니다.

능력이나 복력을 기르는 것은 노력을 해야 되는데, 본마음 자리에서 나오는 것은 하려고 애를 쓸 것도 없이 그대로 이루어집니다. 바람이 불어서 파도가 칠 때 바람만 잠들면 물이 잔잔해지는 것입니다. 잔잔해지라고 손을 대거나 소원을 비는 노력을 할 필요가 없는 것입니다. 해가 구름에 가려 있을 때 구름만 사라지면 해가 나오는데, '해야 나오라'고 노력할 필요가 없는 겁니다.

또한 나무는 땅 위에 가지와 잎 등이 있고, 땅 아래에는 뿌리가 있습니다. 햇빛을 잘 비추고 조건을 맞춰 줘도 뿌리가 좋지 않으면 잘 자라지 않습니다. 그런데 아무리 나무기둥이 튼실하고, 잎사귀가 무성하고 뿌리가 좋다 해도 나무가 자랄 땅이 비옥하지 않으면 잘 안 됩니다. 땅처럼 능력과 복력을 받쳐주는 바탕이 본마음입니다. 땅만 비옥하게 잘 만들어 놓으면 어떤 나무를 심어도 잘 자라듯이 본마음만 잘 갖추고 있으면 잘 됩니다. 어떤 직업을 갖고 어떤 삶의 목표를 세우든지 본마음을 바탕으로 하면 됩니다.

일반적으로는 능력, 복력 다음으로 가피력을 이야기합니다. 가피(加被)는 불보살님이 중생에게 베풀어서 이익이 되게 해 주는 것입니다. 가피력의 바탕은 본마음의 힘입니다. 본마음은 관세음보살, 부처님의 근본자리입니다. 『기신론』에서는 진여자성(眞如自性)이라고 하지요. 참되고 한결같은 진여자성이 바탕에 있어서 온갖 작용을 하는 것입니다. 우리가 망상을 일으키는 것에도 작용을 한답니다. 예를 들면 파도가 치는데 물이 수평을 이루려고 노력하는 것이 잔잔하게 합니다. 그 잔잔한 힘이 진여의 작용을 하게 됩니다.

본마음 자체가 욕심 부리지 않고 행복하게 살 수 있도록, 깨달음을 얻을 수 있도록 작용해 주는데 사실은 무명(無明)에 의해서 가려져 있습니다. 물이 파도를 치더라도 그 밑에는 계속 잔잔하게 있다는 것을 생각하시면 됩니다. 구름이 끼어서 안 보이더라도 저 허공에 해는 분명히 있는 것과 같습니다. 그와 같이 우리의 번뇌 망상이 있다 하더라도 그 자체는 항상 변함없이 비추고 있는데 이 망상과 번뇌 때문에 어떻게 마음자리를 깨닫지 못하고 그 자리에 돌아가지 못하고 어떤 인과 연을 만났을 때, 부처님이나 선지식 스님을 만나든지 해서 그 영향을 받는 것이 훈습을 받게 된다는 뜻입니다. 그것이 원수가 되어 나타나서 나를 발심하게 할 수도 있을 것이고 아버지, 어머니, 스승 등 수없이 여러 가지 모양으로 나타나게 됩니다.

절에 오셔서 본마음에 맡기고, 본마음을 공부한 것이 연이 되어 훈습을 받을 수도 있습니다. 자기 본래 마음으로 되돌아가려는 마음을 일으키면 안에서 잔잔하고자 하는 마음자리와 위에서 바람이 자는 것이 다 같이 이루어질 수 있습니다. 그 작용이 내 삶에 영향을 주어서 가피력이 발휘되어야 합니다. 본래 마음자리에서 일어나는 힘이라야지 밖에서 들어오는 것은 한계가 있다는 말씀입니다.

지견에 따라서 인생이 달라진다

옛날에는 부부가 기차를 타면 그 사이에 애를 앉히고 갔는데 요새는 애 자리를 따로 끊어서 앉히면서 복을 쓰게 합니다. 아이가 잘못 했을 때 남이 야단치고 지도해 주면 그저 고맙다고 해야 될 텐데 자식을 위한답시고 감싸면서 상대방과 싸우기도 합니다. 그게 다 자식 복을 까먹는 겁니다. 요즘 사람들을 보면 전생부터 쌓아온 자기 복력을 어렸을 때 거의 다 없애버립니다. 부모 복이 있을수록 그것을 없애기 위해 더 애쓰는 것 같습니다. 자기가 돈이 있다고 돈 능력을 발휘하면 세상은 상대적이기 때문에 다른 사람과 더불어 살 수가 없습니다. 돈으로 돈을 벌면 다른 사람은 그만큼 손해를 볼 수 있기 때문입니다.

복력으로 되는 일 또한 자기 노력도 안 들이고 척척 되어 가니까 욕심을 부리다 보면 다른 사람이 얼마나 많은 피해를 입는지 모릅니다. 기본적으로 욕심을 부리지 말아야 합니다. 안 되는 것을 억지로 되게 하려는 마음을 버리고 본래 마음에서 나와야 이 세상이 제대로 굴러가는 것입니다. 밖에서는 아무리 좋은 생각을 해도 평소 생활에서 그렇게 하지 못하는 게 문제입니다. 아들딸한테 말하는 것을 가만히 녹음해서 들어보고 분석해 보세요. 부모로서 자식을 야단치는 말을 분석해 보면, '이렇게 공부 안 하고 말 안 들어서 많은 중생을 어떻게 제도할 것이냐' 하는 뜻인지, '이렇게 해서 어떻게 빼앗아 먹고 살겠느냐' 하는 뜻인지 생각해 볼 필요가 있습니다.

　많이 얻어먹으면 거지 복이 많은 것이고 많이 빼앗아 먹으면 강도 복이 많은 거랍니다. 누군가가 수많은 사람에게 맛있는 것을 많이 베풀어주는 것을 보고 복이 있다고 하지 않습니다. 복을 지어서 그 큰 복덕, 공덕으로 일체 중생을 위해 회향하는 삶을 산다는 의미의 복을 말하는 것이 아니기 때문입니다. 실로는 이것이야말로 가장 큰 복인데도 말입니다. 우리가 평소 습관적으로 '남의 것을 빼앗아 먹는 것도 복이 없으면 못한다.'는 식으로 생각하는데 이래서는 안 됩니다. 받는 것이 복이라고 생각하는 사람에게 베풀어주는 것이 복이라고 하면 이해를 못하듯이, 모든 것은 노력해서 이루어야 된다고 생각하는 사람에게 그대로 두어도 이루어진다는 얘기는 이해가 안 될 것입니다. 금생에 보시하면 내생에 많이 받아서 부자가 된다는 법문을 들은 사람에게 금생에 보시 많이 하면 내생에는 더 많이 보시한다는 법문을 하면 다 이해 못할 것입니다.

친정어머니가 결혼해서 고생하는 딸에게 절에서 법문을 들은 대로 "가족은 전생에 빚쟁이거나 원수이니 아예 포기하고 빚을 갚거나 원수를 갚는다고 생각하면서 잘 지내라."고 얘기하는 경우가 많을 것입니다. 저도 예전에 저희 외할머니께서 어머니에게 그렇게 말씀하시는 것을 자주 들었습니다. 그 때는 외할머니께서 법문을 많이 들으셨다고 생각했는데, 제가 출가해서 공부해 보니 그것은 말도 안 되는 말씀이고, 부처님 법문이 아니라는 것을 알았습니다.

전생에 보살행을 많이 했기 때문에 대보살이므로 중생을 제도한다는 생각으로 자식을 키우는 것과 자식을 원수나 빚쟁이라고 생각하고 키우는 것은 엄청난 차이가 있습니다. 우리 어머니는 외할머니에게 빚쟁이라는 법문을 듣고 살았습니다. 물론 외할머니의 말씀 덕분에 당신 인생에서 포기할 것은 포기하고 살았기 때문에 덜 억울하게 살았을 수도 있고, 고단한 삶에 대한 불평불만을 덜하셨을 수도 있습니다. 하지만 아들, 딸, 시동생 등을 중생 제도한다는 마음으로 환희심을 가지고 살았으면 훨씬 더 행복하게 보살행을 했을 거라는 생각을 하니 속상한 적이 있었습니다. 여러분은 딸네 집에 가서 시집살이나 혹은 자식 기르느라 고생하는 딸이 있다면 "다 네가 제도해야 될 중생이라 생각하고 기쁘게 중생제도를 잘 하라."고 법문하셔야 됩니다.

　　이렇듯 보는 시각, 자기의 지견에 따라서 인생이 달라집니다. 올바른 견해, 가치관, 인생관을 가져야 세상을 바로 볼 수 있습니다. 『법화경』에서는 중생들로 하여금 부처님과 같은 지견[佛知見]을 갖게 하기 위해서 부처님께서 일대사인연으로 오셨다고 합니다. 중생에게 자기의 마음속에 있는 불지견을 열어서 보이고 알고 깨닫게 하기 위해서 이 세상에 오셨다는 부처님의 시각에서 모든 것을 봐야 합니다. 중생소견으로 '받는 것이 복'이라는 견해에서 못 벗어나면 계속 받을 생각만 할 것입니다. 우리 불자님들은 어떠한 경우에도 세상사에서 어렵든지 문제가 되는 것은 번뇌, 무명 업장에서 나온 것이고 본마음에서 나온 것이 아니라고 생각하면 제자리로 돌아가게 되어 있습니다.

　　"능력만 가지고 뺏으면 많이 못 받는다더라, 복력까지 더해서 더 많이 빼앗아서 혼자 잘 먹고 잘 살라."고 가르치면 세상이 조용할 수가 없을 것입니다. 개발 위주 정책, 세계화, 경제성장이 다 그런 겁니다. 온 세상이 무한경쟁의 시대라고 하면서 죽기 살기로 내달리기만 하면 결국은 다 멸망하는 겁니다. 그런데 지금 전부 멸망의 길로 가고 있습니다. 종교나 사상이 근본적으로 그대로 두어서 되는 그 자리를 못 찾으면, 중생소견에서 한 생각 내었다고 하는 것이 다 망상이요, 번뇌요, 무명의 업 짓는 일입니다. 하지만 진여자성에서 훈습이 되어 나오는 것은 하는 일마다 보살행이 되고, 하는 일마다 중생구제가 됩니다. 중생 소견으로 하는 일은 하는 일마다 중생 일이고 아수라의 일, 그저 남을 속이거나 뺏고 싸우는 일입니다. 제도적으로 감춰지고 포장되어서 그렇지 깊이 들여다보면 전부 그런 삶입니다. 가정 내에서도 결혼 초창기에 주도권 싸움을 하는 것이나 고부간의 갈등을 보면 경쟁의 또다른 면입니다. 살아가면서 조금만 마음을 잘못 내면 나중에는 큰 싸움도 하게 됩니다.

어느 스님이 화분을 하나 애지중지 키웠습니다. 꽃이 피면 부처님께 공양을 올리려고 정성들여 기르는데 하루는 밖에 나갔다가 돌아와 보니 상좌가 청소하다 화분을 깨뜨렸어요. 막 올라오는 꽃대가 부러져서 못 쓰게 되었습니다. 상좌는 크게 걱정하면서 안절부절 못했지요. 스님께 잘못했다고 사실대로 말씀드리니 아무렇지 않게 받아주십니다. 상좌는 그동안 스님이 화분에 보인 애정을 생각하면 너무 쉽게 넘어간다는 생각이 들어 이상하기까지 합니다. 마치 확인이라도 하는 듯 "스님, 괜찮으세요?"라고 하니까, "내가 부처님께 공양을 올리려고 했지 너 야단치려고 한 건 아니다."라고 하시더랍니다. 목적이 다른 데 있는데 그게 없어지면 그만인 겁니다. 마음을 이렇게 써야 합니다. 부부간에 싸우는 것도 목적이 싸우는 데 있는 건 아니지 않습니까? 부부간 둘 중에 누가 싸움을 걸어와도 둘이 행복하게 살려고 결혼했으니 싸우지 않으면 그냥 끝나는 겁니다.

예를 들어서 부부간에 다툼이 있을 때 하나는 때리며 싸우는 경우가 있을 수 있고, 하나는 싸우지 않더라도 마음으로 미워하는 경우, 하나는 속상한 일이 있었나 보다 하며 이해하는 경우, 하나는 오히려 위로해 주며 맛있는 것도 사주는 경우가 있을 수 있겠죠. 이 네 가지는 마음 한번 바꾸면 일상에서 다 가능한 일입니다. 이 마음은 다 수행력에서 나옵니다. 일체 중생을 부처님같이 생각한다면 잘못이 있어도 용서해 줄 수 있지요. 싸우는 경우와 위로해 주는 경우는 하늘과 땅만큼의 차이가 생길 것입니다.

또 다른 예를 들어보면 어떤 사람이 공중전화에서 수다를 떨고 있을 때 차례를 기다리는 사람은 굉장히 급한 일이 생겨서 빨리 전화를 끊으라고 합니다. 그러면 마음 내는 것에 따라서 칼로 다음 사람을 해코지할 수도 있고 욕을 할 수도 있고 미안해할 수도 있고 그리고 자기 카드로 전화를 걸어줄 수도 있는 일이 모두 가능합니다. 어떤 행동을 할 것인지는 능력이 아니고 수행의 힘입니다.

자기를 돌이켜 봐서 남을 때리거나 때리고 싶은 마음이 있는 사람은 그 마음을 다스리겠다는 목표를 세울 수 있고, 서운하고 미워하는 감정이 남아 있는 사람은 그 마음을 비워서 오히려 이해하겠다는 목표를 세우고, 그것이 다 된 사람은 위로하고 상대가 좋아하는 일을 해 주겠다는 목표를 세울 수 있겠죠. 위로해 주는 것까지는 못 가더라도 최소한 미운 마음이 없이 그런 일이 없었던 것 같은 마음만 되면 자기와 상대방이 다 마음이 편하겠지요. 미워하는 마음으로 남을 시기하는 마음이 있는데 어떻게 수희, 같이 기뻐하는 마음이 있을 수 있겠습니까? 그런 사람이 어떻게 남을 위해 살 수 있겠습니까? "사촌이 논을 사면 배 아프다."는 속담이 있다는 것 자체가 얼마나 복 감하는 일인지 생각해보세요. 보살행은 두고라도 미운 마음을 비우고 본마음에 맡기는 일을 목표로 공부하시기 바랍니다. 미워하는 마음만 없어도 인생이 즐거워지고 행복해질 수 있습니다.

모든 것을 본마음에 맡기고 항상 하는 마음으로
변동 없이 살아가는 것이 행복입니다.
그냥 있어도 행복한 것이지
좋은 일이 있어서 행복한 게 아닙니다.

이해하는 법을 알아야 행복하다

부처님 경전에 나오는 이야기입니다. 이웃집에서 떡을 가져와서 부부가 나눠 먹다 보니 마지막에 한 개가 남았습니다. 서로 먹겠다고 싸우다가 결국 끝까지 말하지 않는 사람이 먹기로 하였습니다. 시간이 흘러 배가 고픈데도 밥 먹자는 말도 할 수 없고, 마냥 기다리기만 합니다. 그런데 그날 밤에 도둑이 들었습니다. 도둑이 물건을 자루에 쓸어 담고 다 훔쳐가도록 부부가 말을 하지 않고 쳐다만 보자, 도둑이 이제는 부인을 끌고 가려고 합니다. 그런데도 남편이 말을 하지 않고 가만히 있으니까 부인이 "떡이 얼마나 좋으면 그렇게 보고만 있느냐?"고 말을 합니다. 그러자 남편이 떡은 이제 내 것이라고 좋아하는 겁니다. 이 비유담처럼 우리의 삶은 중생 소견으로 아무 것도 아닌 것에 집착하여 더 큰 것을 잃어버리면서 사는 것입니다.

지옥과 극락은 소견의 차이에서 벌어진 것이라고 합니다. 인간 세계는 자기가 떠서 자기가 먹으니까 그런 대로 유지가 되는데, 지옥은 꼭 빼앗아 먹으려 하고 안 뺏기려 하면서 서로 싸운답니다. 밥상만 갖다 두면 서로 먹겠다고 싸우다가 결국 밥을 먹지 못해서 비쩍 마른답니다. 극락은 서로 떠 넣어주며 먹여 준답니다. 서로 이해하고 서로 베풀어주고 서로 배려하며 살면 행복하고, 고집 부리고 자기 이익만 생각하고 남을 배려하지 않고 살면 불행합니다.

『법화경』에 보면, 부처님께서 이 세상에 출현하신 이유가 나옵니다. 부처님께서 모든 중생이 부처님과 똑같은 지견을 갖게 하기 위해서 이 세상에 오셨다고 합니다. 부처님과 같은 지견은 아니더라도 일상생활에서 어떤 소견으로 살아야 행복할까요?

IMF 이후 여성 가장이 늘어나고 있는 추세라고 합니다. 제가 아는 사람 중에 생활력이 없는 남편이 능력 있고 복 많은 부인 덕에 잘 살고 있습니다. 모든 사람들이 등짐이라도 져서 가족을 부양할 생각을 해야 하는데, 게으르고 무능해서 부인 고생시킨다고 남편을 비난하면서 그 부인을 칭찬하였지요. 그런데 친정아버지가 대단한 분입니다. 자기 딸에게 "사위가 복이 많아서 네가 잘 사는 것이다. 그렇게 알라."고 말씀하십니다. 사위가 마누라 복이 많은 사람이라 부인이 잘 산다는 겁니다. 만일 사위가 마누라 복이 없는 사람이었다면 둘 다 죽을 고생 했을 것이라고 합니다. 남편이 복이 없어 자기한테 의지하고 산다

고 생각하는 것과 남편이 복이 많아 자기도 잘 산다고 생각하는 것의
행복감은 천양지차입니다.

사람 인(人)자를 보면 하나는 기대고 하나는 받쳐주는데, 기대는
것을 없애면 받쳐주는 것도 쓰러집니다. 불교는 그렇게 상의상관, 서
로 의존하고 서로 관계 맺고 있는 것으로 해석하는데, 일반적으로는
그렇게 생각하지 않습니다. 원인과 결과도 상관으로 봅니다. 산이 있
으므로 골짜기가 있고, 골짜기가 있으므로 산이 있는 것입니다.

아름다움도 무엇이 진짜 아름다움인지를 제대로 보아야 행복
합니다. 중국의 미인 중에서 당나라의 양귀비와 한나라의 반소를 손
꼽습니다. 양귀비는 얼마나 아름다운지 남자들이 한 번 보면 미쳐버
릴 정도여서 말을 타고 가다 양귀비를 보고 말에서 떨어져 죽은 사람
이 한 두 사람이 아니랍니다. 경국지색이라 하여 나라가 기울어질 정
도의 아름다움이었답니다. 반면에 반소는 얼마나 아름다웠던지 미친
사람이 보면 미친 사람이 싹 나았다고 합니다. 양귀비가 생명을 죽이
는 아름다움이라면 반소는 생명을 살리는 아름다움입니다. 진정한 아
름다움은 반소와 같은 것이어야 합니다. 그런데 요즘 양귀비와 같은
아름다움, 겉만 번지르르한 것을 쫓는 것 같습니다. 이래서는 결코 진
정한 행복을 얻을 수가 없습니다. 마음을 밝히고 중생소견에서 보살
의 견해로 업그레이드시키고, 생활 속에서 마음을 잘 쓰면서 살아야
행복해집니다.

중생이 모여서 살다보면 견해 차이가 있기 마련입니다. 부모자식, 형제, 부부 등 가장 절친한 가족끼리도 의견이 안 맞는 경우가 많습니다. 이럴 때는 어떻게든 견해 차이를 좁혀야겠다는 마음을 가져야 됩니다. 우리가 대화를 하는 것은 내가 이해하지 못한 상대방의 생각을 정확하게 알고 같은 점은 합치고 다른 점은 바꾸면서 견해 차이를 줄이자는 것인데, 대화를 하다보면 견해 차이가 점점 더 커지고, 결국은 대화가 싸움이 되고 맙니다. 국회를 보더라도 회의를 했다고 하면 당파 간에 더욱 멀어집니다. 자기 욕심, 자기 집착, 자기 독선을 버리고 부처님 법에 의지해서 살아야 견해 차이를 줄일 수 있습니다. 견해 차이는 '옳다 그르다', '좋다 나쁘다'라는 것보다는 그것을 얼마나 중요하게 생각하는가에 따라서 달라집니다.

현실적인 문제에 대한 견해 차이도 있지만 평소 생각하는 것, 살아가는 문화에서 오는 차이도 있습니다. 예를 들면, 남자가 부엌일을 하는 것에 대한 견해 차이가 있을 수 있고, 어떤 문제에 부딪혔을 때 이해관계에서 견해 차이가 있을 수 있지요. 그런 것은 서로 조금만 이해하려고 노력하면 점점 좁혀질 수 있습니다.

또 하나는 성격의 차이입니다. 똑같이 중요하다고 생각하는 문제에도 성격이 원만하고 남을 이해하는 사람은 끝까지 자기 견해의 중요성을 이야기하는 것으로 그치는데, 성격이 급하고 극단적이며 고약한 사람은 지나치게 주장하면서 견해가 다르다 해서 상대방을 아주 나쁜 사람으로 생각합니다. 견해 차이로 보지 않고, 나는 옳고 상대방은 그르다고 보기 시작하면 차이를 절대 좁혀 갈 수 없고, 싸움으로까지 번집니다.

견해 차이는 크지 않은데도 성격 차이가 더해지면 엄청나게 부딪히는 경우가 많습니다. 성질이 극단적인 사람이 화가 나면 못하는 말이 없습니다. 예를 들면, 공부를 위주로 생각하는 아내에게 남편은 "아이가 공부만 잘하다가 죽어버리면 뭐하느냐."고 하고, 건강을 위주로 생각하는 남편에게 아내는 "아이가 아무리 건강해도 바보가 되면 무슨 소용이냐."고 말하겠지요. 적당하게 공부하고 적당하게 운동하면 좋다고 객관적인 합일점을 찾으려고 노력하면 견해의 차이가 좁혀질 수 있습니다.

중생세간에서는 절대로 다른 사람과 견해와 성격이 맞을 수가 없습니다. 그렇기 때문에 상대방을 이해하고 차이를 좁혀가려고 노력해야 합니다. 이러한 성품은 어려서부터 훈련이 되어야 하는데, 요즘엔 그런 교육이 거의 없는 것 같습니다. 요즘 아이들 보면 자기중심적이라 자기밖에 모릅니다. 그래서 자주 다툼이 일어나는 것입니다. 아이들끼리 견해와 성격 차이로 싸우는 것을 보면 부모가 어떻게든 그 차이를 좁혀주려고 노력해야 하는데, 싸움에 끼어들다 보면 더욱 그 차이가 벌어지는 것입니다. 올바른 지견, 소견을 갖는 것이 매우 중요합니다. 평소에 고집 부리거나 욕심 부리지 않고 다른 사람의 견해를 인정할 줄 알고, 원만하게 남을 이해하고 참는 법을 알아야 행복해집니다.

　깨달음에 이르기 위해 보살이 수행해야 하는 육바라밀(六波羅蜜)에 인욕바라밀이 있는 이유가 있습니다. 사람이 잘 참으면 무엇 때문에 보살 수행에 인욕을 넣었겠습니까? 이 사바세계는 말 그대로 참고 견디는 세계입니다. 사바세계는 항상 문제가 생기는 세계이기 때문에 문제가 생기면 일단 참아야 됩니다. 화를 내면 상대방의 마음이 상하기 때문에 참는 요익중생인(饒益衆生忍)이 있고, 또 하나는 안수인(安受忍)이라 하여 자기 스스로 마음이 편안하기 위해서 참는 것이 있습니다.

　그런데 사실 참을 것도 없는 경지까지 이르러야 인욕바라밀을 수행했다고 할 수 있습니다. 겉으로는 참는 것처럼 보이면서 속으로 앙금을 남기는 것은 화를 저축하는 것입니다. 참는 데에도 한계가 있다면서 화를 터뜨리면 엄청납니다. 이자까지 붙여서 화를 내기 때문입니다. 화가 날 때, 그 고비를 참아서 넘기는 것만 가능해도 상대방을 어느 정도 이해하게 됩니다. 지내놓고 보면 아무 일도 아닌 것이 많고, 자기가 화를 내놓고도 후회하는 일도 많습니다. 상대방뿐만 아니라 자기 마음까지도 편안히 해 주는 인욕, 잘 참을 수 있는 능력을 길러서 마음을 잘 다스리고, 남을 잘 이해할 수 있는 능력을 길러 견해와 성격의 차이를 좁혀서 살다보면 행복해집니다.

베푸는 삶

보통사람들은 복이 많아야 행복하다고 생각하고 있는데, 복에 대한 생각을 한 번 살펴봐야겠습니다. 일반적으로 맛있는 음식을 먹으려고 할 때 생각지도 않던 사람이 오면 먹을 복이 있다고 합니다. 그런데 그 복을 가만히 살펴보세요. 먹을 사람도 정해져 있고, 음식량도 정해져 있는데 중간에 누군가 왔을 때 주면 얻어먹어야 되고, 안 주면 빼앗아 먹어야 되는 상황입니다. 그래서 많이 얻어먹으면 거지 복이 많은 것이고, 많이 빼앗아 먹으면 강도 복이 많은 것이라고 합니다. 사람들은 받는 것이 복이라고 생각하는데, 사실은 주는 것이 더 큰 복이고, 더 큰 행복을 가져옵니다.

손목을 한 번 보세요. 손목이 붙어있죠. 이것을 내 마음이라고 하면 얻어먹는 것이 복이라고 생각하는 것은 밑의 손이라고 생각하고,

베풀어주는 것이 복이라고 생각하는 것은 위의 손이라고 합시다. 손목에서는 붙어 있고 손가락 끝에서는 10cm도 안 되지만 죽 나가면 저 밑의 손은 땅 속, 지옥으로 가고, 위의 손은 천당, 극락세계로 가는 겁니다. 천지현격이라고 하늘과 땅 차이로 벌어진 것입니다. 그와 같이 어떤 마음을 갖느냐는 것은 시작에서 별 차이가 없는 것 같지만 나중에 보면 큰 차이가 난다는 겁니다.

물어보나마나한 질문입니다만, 앞으로 살아가시면서 얻어먹고 사는 게 좋겠어요? 베풀어 주면서 사는 게 좋겠어요? 그런데 일반적으로 주는 사람을 부러워하지 않고 받는 사람을 부러워합니다. '저 사람은 저렇게 베풀면서 사니 복도 많지' 하면서 베푸는 사람을 부러워해야 베풀면서 살 가능성이 생기는 겁니다. 베풀어 주는 것이 더 큰 복이라고 생각하면서 거기에다 행복을 감췄는데, 얻어먹고 빼앗아 먹는 것이 복이라고 생각하는 데에 가서 행복을 찾으면 불행해지는 것입니다.

또한 『금강경』에 나오는 것처럼 무주상(無住相)으로 보시해야 합니다. 베풀고도 베풀었다는 생각을 내지 않고, 교만하지 않고, 상대방을 배려하면서 무주상으로 보시하면 받는 사람이 빚이 안 된답니다. 내생까지라도 갚을 일이 없어지니 빚이 안 되는 겁니다. 어떤 의미가 있느냐 하면, 아무리 내가 베풀며 살고 좋은 일을 한다고 하더라도 상대방을 빚쟁이로 만들어서는 안 된다는 것이지요. 금생에 빚 짊어지고 내생에 그것 갚느라고 큰 고통을 받게 하면 잘 하는 일이 아니지 않습니까. 그래서 무주상 보시의 의미가 큰 것입니다. 베푸는 것이 복이라는 생각에서 더 나아가서 무주상으로 베풀 때 더 큰 행복이 옵니다. 그런데 이 말을 듣는 그 순간에 마음 자체가 바꾸어져야 합니다. 바로 지금 당장 그렇게 되어야지 '그런다더라'고 해서는 실천으로 옮겨지지를 않습니다. 마음 자체가 그렇게 되어버려야 순간에 베풀고자 하는 마음이 떠오르는 것입니다.

이에 관련된 간디의 일화를 알고 계신 분도 있으실 것입니다. 간디가 기차를 타러 간 일이 있었습니다. 개찰구를 지나서 플랫폼으로 가는데 기차가 막 출발하는 겁니다. 있는 힘을 다해 뛰어서 기차의 맨 뒤 칸 출입문을 간신히 붙들고 탔습니다. 그런데 타는 순간 신발이 한 짝 벗겨져 플랫폼에 떨어진 겁니다. 그 순간 보통사람들은 떨어져 있는 신발 한 짝을 가져와서 한 켤레를 채워야겠다는 생각이 들 것입니다. 또 그 뒤로도 몇날 며칠 아까운 생각에서 다른 사람 신발만 봐도 자기 신발같이 보일 것입니다.

그런데 간디는 신발 한 짝을 가져와서 신는다는 생각을 하지 않고, 누군가가 저 신발을 한 짝 주웠을 때 아무 소용이 없을 것이라고 생각하고는 한 짝을 마저 벗어서 던진 것입니다. 아깝다는 중생소견을 갖는 것이 아니라 자기도 모르는 순간에 다른 사람을 위해 신발을 벗어 던져 줄 수 있는 정도가 되었을 때가 베푸는 사람으로 되었다는 뜻입니다. 자기도 모르게 습관화된 순간의 생각이 신발을 벗어서 던졌다는 것은 상당히 차원이 높은 경지인 것입니다.

늘 베풀고 사는 삶, 무엇보다도 상대방을 빚쟁이로 만들지 않는 무주상 보시를 실천하는 정말 행복한 삶을 가꾸어 가시길 빕니다.

한 생각이 행복과 불행을 만든다

사람들은 나름대로 어떤 인생관, 어떤 가치관을 가지고 살아갈 것입니다. 그러나 세속에서 생각하는 것과 다르게 생각해볼 필요가 있습니다. 불자들이라면 생각 자체가 뭔가 달라야 합니다.

어떤 부인이 남편과 같이 밥을 먹는데, 남편이 국을 한 번 떠먹어 보고는 "에이, 짜다." 하고 숟가락으로 상을 칩니다. 그 때 부인이 두 가지 생각을 할 수 있어요. '짜면 몸에 해롭다는데 간을 잘 맞출 걸' 하며 미안한 생각을 하면서 자기가 한 번 떠먹어 보고는, "당신 말대로 짜네요. 내가 물을 붓고 다시 끓여올까요?" 얘기합니다. 그러면 남편이 "짜면 짠 대로 그냥 조금만 먹지." 하고 넘어가겠지요.

이와 반대로 '음식 만드는 게 얼마나 힘든데, 고생해서 만들어주면 잔소리 말고 먹지, 짜네 싱겁네 잔소리나 해대네.'라며 괘씸한 생각이 들면 자기가 다시 떠먹어 봐도 안 짭니다. "뭐 별로 짜지도 않은데 타박이냐."고 짜증을 내면, 남편이 처음에는 "내 입에 짜다고 했지. 당신 입에 짜다고 했느냐."고 하겠지요. 어지간하면 남편이 양을 줄여서 조금만 먹으면 되는데, 계속 짜게 먹으면 몸에 해롭니 어쩌니 하면서 야단을 하면 그 부인도 계속 고약하게 대답하겠지요. 대답 중에 제일 고약한 대답이 뭔지 아세요? 제일 첫 단계, "짜면 반만 먹어." 그래도 거기까지는 괜찮아요. "먹기 싫으면 말고." 하면서 국그릇을 빼앗아버리면 그 다음에는 상이 엎어지고 큰 싸움이 나는 것이지요.

모든 삶이 그렇습니다. 고마워하는 마음, 미안한 마음을 가지면 문제가 없을 일들이 괘씸한 생각, 미워하는 생각을 가지는 순간부터 힘들어진다고 볼 수 있습니다. 우리 마음도 발전을 해야지 점점 퇴보해서는 안 됩니다. 그런데 이 모든 것이 무엇을 선택할 것인가의 문제입니다. 어떤 마음을 가지느냐, 선택하느냐에 따라서 행복과 불행이 벌어지는 것입니다.

얼마 전 있었던 이야기를 해드리겠습니다. 어떤 어머니가 5,6세 되는 아이의 손을 잡고 길을 걸어가고 있습니다. 기본적으로 아이를 차도 쪽으로 세우고 걸어가면 안 됩니다. 항상 어머니가 찻길 쪽으로 서고 아이는 안쪽으로 세워야 합니다. 차가 잘못해서 인도 쪽을 덮칠 수도 있고, 아이의 손목이 빠져나가 차도 쪽으로 튕겨 나갈 수도 있기 때문입니다. 그런데 이 어머니가 소견이 모자라서 아이를 차도 쪽에 세우고 걸어가다가 아이가 뭘 사달라고 조르다가 안 들어주니까 떼를 쓰다 차도 쪽으로 들어간 겁니다. 그 때 차가 한 대 오다가 갑자기 급정거를 한 겁니다. 얼마나 놀랐겠습니까? 운전하는 사람이 크게 놀라서 아이에게 욕을 합니다.

그런데 그 어머니가 오히려 기사에게 "애들이 그럴 수도 있지, 그까짓 것으로 애한테 그렇게 욕을 하느냐."며 싸우려고 덤벼듭니다. 이 어머니는 자기 아들 욕먹은 것만 생각한 겁니다. 또 '애들이 그럴 수도 있다'는 생각이 아주 큰 문제가 되는 것입니다. 제가 지나가다가 이 장면을 보고 아이의 장래를 생각해서도 그냥 지나칠 수가 없었습니다. 그래서 그 어머니에게 "애들이 그럴 수도 있다고 생각하시는데, '그래서는 안 된다'는 생각을 하셔야 됩니다. 차도로 애가 갑자기 뛰어드는 것은 절대로 해서는 안 될 일이라고 생각해야지 그럴 수 있다고 생각해서는 안 됩니다."라고 말씀드렸지요. 그런데 이 어머님은 스님이 무슨 상관이냐고 대들면서 계속 그럴 수도 있다는 주장만 하는 겁니다. 애들이 그럴 수도 있다는 생각에서 못 벗어나니까 애들이 그래서는 안 된다는 것을 못 가르치는 것입니다.

그래서 제가 그분을 설득하기 위해서 이런 말까지 했습니다. "예를 들어서 아이가 저 차에 치여서 다쳤다고 합시다. 그 때에 기사가 내려서 아이를 안고 근처에 병원이 어디냐고 할 때에 '차를 타고 다니다 보면 그럴 수도 있지요. 걱정 말고 그냥 가라'고 할 수 있겠습니까? 그 때는 이 세상에 있어서는 안 되는 일이라고 생각하겠지요. 그럴 수 있다는 것만 생각하지 말고 그래서는 안 된다는 생각도 꼭 해야만 됩니다. 일상생활에서 아주 간단한 생각 같지만 아주 중요한 일입니다."라고 말씀드리자, 그제서야 겨우 수긍을 하더군요.

이분뿐만 아니라 많은 사람들이 한쪽에만 치우쳐서 잘못 생각하는 경향이 있습니다. 한창 학교 폭력 문제로 말이 많을 때인데, 학교폭력근절강연회 초청을 받아서 여러 학교에 강연을 다닌 적이 있습니다. 학부모님을 모셔놓고 강의를 하는데, 가는 학교마다 일률적으로 교재가 미리 준비되어 있습니다. 그 내용을 보면, 어떻게 하면 폭력으로부터 벗어나느냐, 한마디로 폭력배에게 맞지 않는 방법이 나열되어 있습니다. 예를 들면 '좋은 옷 입지 말라, 잘난 체하지 말라, 골목길로 다니지 말라' 등 20여 가지를 쭉 적어놓았어요.

그런 내용이 담긴 교재를 주면서 강의하라고 해서 제가 이것으로는 강의를 못하겠다고 했지요. 그리고 "저는 '때리지 않는 학생 만드는 방법'을 준비해왔는데 교재의 내용을 보면 이 학교에는 때리는 학생은 없는 것 같으니까 다른 데로 가봐야겠다고 했습니다."라고 하자, 스님께서 준비하신 내용으로 해달라고 하더군요. 그 때 학부모님

들께 주로 '어떻게 하면 내 아이가 다른 학생을 때리지 않을 것인가'
에 대해 말씀드렸습니다. 그런데 대부분의 학부모님들이 '우리 아이가
어떻게 하면 안 맞을 것인가' 하는 생각에서 못 벗어나는 겁니다. 부모
님들이 '어떻게 하면 내 아들 딸이 남에게 피해를 주지 않고 학교에서
열심히 공부하게 할 것인가'라는 생각을 가져야 해결이 되지, 안 맞으
려고 해서는 해결이 안 된다는 겁니다.

이와 같이 우리가 어떤 일에 부딪쳤을 때 선택하고 판단하는 것
이 잘못 된 것이 많다는 겁니다. 또한 고정관념으로 생각하는 것에 얽
매이지 말고 그 반대를 들여다보면 아주 다른 세상이 있습니다.

행복이라는 이름의 보물찾기

언젠가 어느 기업체에 강의를 하러 갔었습니다. 강의가 끝난 뒤 어떤 분이 질문을 하셨습니다. "스님, 비상금 감추는 법을 좀 강의해 주셨으면 좋겠습니다."라고 하면서 자기 부인이 어떻게나 억척스럽고 영리한지 한 번도 비상금을 감추는 데 성공을 못했다고 합니다. 꼭꼭, 별별 궁리를 다 해가면서 별의별 곳에 감춰 놓았는데 어떻게 찾는지 늘 찾아간다는 겁니다.

그 때 악마가 행복을 감춘 이야기를 해 주었지요.

옛날에는 인간이 행복하게 살았다고 합니다. 어느 날 악마가 사람들이 행복해하는 것을 질투해서 행복을 훔쳐다가 감추었다고 합니다. 그런데 감추어 놓으면 사람들이 찾더랍니다. 세상 구석구석에 열심히 감추었는데도 계속 잘 찾아내니까 악마가 곰곰이 생각했겠지요.

그러다가 악마가 아주 중요한 것을 깨닫게 되었습니다. 감춰 놓으면 온 세상을 다 뒤져서 찾아내는데, 그 때마다 한 곳만은 그냥 지나치더라는 겁니다. 그래서 아, 저기에다 감춰둘 걸, 잘못했다 하고 다시 훔쳐다가 거기에다 감췄더니 그 뒤로는 사람들이 아무도 못 찾더랍니다. 거기가 어디냐 하면 각자의 마음속입니다. 각자의 마음속에 감췄는데 밖에서만 찾으니까 못 찾는 겁니다. 사실 마음이 간단한 것 같지만 세상보다 더 복잡합니다. 그 마음은 보통 우리가 말하는 마음이 아니고 다 쉬어버리고 놓아버린 그 자리입니다. 어려서 보물찾기할 때 겨우 찾았다 싶었는데 펴보면 아닌 것처럼 행복인 줄 알고 찾았는데 아닌 것이 많지 않습니까.

이 이야기를 해 주면서 부인이 안 찾는 곳에다 감추면 백날 찾아도 못 찾을 거라고 했더니 그럴듯하다며 고개를 끄덕이더군요. 얼마 후 그 사람한테 전화가 왔는데, "스님 참 대단하십니다. 스님 말씀대로 했더니 정말 못 찾는 거예요."라고 하면서 신나 하더군요. 그래서 어디에다 감췄느냐고 물었더니 먼저 부인의 행동을 살펴보았답니다. 베개 속에 감춰도 실패했는데, 가만히 보니까 부인이 자기 베개 속은 안 뜯어보더라는 겁니다. 그래서 부인의 베개 속에다 감췄더니 그 다음부터 비상금을 들키는 일이 없었다고 합니다.

어쨌든 없는 곳에 가서 찾기 때문에 못 찾는다는 겁니다. 악마가 행복을 어디에 감췄다고 했습니까? 내 마음속에 있는 것이니까 찾기 쉽다고 생각할지 모르지만, 그 속에 들어가 보면 이 세상보다 더 복잡합니다. 더 헤맬 수 있습니다. 마음도 하나가 아니라 여럿이기 때문에 없는 데 가서 찾으면 역시 못 찾는 겁니다. 마음속에도 감추는 자리가 있으니, 어떤 마음속에다 감췄는지 생각해야 합니다. 그런데 마음속에 들어가서 여기 있나 저기 있나 들추다 보면 오히려 지뢰 터지듯이 불행이 폭발될 수도 있습니다. '이것이 행복이구나' 하고 잘못 짚으면, 행복이 아니라 불행을 자초하는 길로 들어갈 수도 있습니다.

세상을 살아가면서 선업도 짓고 악업도 짓기 마련입니다. 중요한 것은 누구든지 자기가 지은 업이 주체가 되어 윤회를 한다는 사실입니다. 그런데 나쁜 업은 윤회의 주체가 되는 아뢰야식까지 저장이 되는 반면 좋은 업은 저장이 안 됩니다. 예를 들면 낚시질을 좋아하는 강태공들의 말을 들어보면, 물고기가 잡힐 때의 즐거움이란 말로 못할 정도랍니다. 일주일 내내 계속 그 생각이 나서 그 날만 손꼽아 기다려지고 토요일만 되면 낚시터로 가게 된답니다. 그 말을 들으면서 방생할 때 물고기가 꼬리 치면서 가는 모습을 보면 그 때 역시 말로 표현 못할 정도 기쁘다는 것을 말해 주었지요.

그런데 내가 방생하는 공덕은 저장이 안 된다니 왜 그럴까요? 왜냐하면 그 사람은 일주일 내내 생각하지만 저는 그렇게 하지 못하고, 그 사람은 일주일에 한 번씩 가지만 저는 어쩌다 한 번씩밖에 못

갑니다. 복이 된다고 하면서, 그것도 관광 가는 재미로 어쩌다 한 번 방생하는 것이 무슨 저장이 되겠습니까? 낚시하는 사람의 마음과 방생하는 사람의 마음을 한 번 비교해 보면 알 수 있을 것입니다.

관세음보살을 염하다가 다른 생각으로 놓쳤다가 다시 관세음보살을 만날 때 얼마나 반가웠는지 한번 생각해 보세요. 또 돈 만 원을 잃었다가 다시 찾을 때를 한번 기억해 보십시오. 돈을 다시 잃어버릴까봐 얼마나 잘 챙기겠어요. 관세음보살을 부를 때 놓칠까 봐 걱정해야 되는데, 돈 만 원 잃을 때보다 간절함이 못하지요? 만 원어치도 안 되는 것입니다. 조금 일찍 일어나다가 늦잠 한 번만 자면 포기하듯이 악업은 물들기가 쉽고 선업은 짓지 않다가 금생에 새로 하려니까 잘 안 되는 것입니다. 그래서 정진이 필요하다는 겁니다.

권력이나 재물, 지식을 얻는 일은 힘든 일이지만 놓아버리는 것은 쉬운 일인데도 잘 안 되지요. 욕심에 맡기는 것은 온갖 고생을 하면서도 하고, 마음에 맡기는 것은 쉬운데도 잘 안 됩니다. 그만큼 중생이 악행을 많이 지어서 업이 되었다는 겁니다. 기업체 사장이 일 중독으로 병이 났을 때 의사가 건강을 위해서 다 놓아버리고 좀 쉬라고 하면 못 합니다. 담배 피우면 죽는다고 해도 중독이 되어서 업이 되니까 못 끊습니다. 염라대왕의 업경대에는 악업을 지은 마음이 비치기 때문에 나쁜 것은 다 비춰지는데 선업은 주파수가 안 맞아서 안 나온답니다. 기부를 했을 때도 오히려 보시했다고 자랑하면서 대가를 바란 것만 찍혀 나온답니다.

어떤 사람이 일원을 놓고 일억을 달라고 하면 도둑놈 마음입니다. 그러나 "금생에는 복을 지은 것이 없고 가난해서 일 원밖에 기부를 할 수 없습니다. 금생에 복 많이 짓고 내생에 부자가 되어서 일억을 시주하겠습니다."라고 하면 일원과 일억이 연결됩니다. 그런 마음으로 일원을 놓은 것은 염라대왕의 업경대에 나타납니다. 그러나 일원 놓고 일억 달라고 하면 일원 놓은 것은 진실한 마음으로 안 놓아서 안 보이고, 일억 달라고 하는 욕심만 찍히겠지요. 좋은 일 조금 해서는 내생까지 안 가고, 다 쉬어버린 마음에서 한 것이라야 그 마음이 나타난다는 것을 잊지 마십시오.

나무기둥이 튼실하고, 잎사귀가 무성하고 뿌리가 좋다 해도
나무가 자랄 땅이 비옥하지 않으면 잘 안 됩니다.
땅처럼 능력과 복력을 받쳐주는 바탕이 보마음입니다.

■ 3장 ■

운명을 바꾸는 법

본마음에서 나온 행동이 운명을 바꾼다

옛날 배휴(裵休)라는 재상이 어렸을 때 일입니다. 배휴의 집이 하도 가난해서 외갓집에 가서 살았습니다. 어느 날 외할아버지의 친구가 왔는데, 그 사람이 아주 유명한 관상가였다고 합니다. 그 사람이 배휴의 관상을 보더니 누구냐고 물으면서 "저 애가 하도 박복해서 애를 빨리 보내지 않으면 이 집까지 망한다."고 말합니다. 할아버지가 "저 어린 것을 어디로 보내겠느냐, 불쌍해서 못 보낸다."고 말씀하시는 것을 듣고는 외갓집이 망하면 안 된다고 생각해서 배휴는 몰래 집을 나왔습니다. 길을 가다 보니 보따리가 하나 떨어져 있는데, 살펴보니 돈이 가득 들어있는 겁니다. 배휴는 보따리를 찾아주기 위해 주인이 올 때까지 하루 종일 기다리다가 마침내 주인을 찾아줬습니다. 그런 상황에서 외할아버지가 찾으러 와서 다시 외갓집으로 돌아갔습니다. 그런데 할아버지의 관상 보는 친구가 또 "쟤가 누구냐?"고 다시 물으면서, "저 애는 복이 많아서 이 집도 부자가 되고 이 나라까지 부자가 될 것"이라고 말합니다.

이 일화만 보더라도 인간은 고정된 존재, 운명·숙명적인 존재가 아니고, 어떻게 마음을 쓰고 행동하느냐에 따라 계속해서 변화하는 존재라는 것을 알 수 있습니다. 그런데 중생은 크게 변화가 오지 않기 때문에 관상과 사주가 어느 정도 맞습니다. 한 4~50대 된 보살님들이 모이면, "내가 20대만 되어도 좋겠다. 20대로 다시 돌아가면 지금보다 훨씬 더 잘 살 수 있을 텐데"라고 말씀하시는데 그 때가 되어도 대부분 도로 그렇게 삽니다. 중생 소견으로, 그 마음으로, 그 복으로 사는데 얼마나 달라지겠습니까?

돈 보따리 떨어진 것을 보고 마음속으로 갈등을 할 수 있는데, 주인을 찾아주어야 한다는 한 가지 생각만 하고 기다리는 배휴의 마음이 되어야 합니다. 깊은 마음속에 그 마음이 있기 때문에 그것이 밖으로 나타날 때마다 복이 되는 것입니다. 하지만 가짜로 나오면 운명을 못 바꿉니다. 생각으로는 운명을 못 바꿉니다. 단지 희망사항일 뿐입니다. 깊은 내면에서 나온 행동이라야 그 행동 하나하나가 운명을 바꾸는 것입니다. 그런데 저 깊은 무의식에서 나오면서도 걸러진다고 합니다. 정신과에서는 그것을 검열, 가위질되어서 다 안 나온다고 말하는데, 그것이 다 나오면 큰일 납니다. 의식으로 나오는 동안에 정리가 많이 되고, 행동으로 될 때까지도 정리가 됩니다. 이것은 본래 마음이 그렇게 깨끗하지 않다는 얘기인데, 배휴는 본래 마음이 주인 찾아주는 것뿐이었고, 다른 생각이 일체 없었던 것입니다.

어떤 아이가 절에 심부름을 왔습니다. 스님이 보니 그 아이의 상호가 며칠 안 있으면 죽을상이었습니다. 아이가 자기 집으로 돌아가고 나서 며칠 뒤 마음이 편치 않아서 그 아이의 집에 가 봤습니다. 만일 죽었다면 재라도 지내줄 요량이었겠지요. 그런데 아이가 신나게 뛰어와서 인사를 합니다. 얼굴을 보니 장수상으로 변했어요. 도대체 그동안 무슨 일이 있었느냐고 묻자, 아이가 말하기를, "스님, 절에서 내려오는 산골짜기 방죽에 아직도 물이 많이 있나요?"라고 묻는 겁니다. 도대체 무슨 소리를 하나 물어보니, 아이가 집으로 돌아가다가 웅덩이에 물이 말라서 물고기가 다 죽어가는 것을 보고 물고기를 손으로 옮겨 방죽에다 놓아준 이야기를 합니다. '그럼 그렇지' 하면서 스님은 이 아이의 운명이 바뀐 원인을 알았습니다.

보통사람들은 이 이야기를 들으면서 '방생을 한 번 해서 수명이 길어졌구나.' 생각하기 쉬운데, 그 아이는 선택하는 바 없이, 생각 없이 행동한 것이 복이 된 것입니다. 불쌍하다는 생각, 살려주자는 마음이 깊은 마음속에 있는 그대로 나와 행동으로 옮긴 것이지요. 집으로 바삐 돌아가는 입장이니 그냥 지나갈 수도 있고, 방죽이 너무 멀어서 귀찮은 마음이 생길 수 있으니 생각만 일으켰다가 말 수도 있습니다.

그밖에 여러 가지의 선택이 있을 수 있지요. 하지만 이렇게 이럴까 저럴까 정리하고 선택한 것이 아니고 본래의 마음에서 나온 것이므로 행동할 때마다 운명이 바뀌고 복이 되는 겁니다.

이와 같이 수행을 통해서 본마음에 변화가 와야 운명이 바뀌는 것입니다. 거짓으로, 생각으로 따져서는 안 됩니다. 자녀를 어려서부터 그렇게 길러야 옳고 그름을 제대로 판단할 수 있는 사람이 되고, 복이 있는 사람이 됩니다. 어릴 때부터 선한 마음을 길러 무의식적으로 한 일이 다 옳은 일이 되어야 하는 것입니다. 고위직에 있는 사람이 정신없이 뇌물을 많이 받다 보면 나중에는 받은 줄도 모른답니다. 뇌물을 아무렇지 않게 생각하고 뇌물이라고 생각하지 않는 것이 큰 문제입니다. 칸트가 정확한 시간에 산책을 다닌 일이 아주 유명한데, 어느 날 거지 아이가 불쌍해 보여서 돈을 줬다고 합니다. 처음에는 안 받으려던 아이가 나중에는 쫓아와서 달라고 하더랍니다. 사람이 뇌물을 받다 보면 처음에는 안 받으려고 하다가 그 다음에는 모른 체하고 받다가 나중에는 뇌물을 기다리면서 많이 받을 연구를 하게 됩니다. 이렇게 죄의식이 없어지고 뻔뻔해지면 세세생생 큰 죄를 짓게 되는 것입니다.

하지만 어릴 때부터 마음에 옳고 그름에 대한 판단력이 저장되어, 그에 따라 행동하는 사람이 되면 어른이 된 뒤에도 나쁜 짓은 절대로 상상도 할 수 없게 되고, 착한 일만 하는 사람이 됩니다.

본마음으로 돌아가자

중생 소견으로는 기분이 조금 좋거나 나쁜 것에 따라서도 행동과 생각이 달라지지만 본래 마음으로 되돌아가면 그렇지 않습니다. 수심(修心)의 경지만 되어도 고통을 견디겠지만 무심의 경지에서는 확 달라집니다. 인생에 큰 문제가 생기고 속상한 일이 생겼을 때 마음공부를 하는 것은 이미 마음이 나타난 상태이므로 늦습니다. 평소에 수행을 해서 마음에 맡기는 공부를 해야 합니다. 항상 자기 본마음으로 되돌아가는 공부를 한다면 밖에 나와 있는 마음이 없기 때문에 화를 낼 것도 없고 참을 것도 없게 됩니다. 그러면 평상시의 마음 상태와 같습니다.

기분은 일정 시간 지속되는 우리 마음의 상태입니다. 그 상태는 공적하여 텅 빈 상태가 아니라 즐겁든지 상쾌하든지 불쾌하든지 편하든지 그렇게 요동하는 마음입니다. 일념지간(一念之間)에 구백 생멸(九百生

滅)이라는 말이 있는데, 한 생각 일으키는 사이에 구백 번 생멸을 한다는 뜻입니다. 제일 많은 것이 밖으로 나타나는 것입니다. 말로 나오기 전에 생각 자체도 그렇습니다. 평소에 고요한 경지에 들어가는 공부를 하지 않은 상태에서는 아무리 애를 써도 중생 번뇌의 세계에 있습니다. 번뇌의 세계에서는 조금 좋은 생각을 내었어도 완전하지 않습니다. 번뇌 망상 속에서 이리 저리 바꿔보는 것은 억겁을 두고 다겁 생 동안 세세생생 해온 것입니다. 금생에도 어려서부터 지금까지 살아오면서 오만 생각을 뒤집었다 엎었다 했지만 달라진 것이 하나도 없습니다. 외부 환경에 따라서 달라지는 마음속에서 살아왔지 자기 본래 마음속에는 한 번도 가지 못했기 때문입니다. 웬만한 일에는 흔들리지 않는 사람과 조그만 일에도 성질내는 사람을 비교해도 엄청난 차이가 나는데, 자기 본래 마음 속에 들어가면 얼마나 큰 효과가 나겠습니까?

자기 마음으로 들어가는, 자기 마음을 비춰보는 수행의 방향으로 가야 합니다. 지금의 세계에서 그쪽을 바라봐야 그쪽으로 가게 됩니다. 끌어당기는 업력이 얼마나 강한지 번뇌 쪽에서 발목을 잡고 잡아당기기 때문에 쉽지는 않습니다. 어느 스님이 많은 신도들 앞에서 "왜 절에 나오십니까?" 물으니, 수행해서 성불하려고 다닌다는 사람, 잘 살기 위해서 다닌다는 사람, 절에만 오면 마음이 편안해서 다닌다는 사람 등 절에 다니는 이유가 다양했는데, 그 중 어떤 사람이 "극락 가려고 다닌다."고 하더랍니다. 그래서 "극락에 가고 싶은 분 있으시면 손 들어보세요."라고 하니 여기저기서 손을 들었다고 합니다. 극락은 성불이 보장된 곳입니다. 일단 극락에만 가면 부처님 뵙고 가르침을 배워서 성불할 수 있다고 경전에 나와 있습니다. 그런데 지금 당장 가고 싶은 사람은 손을 들라고 하니까 아무도 안 들더랍니다. 우리 속담에 "개똥밭에 굴러도 이승이 좋다."는 말이 있듯이 그만큼 중생은 생에 대한 애착이 강합니다. 또한 얼마나 큰 욕심과 번뇌 속에 사는지 모릅니다.

『열자』라는 책에 보면, 어떤 사람이 대낮에 금은방에 들어가서 금을 훔쳐 나오다가 붙잡혀서 재판을 받은 일이 나옵니다. 그렇게 사람이 많은 데에서 금을 훔치면 어떻게 하느냐고 하니까, 사람은 안 보이고 금만 보였다고 답합니다. 또 어떤 도둑은 얼마나 날쌘지 사형장으로 가면서도 도망을 가곤 했습니다. 할 수 없이 손발을 다 묶어서 업고 사형을 집행하러 가는데 망나니의 상투를 꽂는 동곳이 없어져 머리카락이 확 풀렸습니다. 도둑이 업혀 가다가 망나니의 동곳을 보고는 욕심을 내 입으로 물어 빼서 기가 막히게 감췄다고 합니다. 손발이 묶여 죽으러 가면서도 욕심이 나서 도둑질을 할 정도로 습관이 그렇게 무섭습니다. 중생의 업이 이처럼 강한 것입니다.

중생세계에서 보살세계로 넘어가려고 하는 것이 발심인데, 거기에서 다시 물러서지 않는 불퇴전의 경지에 들어가면 그 때부터는 하나하나가 전부 수행이 됩니다. 업으로 하지 않고 부처님 가르침대로 살다보면 운명이 바뀝니다.

과거 전생에 지은 죄업을 참회하는 방법에는
불보살의 명호를 부르거나 불보살을 생각하는 것이 있는데
이렇게 하면 업장이 소멸됩니다.

거지가 밥그릇을 가져갔을 때

옛날 아주 유명한 만석꾼 부잣집이 있었습니다. 천석꾼도 대단한데 만석꾼 정도가 되려면 그야말로 하늘이 낸 부자라는 말을 들을 만합니다. 예전에는 사람들이 "콩 심은 데 콩 나고 팥 심은 데 팥 난다."는 속담, 즉 인과법을 요즘사람들보다 훨씬 더 깊이 믿고 있었습니다. 큰 복을 지어야 큰 복을 받는다는 것을 알고 있던 마을사람들이 만석꾼은 평소에 어떻게 살아가고 있는지 늘 궁금해 하였지요. 그래서 그 댁을 드나들 때마다 유심히 살폈는데, 역시나 다르더라는 겁니다.

만석꾼 댁 마님은 언제 어느 때나 후덕하게 인심을 썼습니다. 특히 거지가 왔을 때 대접하는 게 남달랐습니다. 거지에게도 집안사람들과 똑같이 좋은 유기그릇에 따뜻한 밥상을 차려주었습니다. 머슴들이 알지도 못하는 거지에게 대접하다가 혹시라도 비싼 그릇을 잃어버리면 어떻게 하느냐고 툴툴거려도 마님은 "먹는 것에 차별하면 못 쓴다. 똑같이 대해주라."고 하였습니다. 어느 날 결국 일이 생겼습니다. 거지가 밥을 먹고 간 뒤에 보니 밥그릇이 없어진 것입니다. 머슴이 빈 밥상을 갖고 나오면서, "거지가 밥그릇을 가져갔다."라고 말하자, 옆의 젊은 머슴이 "마님, 멀리 못 갔으니까 잡을 수 있을 것입니다. 제가 재빨리 뛰어가서 잡아오겠습니다."라고 하면서 뛰어가려고 합니다. 그런데 마님은 오히려 "오죽하면 밥그릇을 가져갔겠나. 뚜껑이 없으면 밥그릇을 팔아도 제 값을 못 받을 테니 뚜껑을 빨리 갖다 주거라." 하는 것입니다.

오늘날에도 훌륭한 자손이 나오는 집안을 조사해보면, 윗대 조상에 그런 훌륭한 어른이 있다고 합니다. 사실 이런 일을 당했을 때, "단단히 혼을 내고 밥그릇을 찾아오라."고 하기가 쉽습니다. 또 "때리지는 말고, 그릇만 찾아오라."고 해도 보통은 넘는 것이지만, '베푸는 것이 복'이라는 생각이 각인되지 않은 경우입니다. 그런데 밥그릇을 찾아오지 말라고만 해도 대단한데 뚜껑까지 갖다 주라고 생각하기는 정말 어려운 일입니다.

우리가 불자라면 부처님 제자로서 최소한 인과는 믿어야 합니다. 기본적으로 착한 일을 하면 복을 받고 악한 일을 하면 벌을 받는다는 사고방식을 갖춰야 된다는 말씀입니다. 그런데 사실 베풀어주면 나중에 더 많이 받는다고 하는 이야기는 수준이 낮은 이야기입니다. 이 생각은 받는 것이 복이라는 관념에서 벗어나지 못하고 있기 때문입니다.

사람들은 대다수가 과거로부터 다생 겁을 두고 살아온 업력, 욕심으로 살아가고 있는데, 이제부터는 업력으로 살 것이 아니라 새롭게 불자로서 원력을 세우고 원력으로 살아가는 삶으로 바꿔야 됩니다. 중생의 업력으로 하는 일은 되도 그만 안 되도 그만인 일이거나, 되도 죄 짓고 안 되도 죄 짓는 일뿐입니다.

또한 잘 산다는 것에 대한 개념 정리가 되어야 합니다. 사기꾼이나 투기꾼, 욕심 많은 사람이 더 잘 산다면서 부러워한다면 그것은 잘못 생각하는 것이고 잘못 사는 겁니다. 정당하지 않은 방법으로 돈을 버는 것 자체가 잘못 사는 것인데, 지금 당장 경제적으로 풍요롭게 산다고 해서 모두들 부러워한다면 잘 산다는 것이 어떻게 해서든지 돈 많이 버는 것이 되고, 세상은 어지러워지기 마련입니다. 벌 때 나쁜 짓 해서 벌고, 쓸 때 나쁜 짓하면서 함부로 쓰는 것을 잘 산다고 생각하는 것 자체가 잘못 되었습니다. 분수에 맞지 않게 법에 안 맞게 이치에 안 맞게 돈을 벌면 상대적으로 손해를 본 사람이 분명히 있습니다. 그런데 그게 왜 잘 사는 것입니까? 죽어서 지옥에 갈 짓이고 잘못 산 것입니다.

열심히 자기 노력으로 사는 것이 가장 잘 사는 삶이라는 마음

을 가져야 합니다. 도인의 경지까지는 아니더라도 일상에서 양심에
비추어 부끄럽지 않고, 남을 돕고, 가슴 아프게 하지 않고, 해롭게 하
지 않고, 세속적인 기준으로 봐서 자기가 손해보고 열심히 지혜롭게
자비롭게 살아가는 것이 가장 잘 사는 것입니다. 받는 게 복이라고 생
각하며 사는 사람은 주는 게 복이라는 것으로 생각을 바꾸어야 하고,
내가 아닌 다른 사람을 중심으로 하는 이타적인 삶을 살도록 노력해
야 합니다.

원망하는 마음은 복을 감한다

어떤 문제에 부딪혔을 때 탐심·진심·번뇌 등의 중생심이 아닌 보살의 마음에서 생각을 낼 수 있도록 하는 것이 수행입니다. 능력을 발휘하려면 복력이 있어야 하고 복력을 유지하고 키우는 것은 수행력입니다. 신(身)·구(口)·의(意) 삼업을 청정하게 하고, 수행을 통해 욕심을 덜 부려야 복이 유지될 수 있습니다.

제가 생각해볼 때, 어렸을 때 제일 큰 복은 부모 복이고, 복을 제일 많이 감하는 것이 부모를 원망하는 마음입니다. 부모를 원망하는 마음을 한 번 내고 원망하는 말을 한 번 할 때마다 엄청난 복을 감하는 것입니다. 부모뿐만 아니라 누구에게든지 원망을 하는 순간 그만큼 복이 줄어듭니다. 원망은 마음의 뿌리에서 나왔기 때문에 생각에서 바꿔봐야 소용이 없습니다. 본래 없는 곳, 깊은 마음자리로 되돌아가서 다시 시작해야 좋은 일을 한 것도 업경대에 나타납니다.

선생님이나 부모님께서 야단칠 때 고마워하는 마음을 가질 수도 있고 억울하거나 야속하다는 생각을 가질 수도 있습니다. 대개 자기 부모에게 야단맞고 스승에게 꾸중 들었을 때 고마워하는 마음, 고쳐야 되겠다는 마음을 가지면 발전하고, 원망하고 미워하는 사람은 그 버릇을 못 고칩니다. 그런 걸 보더라도 어떤 마음을 갖느냐는 것이 굉장히 중요하다는 겁니다. 억울하거나 야속하다는 생각은 저 밑바닥에서 자기도 모르게 나와 버립니다. 고맙다고 생각하거나 미안해 하는 마음은 잘 가르치면 억지로는 가능한데, 입으로, 얕은 곳에서 나옵니다. 물건을 잃었을 때 아까워하는 마음이 일어날 수 있고, 주운 사람을 생각해서 쓸 수 있도록 짝을 채워주는 마음이 일어날 수도 있어요. 수행력으로 고마워하는 마음, 다른 사람을 생각하는 마음이 저 깊은 곳에서 순간적으로 생각나고 행동이 일어나야 자기 운명을 바꿉니다.

불교에서 참는 것은 참을 것도 없는 경지가 되는 것입니다. 부모들이 아들딸을 혼낼 때 일반적으로 속상해 하고 억울해 하면서 조금도 달라지지 않는데 왜 혼냅니까? 여태까지 수도 없이 혼냈지만 하나도 달라진 게 없어요. 부모 원망하는 마음만 남고 야속한 마음이 생겨서 자식의 복을 감하게 됩니다. 자식을 위하는 일이 안 됩니다. 자꾸 반복해서 좋지 않은 습관만 만들게 됩니다. 숙제 한 번 안 했다고 해서 인생이 달라지지는 않아요. 그러나 부모 원망 한 번 하면 일생이 바꿔질 만큼의 복을 감할 수도 있습니다.

요즘은 능력은 별 차이가 없는 시대입니다. 앞으로는 능력보다는 인간성 좋은 사람, 다른 사람과 원만하게 지낼 수 있는 사람이 성공할 수 있습니다. 집안에서 할머니 할아버지가 매사에 허허 웃으면서 지내시면 온 가족이 평화롭지만, 눈물이나 흘리면서 성질을 내고 원망하고 있으면 집안이 온통 초상집이 될 것입니다. 아이들이 자라면서 남을 원망하지 않고 미워하지 않고 조급한 마음을 갖지 않도록 하는 것이 성적보다 더욱 중요합니다.

미국의 어느 학자가 연구해서 발표한 내용인데, 엘리베이터에서 문 닫힘 버튼을 누르는 사람은 그것을 누르는 시간만큼 조급하게 신경을 썼기 때문에 그만큼 수명이 단축된다고 합니다. 절에 와서 마음 편하게 갖고 염불하거나 절하면 그 시간만큼 오래 살 겁니다. 즐거워하고 고마워하는 마음이 자기도 모르게 깊은 곳에서 우러나와야 업경대에 나타나고 운명을 바꿀 수 있습니다. 아들딸에게 칭찬해서 마음 편하게 해 주고, 평소에 대화를 하면서 마음을 순수하게 만들어 줘야 합니다. 남을 미워하거나 성내는 마음이 일어나지 않게끔 해 줘야 복을 짓는 것이 되고, 행복이 거기에서 나옵니다. 자기가 하는 줄도 모르게 칭찬이 나와야, 무주상보시 하듯이 칭찬을 해야 궤도 수정이 되어서 자기도 복 짓고 자식도 복을 짓게 됩니다.

누가 더 가슴이 찢어지겠느냐

어떤 보살님이 환히 웃는 얼굴로 찾아와서 이야기보따리를 풀어냈습니다.

"스님, 제가 오늘 저희 시어머니께 아주 좋은 법문을 들었습니다. 사실 제 아들이 이번에 대입 시험을 봤는데 합격하지 못했습니다. 저희 가족 모두 시무룩해서 밥을 먹지 못하고 앉아 있었어요. 그런데 저희 어머님만 아무렇지도 않게 혼자서 맛있게 잘 드시더군요…."

보살님의 시어머님이 당신 아들에게 "어서 밥을 먹으라."고 말씀하시는 바람에 "아이가 대학 떨어져서 속상해서 미치겠는데, 한 치 걸러 두 치라더니 어머니 자식 아니라고 그렇게 밥이 잘 넘어 가십니까?"라며 한 소리 했답니다. 그러자 보살님의 시어머님께서 말씀하시기를, "네 남편은 중학교밖에 못 나왔다. 고등학교에 합격해서 등록만

시켜주면 어떻게 해서든지 공부하겠다고 통사정을 하는데도 돈이 없어서 못 보냈다. 공부 잘 하는 내 자식은 돈이 없어서 못 보냈고 네 자식은 지가 공부 못 해서 불합격했는데, 누가 더 가슴이 찢어지겠느냐?"고 하시더랍니다. 그러면서 "나는 그 때도 밥 먹고 살았다. 어서 먹어라."고 하더랍니다.

인생살이에서 대학 떨어졌다고 괴로워하는 것은 관념이고 자기 감정이지 실체가 없습니다. 어떤 사람은 공부 잘 하는 아들이 시험을 치러 갈 때 떨어지기를 기도한다고 합니다. 돈도 없는데 합격증 들고 울면 어떻게 하느냐고 말입니다.

자식이 대학에 합격해야 되는데 공부를 안 한다고 걱정할 때는 눈물 흘리고 속상해 하면서도 밥은 잘 먹었는데, 자식이 결혼해서 불효했을 때는 밥을 먹지 못하며 훨씬 더 불행해 하는 분을 본 적이 있습니다. 공부 안 해서 걱정인 것은 고3 때 잠깐이지만 불효한 것은 그보다 열 배의 눈물을 흘리며 평생을 갑니다. 그래서 자식에게 먼저 효도를 가르치는 것이 자기 인생을 행복하게 만드는 데 훨씬 더 중요한 일입니다. 그런데 공부는 하라고 다그치면서도 효도는 하지 말라는 말까지 하니 참으로 어리석은 일입니다.

일반적으로 빚을 갚으러 온 자식은 열의 하나 정도이고, 대부분 빚을 받으러 온다고 합니다. 그런데 간혹 원수를 갚으러 오는 자식도 있답니다. 이런 경우는 정말 보통 일이 아닙니다. 이럴 때는 아무리 잘

하려고 노력해도 전생의 업보인지라 마음대로 안 됩니다. 앞에서도 말씀드렸듯이 전생은 나무의 뿌리처럼 보이지 않는 부분입니다. 괴테는 자식의 이름을 불안이라고 짓고, 부처님은 라훌라, 곧 장애라고 지었습니다.

시골에 사시는 아버지가 서울에 사는 자식들이 보고 싶어서 아들에게 어머니가 위독하다고 전보를 쳤습니다. 자식들이 놀라서 헐레벌떡 내려왔는데, 어머니가 건강하신 것을 보고는 아버지에게 왜 거짓말을 했느냐면서 놀라게 했다고 따집니다. 그러자 아버지가 자식들에게 "너희들을 기를 때 그렇게 놀란 일이 수백 번도 더 된다."고 말씀하시니 자식들이 반성을 했다는 이야기가 있습니다. 그와 같이 자식을 기른다는 것 자체가 큰 수행입니다.

세상 모든 일이 수행 아닌 게 없습니다. 수행을 난행(難行)과 이행(易行) 두 가지로 크게 나눕니다. 참선을 통해서 성불하는 길은 어려운 길, 난행이고 아미타 부처님을 염해서 극락세계에 태어나면 그 곳은 도를 닦기에 가장 좋은 환경이기 때문에 반드시 성불하도록 되어 있어서 쉬운 길, 이행이라고 합니다.

우리가 살아가는 데 자기의 능력과 노력으로 사는 부분이 있고, 다른 사람의 도움을 받고 사는 부분도 있습니다. 자기의 능력과 노력만으로는 완전한 행복을 얻을 수 없습니다. 가족을 위시한 주변 사람의 도움이 있어야 행복해집니다. 예를 들면 부모가 자식을 기를 때, 부모의 능력으로 자식을 기르는 부분도 있지만 자식의 도움을 받는 부분도 상당히 많습니다. 건강하고 공부 잘 하고 말 잘 듣는 것이 자식의 도움을 받는 것입니다. 쉽게 기를 수 있도록 해 주는 것이 큰 효도입니다. 온갖 정성을 다해서 돌봐줘도 몸이 약하거나 공부를 못 하거나 말을 안 들으면 부모에게 도움을 주는 자식이 아닙니다. 자식의 입장에서도 자신의 능력과 노력 외에 부모와 주변 사람의 도움을 어떻게 받느냐에 따라서 행복해질 수도 있고, 불행해질 수도 있습니다. 부부 사이도 마찬가지입니다. 부부간에 서로 알아주고 협조해 주면 삶이 훨씬 덜 고달프고, 행복하겠지요. 어떤 면에서 보면 자신의 노력보다 주위의 도움이 더 큰 영향을 줄 수도 있습니다. 자기가 부족해서 자식이 잘못 된 것보다 최선을 다 했는데도 자식이 도와주지 않아서 기대에 미치지 않을 때 더 속상하답니다.

중생은 어리석어서 좋은 일이 생겼을 때 느끼는 행복감보다 그 정도의 나쁜 일이 생길 때 훨씬 더 불행해 한다고 합니다. 예를 들어서 돈이 만 원 생겼을 때 플러스 100 정도의 행복을 느낀다면 돈을 만 원 잃어버리면 마이너스 100만 느껴야 하는데 그 열 배도 더 느끼면서 화병이 될 정도로 불행해 한답니다. 우리나라에서 제일 좋은 집이 청와대라고 하면 제일 싫은 곳은 교도소라고 할 수 있습니다. 그런데 그 두 곳을 다 갔다 온 사람이 있지요. 그 어머니가 아들이 청와대 갔을 때는 기분이 좋아서 삼일 동안 잠을 못 잤다고 합니다. 그러나 교도소 갔을 때는 나올 때까지 죽고 싶을 정도로 잠을 못 잤다고 합니다.

어쨌든 인생살이에서 자기가 노력한 만큼 결과가 이루어지지 않을 때에는 전생의 죄업을 참회해야 됩니다. 물론 자기가 참회해서 이루어지는 것도 있고, 인간의 힘이 아닌, 불보살의 힘을 빌어 이루어지는 것도 있습니다. 『화엄경』 「보현행원품소」에 보면, "전생의 죄업을 참회하려면 불보살의 명호를 불러서 그 가피력으로 참회한다."는 내용이 있습니다. 자기의 능력과 노력도 있어야 되지만 불보살의 가피(加被)도 있어야 됩니다. 가피란 더할 가자에 입을 피자를 써서 자기가 입은 것에 하나 더한다는 의미입니다.

상품상생은 자기가 깨달아서 극락 가는 것이고, 하품하생은 염불해서 가는 것이고, 부모에게 효도하고 좋은 일해서 가는 중품중생도 있습니다. 궁극적으로는 하품하생이라도 아미타 부처님의 위신력과 가피력으로 극락세계에 간다고 합니다. 자기 수행의 완성된 경지는 본마음에 맡기는 것입니다. 자기의 생각이나 감정을 바꾸는 것은 일시적이지만 근본적인 본마음 자리에서 바뀌어야 운명, 팔자를 바꿀 수 있습니다. 의식적으로 하는 일은 아직 완성된 단계가 아니고 의식이 끊어진 무의식, 예를 들어 법당에 들어올 때 신을 벗고 들어오는 정도로 생각 없이 저절로 행하는 마음, 자기의 본마음 자리에서 나온 것이라야 완성된 수행의 경지입니다.

부처님은 다른 곳에 있는 것이 아니라
바로 내 본마음 자리에 있습니다.
부처님은 내 본마음이고, 번뇌 망상은 손님입니다.

놓을 줄 알아야 산다

우리나라에는 동물원에서만 원숭이를 볼 수 있는데, 남방 지역에서는 산에 사는 원숭이를 잡을 때, 원숭이가 보는 앞에서 손만 간신히 들어가는 자루에 쌀을 넣어 놓고 거기에서 쌀을 꺼내어 먹는 시늉을 보이면 원숭이도 그렇게 한답니다. 자루를 수십 개 매달아 놓으면 원숭이 떼가 와서 자루 속의 쌀을 한 움큼씩 쥡니다. 빈손일 때는 간신히 들어가지만 쌀을 쥐면 손이 빠져나오질 못합니다. 그렇게 쌀을 쥐고 못 빠져나와서 야단을 할 때 사람들이 와서 잡으면 됩니다. 그런데도 쌀을 놓고 도망가는 놈이 하나도 없이 그대로 다 잡힌답니다.

우리의 삶이 이 원숭이들과 같지는 않은지 살펴보십시오. 놓을 줄 알아야 삽니다. 어떤 사람은 행복하고 어떤 사람은 불행하다고 합니다만, 누구든지 항상 행복하고 항상 불행한 건 아닙니다. 어떤 때는 극락같이 행복해 하다가도 어떤 때는 사는 것이 지옥이라고 느낄 때도 있습니다.

세상사람들이 다 행복을 원하는데 행복은 어디에서 올까요? 요즘 사람들은 능력이 있으면 행복하다고 생각하는 사람들이 많은 듯합니다. 그나마 사람의 능력에 대해서는 어느 정도 알 수 있습니다. 수학능력시험을 봐서 능력을 알아보기도 하고 재산이 얼마 있는지는 등기부나 통장을 보면 알 수 있지요. 건강진단서를 떼보면 건강도 알 수 있는데 복력이 얼마나 있는지는 잘 알 수가 없습니다. 물론 점을 치는 방법도 있고 사주팔자를 보는 방법이 있습니다. 사주팔자란 과거에서 금생까지의 얘기로서 태어난 날을 기준으로 합니다. 태어난 해와 달과 날, 시를 네 기둥(四柱)으로 하고 각 기둥이 두 글자씩 있어서 모두 여덟 자이므로 사주팔자가 됩니다. 그런데 그건 태어난 날만 가지고 하기 때문에 정확하지 않아요. 같은 날 같은 시에 태어난 사람이 많지만 다 다르게 삽니다. 하나는 관상을 보는 방법이 있는데, 그것도 정확하지 않고 애매합니다.

능력도 따지고 보면 지금 상태밖에 모릅니다. 앞으로 그 능력이 제대로 발휘가 될지는 모르는 일이지요. 재력도 현재의 재산 상태만 알 수 있지 앞으로 더 부자가 될지 가난해질지는 알 수가 없습니다. 대학에 입학할 때 좋은 성적으로 들어간 사람이 졸업할 때에도 좋은 성적인 것만은 아니라고 합니다. 명문대 법대 나와서도 사법시험에 합격하지 못한 사람이 얼마나 많습니까. 또한 건강, 체력도 지금의 상태는 건강하다는 것을 진단서를 보고 판단할 수 있지만 앞으로 함부로 살면 건강을 잃을 수도 있습니다. 이와 같이 능력이나 복력도 과거와 현재의 것은 알 수 있지만 미래는 어두운 곳으로 갈지 밝은 곳으로 갈지 알 수 없습니다.

기도를 할 때에도 과거에 내가 지은 죄업을 불보살님 앞에 드러내어서 참회하여 업장을 소멸하고, 앞으로 그런 죄업을 짓지 않겠다는 마음으로 '과거에 지은 공덕과 복덕을 잘 유지해 나가면서 앞으로 더욱 큰 공덕을 짓겠습니다.' 하고 마음을 다짐하면 됩니다. 그런데 그렇게 하지 못하는 사람이 많습니다. 예를 들면, 과거에 술 마시고 담배도 피우고 함부로 살았는데 앞으로는 술도 끊고 담배도 끊어서 적당히 먹고 운동도 하며 건강하게 살아야겠다고 기도하면서도 그것이 잘 안 됩니다. 업력 때문입니다.

어떤 사람이 줄넘기가 건강에 좋다고 해서 새해 벽두부터 줄넘기를 시작했는데, 일 년에 줄을 열 개 가량 샀다고 합니다. 닳아서 새로 산 것이 아니라 한 며칠 하다가 안 하고, 다시 생각이 나서 하려고 보면 줄넘기가 없어져서 새로 산 것이 그렇게 많다고 합니다. 중생의 업이 지속적으로 못하게 되어 있답니다. 그래서 중생은 원을 세워도 이루지 못합니다. 왜냐하면 과거부터 지금까지 한 번도 그 원을 이루어보지 못한 사람이기 때문입니다.

또한 만일 인간관계가 나쁜 사람이 있다면 부처님 법으로 용서하고, 인욕하고, 널리 베풀며 기도 수행을 통해 업장을 소멸하면 좋은 관계로 바꿀 수 있습니다. 절에 나오는 어느 노보살님의 표정이 항상 안 좋아서 왜 그러느냐고 물어보았더니, 며느리와의 사이가 나쁘기 때문이라고 말합니다.

"며느리도 자식인데, 며느리가 왜 미운가요?"

"게으르고 방정맞고, 하는 짓마다 마음에 안 들어요."

"만일 며느리를 예쁘게 보았다면 게으른 것도 차분하거나 신중하다고 느낄 수도 있습니다. 실제로 며느리가 나쁜 사람이 아니라 아무래도 보살님과 며느리 사이에 전생의 업장이 두터워서 미운 생각이 드는 것 같습니다. 먼저 업장 소멸을 해야겠습니다."

"업장소멸을 어떻게 해야 하는데요?"

"전생에 맺은 나쁜 인연을 소멸시키려면 매일같이 백일기도하는 마음으로 며느리에게 합장하고 절을 하세요. 그리고 며느리에게, '네가 미운 짓도 하지 않는데 밉게 느껴지는 것은 전생의 나쁜 인연 때문이니, 업장을 소멸하기 위해서 절한다.'고 알려주세요."

그런데 노보살님은 부처님께는 천 번이고 만 번이고 절할 수 있어도 며느리에게는 한 번의 절도 못하겠다고 손사래를 칩니다. 그래서 벼룩 이야기를 들려드렸습니다.

"벼룩을 유리컵에 넣고 위에다 유리판을 덮어두면, 처음에는 벼룩이 밖으로 나오려고 뛰어오르다가 유리판에 부딪혀 계속 떨어집니다. 이것을 자꾸 반복하다 보면 나중에는 벼룩이 판에 닿지 않을 정도로만 뛸 뿐만 아니라 습관이 들었을 때는 유리판을 없애도 뛰어서 나오지를 못한다고 합니다. 보살님이 며느리에게 절을 하지 못하는 것도 이것과 같아요. 고정관념에서 벗어나지 못하는 까닭입니다."

노보살님이 겨우 수긍을 했습니다. 그리고 집에 가서 며느리에게 절을 하고 업장을 소멸하기 위해 절한다고 말했다고 합니다. 처음에는 시어머니가 장난치는 줄 알았겠지요. 그런데 시어머니가 일주일 정도 정성스럽게 절을 하니까 며느리에게 벌써 효과가 나타났습니다. 며느리가 시어머니의 진심을 알게 되고, 며느리도 괜히 시어머니를 미워했다며 용서를 빌게 되었지요. 서로 사이가 좋아져 고부가 함께 절에 다니게 된 것은 물론이지요.

이렇게 수행력이 업력을 이깁니다. 또한 수행력이 작용해야 운명이 바뀌고 소원이 이루어집니다. 보통 사람들은 대부분 몸이 건강하고, 부자 되고, 마음 편안하게 해 달라는 기도를 합니다. 이것은 행복의 기본적인 요건으로서 능력과 복력이 있어야 합니다. 또한 능력과 복력이 있다 하더라도 중생심인 욕심이 있으면 만족하지 못해서 마음이 편치 않습니다. 지금 며느리들의 시집살이가 고되다고 한들 옛날 며느리들의 시집살이와는 비교할 수 있겠습니까? 그런데도 만족을 못

합니다. 또 60년대에 비교하면 지금은 100배 정도로 부자가 되었는데도 만족을 못 느끼고 불안해 합니다. 옛날에 초가삼간에서 대가족이 함께 산 것에 비교하면 요즘 집들은 얼마나 넓고 좋습니까. 하지만 아무리 복력이 있어도 중생세간에서는 절대 마음이 편할 수가 없습니다. 수행력이 있어야 마음이 편하고 진정한 행복을 느낄 수 있다는 점을 깨달아야 합니다.

능력이 있으면 "명이 긴 사람은 망할 때까지 돈을 벌고, 명이 짧은 사람은 죽을 때까지 돈을 번다."는 말이 있습니다. 로비를 잘 하는 사람이 가는 곳은 결국 교도소입니다. 그와 같은 것을 빨리 깨닫고 자기 인연 따라 사는 법도 배우고, 수행의 힘에 의해서 중생을 위해서 살아가는 삶으로 바꾸면 그 행복이 유지될 수 있습니다. 하지만 중생의 업력, 욕심으로 살면 결국 불행해진다는 이치를 알아야 합니다. 능력에 의해서 다 이루어진다고 생각하면 복력을 못 쥘 것이고, 복력으로 다 된다고 생각하면 수행력을 못 가집니다. 능력과 복력을 다 놓아버리고 수행력으로 살아가야 합니다. 그리고 법력과 도력이 생겨서 그 힘으로 살면 자유자재한 삶이 됩니다.

아이고, 내 팔자야

"아이고, 내 팔자야, 전생에 내가 무슨 죄를 지어서…."

우리가 어렸을 때는 불교 신자든 아니든 누구를 막론하고 일상 속에서 늘 들었던 말입니다. 요즘은 예전에 비하면 덜하지만, 대중매체에서도 들을 수 있는 것을 보면 팔자나 전생에 대한 믿음이 막연하게나마 형성되어 있는 것 같습니다. 사실 어떠한 일이 잘못 되었을 때, '전생에 내가 잘못이 많다거나, 내 팔자가 나쁘다'고 하는 말은 전통적으로 우리의 문화에 참회문화가 형성되었음을 반증하는 것입니다. 옛날에 우리 어머니들이 뒤뜰의 장독대에 정안수를 떠놓고 치성을 드린 것도 참회문화의 한 면모입니다. 이것을 우리는 빈다고 하는데, '비는 것'이 바로 자기 잘못을 뉘우치고 죄업을 닦는 것으로 참회한다는 뜻입니다. '모든 것은 다 내 죄이니 용서해 주시고, 자손을 살펴 달라, 소원 성취해 달라'고 빌었던 것입니다. 시집간 딸이 어렵게 사는 것도, 자식이 공부를 열심히 하지 않는 것도, 남편이 잘못을 저지르는 것도 다 전생에 지은 자신의 잘못으로 여기고 그것을 참회하기 위해서 부처님 전에, 혹은 집안 뒤뜰 장독대 앞에 정안수를 떠놓고 촛불을 켜고 자기의 전생 죄업을 닦았던 것입니다.

이렇게 예전에는 무슨 일이 벌어지든 다른 사람 탓을 하지 않고 자기를 탓하고 참회하였습니다. 그런데 요즘에는 설령 말은 그렇게 할지 몰라도 마음속으로는 다른 사람 탓을 하는 경우도 많고, 아예 말조차 그런 말을 사용하지 않는 사람들이 많습니다. 의식이 서구화되면서부터 참회라는 마음가짐조차 형성되지 않다보니 늘 자기 잘못은 없다고 강변하면서 상대방의 잘못만 이야기하는 것입니다. 일을 당했을 때 어떻게 생각하고 말하고 행동하느냐가 세상살이에 가장 중요합니다. 자기를 탓하고 참회를 통해 문제를 해결하려고 할 때는 세상이 선한 방향으로 갑니다.

그런데 그 반대의 문화가 확산된다면 법 없이는 도저히 살 수 없는 세상이 되는 것입니다. 여러 사람이 오랜 세월 동안 나쁜 문화를 형성해 나가는 것이 큰 문제인 것입니다. 살인이나 도둑질 등 범죄를 저지르는 몇 몇 사람은 드러난 빙산의 일각일 뿐입니다. 사회 저변에 깔려 있는 자기의 이익을 위해서는 다른 사람을 해쳐도 큰 죄가 아니라는 의식이 더 큰 문제인 것입니다. 그러한 의식을 가진 사람들이 일반화된 세상이 바로 지옥입니다. 사람답게 사는 세상을 만들기 위해서는 참회하는 문화를 확산시켜야 하는 것입니다.

흔히 참회를 과거의 잘못을 뉘우치는 것으로만 알고 있는데, 사실 오늘 내가 어떤 마음을 가지고 살아가고 있는가를 반성하고 앞으로 어떻게 변화하기 위한 노력을 하겠다는 것이 진정한 참회입니다. 오늘 이후의 삶이 오늘 이전의 삶과 달라져야지 단지 과거를 참회해서 뉘우치는 것으로 끝난다면 아무런 의미가 없습니다.

예전에, 어느 노스님께 들은 이야기입니다. 80세가 다 된 노보살님이 돈 봉투를 들고 와서 불전에 놓고는 하염없이 울면서 절을 하더랍니다. 그 이유를 물어보니, 할머니가 40여 년 전 집에 쌀이 떨어져 자식들이 굶고 있는데, 쌀 살 돈도 없고 어디 사정할 데도 없어서 절에 왔다고 합니다. 그런데 부처님 전에 놓인 공양미를 보고 자기도 모르는 사이에 주섬주섬 싸들고 어떻게 집에 왔는지도 모르게 왔다고 합니다. 그 때 부처님께 '부처님, 죄송합니다. 형편이 나아지면 10배, 아니 100배로 갚아드리겠습니다.'라고 다짐하였는데, 아무리 열심히 일해도 커나가는 자식들 먹이고 입히는 것도 힘에 부쳤다고 합니다. 평생 참회하면서 살아왔으나 복이 없어서 40년이 된 지금에야 조금이나마 빚을 갚게 되었으니 이제야 눈을 감을 수 있게 되었다며 눈물을 흘리더라는 것입니다. 이게 바로 참회입니다. 자신의 죄업을 부끄러워하고 참회하고 죄업을 갚기 위해 노력하면서 자신의 삶을 바꾸어가는 데 참회의 정신이 있습니다.

그럼 무엇을 참회해야 하는가? 세세생생 살아오면서 크고 작은 죄를 얼마나 많이 지었겠습니까? 첫째, 인과를 믿지 않았음을 참회해야 합니다. 이렇게 살면 이렇게 된다는 것을 뻔히 알면서도 그렇게 살지 않습니다. 인과만 철저히 믿어도 잘 살 수 있습니다. 둘째, 죄를 저질렀으면 부끄러운 줄 알아야 합니다. 셋째, 삼악도 무서운 줄을 알아야 합니다. 함부로 행동하는 사람들을 보면, 지옥·아귀·축생에 떨어지는 것을 겁내지 않습니다. 최소한 교도소에 가는 것을 무서워하는 마음만 가져도 나쁜 짓을 하지 않을 것입니다. 넷째, 나쁜 생각이 지속될 때 끊으면 되는데 계속 반복합니다. 우리가 흔히 좋은 일은 내일부터 한다고 하고 나쁜 일은 오늘만 한다고 합니다. 그러니까 평생에 좋은 일은 못하고 나쁜 일만 계속 하게 됩니다. 나쁜 마음이 상속되지 않게 당장 끊어야 합니다.

다섯째, 나쁜 인연 만난 것을 참회해야 합니다. 다른 것은 다 이해하는데 이 내용에 대해서는 수긍을 하지 않는 분들이 많습니다. 그래서 더욱 큰 업을 짓는 것을 많이 보았습니다. 자녀 때문에 속 태우는 분들이 많은데, 그 또한 자기가 참회해야 하는 것입니다. 보통 자녀가 비뚤어진 행동을 하면 말로는 "전생에 내가 죄가 많아서"라고 하면서도 마음속으로는 자녀를 원망하는 경우가 많은데, 그래서는 안 됩니다. 그러한 자녀를 만날 인연이었기 때문에 만났으니 자신을 참회해야 하는 것입니다. 자녀뿐만 아니라 주변에 나쁜 사람을 만나는 것도 마찬가지입니다. 사람들은 "인덕이 없다."고 표현합니다. 인덕이 없다는 것은 전생에 본인이 덕을 베풀지 않아서 없는 것입니다. 게다가 자기가 나쁜 인연 만든 것만을 참회하면 되는데, 말로는 그렇게 하면서도 속으로는 상대방을 원망합니다. 참회하지 않고 상대방을 나무라니 상대방도 바꾸지 못하고 업만 더 짓게 되는 것입니다.

가장 훌륭한 선생님은 학생이 공부를 잘못 하였을 때 내가 잘못 가르쳐서 그렇다고 생각하는데, 모자란 선생님은 학생이 머리가 나빠서 공부를 못한다고 생각합니다. 이와 같이 훌륭한 부모는 자식이 잘못 되었다면 자신의 전생 업으로 생각하고 참회하고, 훌륭한 자식은 자신의 죄가 많아서 부모님 속을 썩인다고 생각하고 참회하며 점차 행동을 바꾸어 나가는 것입니다.

청량 국사께서는 특히 나쁜 인연 만난 업장을 참회하는 방법에 대해 염시방제불(念十方諸佛), 시방의 모든 부처님을 생각하라고 했습니다. 중생은 좋은 인연보다는 나쁜 인연을 오래 생각합니다. 길을 잘 가르쳐 준 사람에게 감사하는 마음보다는 길을 잘못 가르쳐 준 사람에 대한 원망이 더 깊고 오래 갑니다. 자녀에게 잘한 것을 칭찬하는 것보다 못한 것을 야단치는 것이 더 강하지요. 그래서 자꾸 그런 인연을 만나게 되므로 그것을 참회하는 방법은 가장 좋은 인연인 부처님을 생각하는 것이라고 합니다. 또한 그 부처님은 다른 곳에 있는 것이 아니라 바로 내 본마음 자리에 있습니다. 부처님은 내 본마음이고, 번뇌 망상은 손님입니다. 손님인 번뇌 망상에 끌려 다닐 것이 아니라 본래 마음자리로 돌아가야 합니다. 그것이 가장 좋은 인연이고, 가장 가까운 인연이고, 자기를 가장 행복하게 해 주는 인연입니다. 길을 잘못 갔으면 본래 자리로 돌아오는 것이 가장 빠른 길입니다.

참회하는 마음

참회하는 방법 중 대표적인 것이 포살(布薩)과 자자(自恣)입니다. 포살은
스님이 법상에 앉아서 보살계 계본, 『범망경』을 독송하고, 대중이 그
것을 들으면서 스스로 참회하는 것입니다. 한편 7월 보름 해제 하루
전인 열나흘 날에 통상적으로 자자를 하는데, 자자는 한 사람씩 나와
서 그 동안 지은 자기의 잘못을 온전히 드러내서 참회를 받아달라고
한 다음, 자기 자신이 미처 모르는 잘못을 대중에게 묻습니다. "제 잘
못을 보았거나 들었거나 의심이 가는 것이 있으시면 대중께서 자비로
써 이야기해 주시면 제가 고치겠습니다." 하는 것입니다. 그런데 대중
이 그 사람이 잘못한 것을 알고 있으면서도 이야기를 해 주지 않으면
죄가 됩니다. 누가 지적해 주면 무조건 잘못했다고 하면서 재판받는
곳이 아니기 때문에 변명할 수는 없습니다. 혹시 상대방이 오해를 했

더라도 상관없이 참회를 합니다.

가장 중요한 것은 자기 스스로 생각하거나 남이 이야기를 해 준 잘못을 스스로 인정하는 것입니다. 잘못을 인정할 줄 알아야 고칠 수 있습니다. 인정하지 않고 변명하면 참회가 이루어질 수 없는 것입니다. 사실 다른 사람이 오해하는 것에 대해 해명하지 않고 앞으로는 말조심해야겠다는 생각을 갖기가 쉽지는 않습니다. 지금 정치인들을 보면 대책 없이 말해 놓고 변명하느라 동분서주합니다. 말 한 마디를 잘못 해 놓고 백 마디로 변명하며 힘들어하는 것입니다. 보통사람들은 확실히 밝히겠다고 말하지 말조심하겠다고 하지 않습니다. 중생은 자기 멋대로 해석해버리고, 오해하는 데 선수입니다. 또 남을 의심하는 것에 병적인 사람도 있습니다. 그래서 지나치게 상상하고 오해한 것을 확신하면서 말을 만들어내 문제를 일으키는 사람들이 많습니다.

과거 전생에 지은 죄업을 참회하는 방법에는 불보살의 명호를 부르거나 불보살을 생각하는 것이 있는데 이렇게 하면 업장이 소멸됩니다. 인과를 믿지 않는 것은 믿으면 되고 잘못을 저지른 것은 갚으면 됩니다. 말이 전생업장이지 다겁생을 두고 살아오면서 습관화되어 현재 자기 안에 업으로 갖춰져서 죄지을 가능성으로 있는 것입니다. 그런데 늘 부처님의 명호를 부르면서 부처님을 생각하니 좋은 생각만 하게 되고 그 생각이 습관화되면 자연히 업장이 소멸되는 것입니다.

흙탕물에서 냄새나고 맛이 이상한 것은 물이 아니라 흙의 냄새이고 맛이듯이 우리가 망상을 피우고 나쁜 인연 맺어서 속상해 하는 것은 본마음이 아니라 번뇌 망상 때문입니다. 본마음 자리로 되돌아가면 번뇌 망상은 무명 업풍이 만들어낸 것이기 때문에 그것은 본래 없는 것임을 압니다. 그래서 본마음에 놓아버리고 생각하지 않으면 그대로 잔잔해집니다. 파도가 치는 바다에 바람만 자면 수평을 이루므로 수평을 이루기 위해서 따로 애쓸 필요가 없듯이 본래 자리로 되돌아가면 망상은 그냥 없어집니다. 세상 사람들은 이렇듯 간단한 이치를 잘 모르기 때문에 애면글면 살아가면서 괴로워하는 것입니다.

어떤 교수님이 36년간 신문에 난 부고를 통계 냈는데, 최장수 직업은 성직자이고 최단명 직업은 방송인과 언론인이라고 합니다. 이분들이 스트레스를 굉장히 많이 받기 때문입니다. 원로 언론인에게 제자가 "누구에게 어떤 잘못이 있다."고 말하면 "샅샅이 뒤져서 찾아보라."고 말할 겁니다. 그런데 만일 큰스님이 똑같은 상황을 대한다면, "그냥 놓아버려라."고 말씀하실 것입니다. 저는 정치가에게 언론인과 같은 마음으로 살지 말고 성직자와 같은 마음으로 살라고 얘기합니다. 변명하면서 아웅다웅 살려고 애쓰지 말고, 손해도 좀 보고 놓아버리며 살라고 합니다. 세상에 버릴 사람도 없고 미워할 사람도 없다는 것을 깨닫는다면 다른 사람에 대해 이해하기 쉽고, 억울한 일을 당해도 원망하는 마음이 생기지 않을 것입니다.

그런데 자기의 잘못을 남도 모르고 하늘도 모르는 경우가 있을 수 있습니다. 이런 것은 어떻게 참회해야 할까요? 좋은 일을 하려고 마음먹으면 참회가 됩니다. 잘못을 알면 뉘우치겠는데 모르니까 찾을 수도 없다면 기회가 닿는 대로 착한 일을 해야겠다고 마음먹고, 착한 일을 하면 참회가 됩니다. 그러면 마음에서 우러나서 좋은 일을 하겠지요.

어느 강의를 듣다가 인상 깊었던 내용인지라 말씀드리겠습니다. 옛날에 이스라엘의 마을은 미로처럼 길이 굉장히 복잡해서 길 찾기가 어렵다고 합니다. 한 번은 길을 잃고 헤매다가 어떤 분에게 길을 물으니, 그분이 직접 골목골목 데리고 다니면서 큰 길까지 데려다 주고는 안녕히 가시라고 인사하면서 고맙다고 하더랍니다. 그래서 직접 길까지 데려다 줬는데 내가 고맙지 당신이 왜 고마우냐고 하니까, 오늘 당신 덕분에 좋은 일을 할 수 있게 되어서 고맙다고 하더랍니다. 진심에서 우러나서 좋은 일을 하면 세상이 달라집니다. 가정주부도 남편을 위해서 좋은 일을 한 가지씩 한다면 집안에 웃음꽃이 끊이지 않을 것입니다.

어떤 신도분이 네팔을 여행할 때 겪은 일인데, 거지가 구걸을 하기에 그 땐 1달러가 1,000원 정도였으니까 별 부담이 없는 돈이어서 주었다고 합니다. 그런데 거지가 아무 말도 하지 않고 그냥 받아

서 휙 돌아가더랍니다. 그래서 기분도 나쁘고 버릇도 없는 것 같아서
"왜 고맙다고 하지 않느냐?"며 따지듯 말하니까 한참을 쳐다보더니,
그냥 돈을 도로 주고 가더랍니다. 처음에는 도대체 무슨 경우인가 싶
었는데, 며칠 그 곳에서 생활하다 보니 거지의 행동을 이해하게 되었
다고 합니다. 네팔에는 내생에 좋은 곳에 태어나려면 금생에 보시하
고 복을 많이 지어야 한다는 내세관이 있습니다. 거지의 마음은 '당
신 복 짓게 해주는데 복 짓기 싫으면 그만 두라'는 뜻이 있었던 것이
지요.

그렇습니다. 좋은 일을 할 때 좋은 일을 한다는 생각 없이 해야
합니다. 그래야 내생까지 저축 잔고로 남아있는 큰 복이 되고, 자기도
모르게 지은 죄를 참회하는 일이 되는 것입니다.

4장

효도, 자녀교육의 주춧돌

효심을 부활하라

세상이 변화함에 따라 중점을 두는 교육도 조금씩 달라지기 마련입니다. 21세기는 부모에 대한 효도를 적극적으로 가르쳐야 하는 시대입니다. 물이 위에서 아래로 내려오듯 부모의 자식에 대한 사랑은 본능적인데다가 자녀를 하나 둘 낳으면서 너무 지나치게 사랑하고 과보호를 해서 문제입니다. 그에 비해 고령화 사회가 되면서 노인의 숫자는 점점 늘어나고 있는데도 노인들에 대해서는 관심을 갖지 않습니다. 지난 수십 년 동안 부모에 대한 효심을 강조하지 않았기 때문에 자식들이 부모를 봉양하지 않는 것이 당연시되고 있는 추세이기 때문입니다. 늙을수록 더 서럽고 더 서운하기 때문에 노인들이 받는 정신적인 고통이 더욱 큰 것입니다. 정조 대왕의 효심을 부활시켜야 우리 사회가 건전하게, 지속적으로 발전할 것입니다. 노인들은 살아

있는 조상이라고 할 수 있습니다. 조상을 잘 섬겨야 자식들이 잘 된다는 말은 결코 헛말이 아닙니다. 효심이 지극한 사람, 조상을 잘 섬기는 사람이 사회에서 나쁜 짓을 할 수 있겠습니까? 형편없이 불성실한 삶을 살겠습니까? 부모도 모르고 조상도 모르는 뿌리 없는 사람이 함부로 살아가기 때문에 예부터 나라에서 충성과 함께 효도를 강조한 것입니다.

화성 용주사는 정조 대왕의 효심으로 지은 절입니다. 정조 대왕은 역사적으로 개혁을 하기 위해 애쓰신 분이지요. 경제적인 면에서 보면, 그 당시의 상권은 국가에 있었는데 정조 대왕 때 많은 부분을 민간에 이양했지요. 그 때 비로소 서로 사고팔고 할 수 있는 난전이 마련되어 백성들이 경제활동을 원활하게 함으로써 좀 더 풍요로운 삶을 살게 되었습니다. 또한 저수지에 물을 가두어 농사짓는 데 돕고, 또한 역사책을 보관하는 사고(史庫)를 짓고, 규장각의 관장을 대제학으로 하고, 남녀평등에도 관심을 가졌다고 합니다. 서울에서 수원까지 길을 내기도 했습니다. 뒤주에 갇혀 불쌍하게 돌아가신 자기 아버지를 위해 용주사 옆의 융릉에다 묘를 쓰고, 용주사를 원찰로 삼았고, 자기는 그 옆의 건릉에 누워 있습니다.

정조 대왕 때에 비하면 요즘 시대는 여러 모로 많이 발전했는데, 말할 수조차 없이 퇴보한 것이 있습니다. 다름 아닌 효사상입니다. 정조는 자기 아버지 묘를 옮기기 위해 수원에 다니다가 보경 스님을 만나서 불교의 효사상을 공부합니다. 임금의 효는 자기 부모에게만 잘 하는 것으로 만족해서는 안 되고, 만백성이 효도를 할 수 있도록 가르쳐야 된다는 말씀을 듣고 큰 감명을 받았습니다. 정조 대왕은 곧바로 용주사를 짓고 『부모은중경』 경판을 만들어서 보관합니다. 저도 용주사에서 소임을 맡고 살 때 효행교육원을 지었습니다.

효는 부모와 자식과의 관계에서 이루어지는데, 부모의 입장에서 보면 자식이 잘 되는 것, 부모 봉양을 잘해서 부모를 편하게 해 드리는 것이 효도입니다. 자식이 잘 된다는 것은 건강하고, 말 잘 듣고, 마음씨 좋고, 부모 은혜를 아는 착한 사람이 되는 것입니다. 인간이 못 되면 부모도 잘 못 모십니다. 또한 잘못 되면 불효입니다. 몸만 아파도 불효입니다. 유교에서 말하는 가장 큰 불효는 명이 짧아서 부모 앞에 죽는 것입니다. 잘못 되는 것은 타고난 것보다 살아가면서 배우는 것이 더 많아요. 친구 하나 잘못 사귀어서 나쁜 것을 배우면 잘못 됩니다. 친구를 통해서 불효를 배울 수도 있고, 시대에 따라서도 여러 가지 불효를 할 수 있습니다. 요즈음 카드 빚 때문에 살인사건도 생기는데, 카드가 없어서 헛돈만 안 썼어도 그런 일은 없었을 것입니다.

자식이 잘 되게 하려면 부모가 자식을 잘 길러야 되는데, 요즘 시대에는 나쁜 것을 배울 기회가 많아졌습니다. 옳고 그름을 잘 판단할 수 있는 사람으로 키우는 것에 교육의 초점을 맞춰야 하는데 요즘 세상은 그렇지 않기 때문입니다. 크게 신세를 망치는 것은 능력이 없어서가 아니라 옳고 그름을 판단하지 못해서 오는 것입니다. 고위 공무원 가운데 뇌물 받아서 신세 망치는 사람도 많습니다. 옛날에 청백리는 뇌물을 주면 가지고 가라고 야단을 쳤습니다. 그러면 뇌물을 주려던 이가 "아무도 모르는데 왜 그러냐?"고 묻습니다. 그러면 "네가 알고 내가 알고 하늘이 알고 땅이 안다."고 하면서 호통을 쳤지요. 청백리들은 뇌물 받는 것을 강도짓처럼 나쁘다고 생각했습니다. 그런 분들은 자식이 땅에 떨어진 것도 갖고 들어오면 도둑놈이라고 야단을 쳤지요.

가만히 살펴보면, 학교 다닐 때 맞아서 신세 망치는 애는 얼마 없고, 때려서 신세 망치는 애는 많습니다. 맞는 것은 버릇이 안 되는데 때리는 것은 버릇이 되기 때문입니다. 그런데 요즘 부모들을 보면, 자식이 맞고 들어오면 속상해 하면서 차라리 때리고 들어오라고 시킨다고 합니다. 남을 때리는 것에는 그럴 수도 있다면서 자식을 편들고, 자식이 맞고 들어오면 난리가 납니다. 옛날에 우리가 학교 다닐 때는 선생님들께 많이 맞았는데, 집에 와서 선생님께 맞았다고 말씀드리면 또 맞으니까 아예 말도 못했습니다. 그런데 요새는 선생님이 때려도 신고한다고 합니다. 교육이 제대로 이루어질 수가 없는 상황입니다. 자식이 남을 때리면 잘 되는 것이고 맞으면 잘못 되는 것이라고 잘못 생각하기 때문입니다.

어린이날을 처음 만든 80년 전만 해도 어린이를 때리고 욕하고 일을 많이 시켰기 때문에 어린이를 때리지 말고 야단치지 말고 일도 시키지 말자고 하는 것이 그 때의 구호였습니다. 하지만 요즘에는 매도 대고 야단치고 일도 시키라고 해야 됩니다. 요즘 아이들 기르는 것을 보면 잘못 기르고 있습니다. 자식이 잘 되는 첫 번째 조건이 옳고 그름을 판단할 수 있는 능력입니다. 어른도 완전하지 않기 때문에 늘 공부해서 항상 해야 할 일만 하는 사람, 그것을 쉽게 할 수 있는 사람이 되어야 합니다. 어떤 문제가 생기면 이렇게 저렇게 따져서 하는 것이 아니라 그냥 하는 일이 옳게 된 사람이 완전한 사람입니다. 자녀를 야단칠 상황이면 야단치는 사람이 되어버려야 합니다.

자녀를 기를 때 옳고 그름을 분명하게 일깨워주어야 할 뿐만 아니라 무엇보다도 효심을 길러주어야 합니다. 효심이 있는 사람은 부모 생각을 해서라도 잘못된 행동은 하지 않습니다. 이즈음 전도된 가치관을 바로잡기 위해서라도 정조 대왕의 효심을 부활시켜야 합니다.

부모님의 열 가지 은혜

세상에 효도를 이야기하지 않는 종교는 없습니다. 세상 만물과 인간을
조물주가 창조했다는 기독교에서도 십계명에 '부모에게 효도하라'는
내용이 있는 것을 보면 부모에게 효도한다는 것은 인간이 살아가는 데
있어서 하나의 근본적인 삶의 모습, 기본적으로 인간이 행해야 할 도
리라는 것을 알 수 있습니다. 특히 효를 가장 강조하는 유교에서는 효
는 백행지근본(百行之根本)이라 하여 인간의 모든 행동의 근본이 효라고
합니다.

　　그렇다면 효행이 나올 수 있는 근원은 어디에 있을까요? 효도를
행하고자 하는 마음이 나오는 근원 이야기를 해보겠습니다. 사실 부모
에게 효도하라고 효행을 무척 강조합니다만, 효행이 하나의 형식이 되
면 마음에서 우러나오는 효행이 될 수 없을 것입니다. 참다운 효도의

근본은 부모의 은혜에 대한 고마운 마음에서 시작되어야 합니다. 이런 차원에서 언급하는 것을 불교식 효도라고 할 수 있습니다. 그럼 불교에서는 효도를 어떻게 보고 있느냐? 그리고 어떤 것이 불교에서 말하는 효도인지 말씀드리겠습니다.

불교에는 『부모은중경』이라는 효도에 대한 경전이 있습니다. 독송하는 것만으로도 부모의 은혜에 고마운 마음을 갖도록 설한 경전입니다. 『부모은중경』을 독송하면서 부모의 은혜에 고마운 마음을 갖는다면 도저히 그 사람은 효도를 하지 않을 수가 없답니다. 『부모은중경』에서는 누구든지 부모의 은혜에 고마운 마음을 갖도록 하기 위해서 부모의 은혜를 10가지로 나누어 구체적으로 설명하고 있습니다.

첫째 회탐수호은(懷耽守護恩), 아이를 잉태해서 뱃속에서 잘 보호해 주신 은혜입니다. 『부모은중경』을 게송으로 축약시켜 놓은 것을 보면, "여러 겁의 인연이 중하여 어머니 태에 의탁했다."는 내용으로 시작합니다. 부모와 자식과의 만남, 인연 중에서도 가장 큰 인연에 의해서 부모를 만났다는 것을 강조하고 있습니다. 인간은 부모에 의해 태어났다는 사실 그대로를 잘 표현하고 있습니다. 세상에 태어나게 해준 부모의 은혜에 고마운 마음을 가지게 됩니다. 부모의 몸을 빌려 태어난 것을 부정한다면 아무리 효를 말한다 해도 전부 형식에 불과하게 됩니다. 인류의 역사는 모태에서 모태로 이어져 왔다는 것을 부정하면 안 됩니다. 이 대목에는 어머니께서 뱃속에 있는 자식을 보호하기 위

해 애를 쓰시는 내용 등을 구체적으로 표현하여 어머니의 은혜를 일깨
워줍니다.

둘째 임산수고은(臨産受苦恩), 오장육부를 도려내는 듯한 고통과
죽지 않을까 하는 두려움 속에서 낳아주신 은혜입니다. 용주사에 가
면 김홍도 화백이 그린 부모은중경 그림이 있습니다. 모두 14장으로
되어 있는데, 그 가운데 임산수고은 그림을 살펴보면, 집에서는 아이
를 낳고 있고, 밖에서는 물을 끓이고 있습니다. 또 할머니는 산모 옆
에 있고, 이웃집 여인이 창문을 열고 내다보는 모습도 있습니다. 그것
은 떡은 이웃집 몰래 살짝 해먹을 수 있지만 아이를 낳을 때는 얼마나
고통스러운지 소리를 심하게 지르기 때문에 이웃집에서 다 알게 된다
는 뜻입니다. 그리고 산모가 아이를 낳으러 방에 들어가면서 벗어놓
은 신발을 보고 한참 동안 서 있다는 이야기도 있습니다. 이는 '다시
저 신발을 신게 될지 모르겠다.' 하는 두려움 속에서 아이를 낳는다는
뜻입니다.

셋째는 생자망우은(生子忘憂恩), 낳고서 근심을 잊은 은혜입니다.
죽을 고통을 참고 낳은 뒤에는 바르게 훌륭하게 기르고자 하는 새로운
사랑이 싹튼다는 것입니다.

넷째는 인고토감은(咽苦吐甘恩), 쓴 것은 삼키고 단 것은 뱉아서 자
식에게 먹이신 은혜이고,

다섯째는 회간취습은(回乾就濕恩), 진자리 마른 자리 갈아 누이신

은혜, 문틈으로 새어 들어오는 바람에 아기가 감기 들까 봐 옷소매로 막느라 잠도 못 주무시는 고통을 받으면서 기르신 은혜입니다.

여섯째는 유포양육은(乳哺養育恩), 젖 먹여 길러주신 은혜인데 다겁 생을 두고 태어날 때마다 먹은 어머니 젖의 양은 헤아릴 수 없습니다.

일곱째는 세탁부정은(洗濯不淨恩), 더러움을 씻어주신 은혜, 똥오줌도 가려 주시고 빨래도 해 주신 은혜입니다. 아들딸이 곱게 예쁘게 자라는 것과는 반대로 자식을 위해 희생하며 길러주시는 어머니의 얼굴엔 주름살이 늘어갑니다. 『부모은중경』 게송에 보면, "아이 낳기 전에 풍성하고 아름다워서 눈썹은 버들잎과 같고 두 뺨은 붉은 연꽃과 같았는데 아들딸을 곱게 기르다 보니 보기 싫게 변했다."는 내용이 나옵니다.

부모님의 희생적인 사랑은 스스로 부모가 되어보면 더 잘 알게 됩니다. 그동안엔 부모님의 은혜를 관념적으로 생각했다면 자신이 부모가 되어 자식을 기르게 되면 부모님께 말로 표현할 수 없는 고마움과 눈물이 쏟아지는 슬픔을 느끼게 되는 고마움, 가슴이 미어지는 것 같은 고마움을 가지게 된다고 합니다. 인간은 누구나 자기감정을 이성의 힘으로 어느 정도 제어할 수 있습니다. 그러나 부모가 자식에게 쏟는 사랑과 정(情)은 그 누구도 막을 수 없는 것입니다.

여덟째는 원행억념은(遠行憶念恩), 멀리 가면 기다리고 걱정하는 은혜입니다. 아들딸이 타향에 나가 있으면 따뜻한 방에 누워 있어도 자식에 대한 걱정으로 따뜻함을 모른다고 합니다. 자식은 죽으면 가슴에 묻는다는 말이 있습니다. 죽어도 잊지 못하고 마음속에 살아 있는 것이지요. 게송에 보면, "잔나비 새끼 사랑에 울부짖듯이…."라는 내용이 나옵니다. 원숭이가 새끼를 잃고 울부짖는 소리는 들을 수 없을 정도로 애잔하다고 합니다.

단장(斷腸)의 비애(悲哀)라는 말은 중국의 고사에서 나온 이야기입니다. 어떤 임금이 항하 강에서 뱃놀이를 했는데, 강기슭에서 귀엽게 생긴 원숭이 새끼를 한 마리 잡아서 배에 태웠습니다. 배에 술상을 차려놓고 강을 오르락내리락하면서 놀고 있는데, 배가 상류로 올라가면 강기슭을 따라서 어미 원숭이가 울면서 따라 올라오고, 배가 내려오면 원숭이도 따라 내려오며 울부짖는다는 겁니다. 자식 생각에 울부짖으면서 수십 번을 오르내리다가 결국은 어미 원숭이가 죽었습니다. 원숭이를 건져서 배를 갈라보니까 창자가 마디마디 끊어져 있었다고 합니다. 거기에서 '단장의 비애'라는 말이 나왔다고 합니다. 자식을 잃고 슬퍼하는 마음을 창자를 끊은 것과 같은 슬픔이라고 표현한 것입니다. 물론 형제간에도 정이 두터운 사람은 잊지 못합니다. 어느 외국 시인의 시에 '우리는 일곱 형제'라는 시가 있어요. 죽 세어 봐도 여섯인데 하나는 어디에 있느냐고 하니까 죽어서 공동묘지에 있다고 합니다. 죽은 사람도 내 마음 속에 살아있어서 죽은

게 아니라고 하지요.

아홉째는 위조악업은(爲造惡業恩), 자식을 위해서는 못할 일이 없다는 겁니다. 자식이 고통 받고 있으면 그것을 대신 받고자 하는 마음이 생기고, 그것을 할 수 없을 때는 자식보다 더 마음이 아프다는 겁니다. 자식이 아파서 괴로워하면 부모는 몇 십 배 더 큰 아픔을 느낍니다.

열째는 구경연민은(究竟憐愍恩), 자신이 죽는 순간까지 자식을 사랑하는 마음은 쉴 틈이 없고 변함이 없습니다. 게송에 보면 모년일백세(母年一百歲), 어머니 나이는 일백 살인데, 상우팔십아(常憂八十兒), 항상 팔십의 아이를 걱정한다, 백 살 된 어머니가 팔십 된 아들을 항상 걱정한다는 말입니다. 욕지은혜단(欲知恩惠斷), 은혜와 사랑이 끝남을 알고자 할진댄 명진시분리(命盡始分離), 명이 다해서 죽어야 떠난다고 합니다. 죽어서도 못 잊겠지요.

김홍도 화백의 은중경 그림을 보면 백 살 먹은 어머니와 팔십 된 아들이 마루 앞에서 방안으로 들어가는 모습을 그린 게 있습니다. 백 살 먹은 어머니가 임종할 때가 되어 방으로 들어가는데, 아들이 어머니를 붙들고 울면서 따라가는 것입니다. 백 살 먹은 어머니가 팔십 된 아들이 울면서 마루 위에 올라오다 넘어질까 조심하라고 하면서 아들을 부축하는 모습을 그렸습니다. 죽기 직전까지도 자식이 넘어질까 염려하며 자식을 부축해 주는 것이 어머니의 심정입니다.

　언젠가 시골 버스를 타고 간 일이 있습니다. 어느 마을에서 팔십 살쯤 된 할머니와 육십 살쯤 된 할머니가 차에 올라탔습니다. 그런데 차가 막 출발하려고 하니까 연세가 더 드신 할머니가 잠깐 기다리라면서 자기는 내리겠다고 합니다. 내릴 걸 왜 타셨느냐고 운전기사가 퉁명스레 한마디 하니까 육십 된 딸이 친정에서 제사 지내고 시댁으로 가는데 다리에 신경통이 있어서 앉아서 가야 되기 때문에 자리를 잡아주기 위해 올라왔다고 합니다. 사실 한두 시간 버스를 타고 간다 해서 신경통이 금세 도지는 것도 아니겠지만, 팔십 살 된 어머니가 딸이 서서 가는 것을 보고 내리면 걱정 근심으로 잠도 못 잘 것 같은 그 어머니의 마음을 생각해서 제가 자리를 양보했습니다.

　이렇듯 헤아릴 수 없을 정도로 깊은 부모님의 은혜도 모르고, 부모님께 고마운 마음도 갖지 않는 사람이 어떻게 보살행을 할 수 있겠습니까? 무엇을 위해 도를 닦고 부처가 되는 것입니까? 중생을 제도하고, 보살행을 하기 위해 수행하는 것인데, 자기 부모에게 효도를 못하는 사람이 어떻게 남에게 보살행을 할 수 있겠습니까? 자기 이익과 자기 욕심으로 하는 것은 하나도 공덕이 되지 않지만 부모의 은혜를 고마워하고, 효도를 하면 큰 공덕이 됩니다.

생일, 부모님 은혜 갚는 날

어떤 스님이 자기 생일날 과자를 사서 불자들과 함께 먹으면서 "우리 어머니를 위해서 반야심경을 같이 한 편 독송하자."고 말씀하셨습니다. 그런데 그 과자를 하루에 십 원씩 모아서 산 것이라고 합니다. 일 년 동안 하루도 빼놓지 않고 동전을 하나씩 넣으면서 '이렇게 낳아주셔서 고맙습니다' 하고 생각하니 기분도 좋아지고, 날마다 기쁘고, 하는 일마다 잘 되었다고 합니다. 아주 작은 것처럼 보이지만, 십 원씩 모으던 것을 하루에 백 원씩 모을 수 있게 되었으니 복이 늘어나는 것도 체험하였고, 그 돈으로 과자를 사서 불자들과 나누어 먹으면서 반야심경을 독송하니 목소리도 훨씬 더 잘 나고 수행력도 좋아졌다는 얘기를 들은 적이 있습니다.

스님에게는 수행이 잘 되는 것이 가장 좋은 일이지만, 스님들도 복이 있어야 수행하기가 힘들지 않습니다. 사실 이 스님처럼 낳아주신 어머니 은혜를 하루에 한 번씩 생각하기는 쉽지 않습니다. 세상살이가 녹녹치 않아 일반적으로 힘들 때마다 괜히 나를 낳아서 이렇게 힘들게 한다고 원망하기가 쉬운데, 평생 동안 부모님에게 고마워하는 것만으로도 큰 복이 됩니다.

세상을 살아가면서 이 스님처럼 남다른 생각 하나가 큰 복을 짓는 계기가 되기도 합니다. 그리고 상식적으로 이름을 붙이거나 개념을 정하는 것 또한 삶에 굉장히 큰 영향을 미칠 수 있습니다. 예를 들면 생일에 대해 잘못 판단하고 있는 사람들이 아주 많습니다. "생일이 무슨 날입니까?" 하고 물으면, 대부분 자기가 태어난 날이라고 대답합니다. 물론 생일은 본인이 태어난 날이라고 생각할 수도 있습니다. 하지만 어머니가 낳아 주신 날이라고 생각해야 합니다. 생일을 자기가 태어난 날이라고 자기중심적으로 생각하는 것과 어머니가 낳아 주신 날이라고 생각하는 것의 차이는 큽니다.

아이를 낳다 죽지 않을까 하는 두려움, 오장육부를 뜯어내는 산고 속에서 어머니가 낳아 주신 날이 생일이라고 생각하면 효심이 더욱 늘어날 것입니다. 자기 생일 날 낳아 주셔서 고맙다는 생각으로 어머니께 선물도 사서 드리고 효도를 하겠지요. 그런데 자기가 태어난 날이라고 생각하니 생일날 오히려 큰 불효를 하는 경우가 많습니다. 부모 입장에서 자식의 생일잔치를 해 주기도 힘들고, 생일 선물을 사 주기도 힘듭니다. 가만히 한 번 생각해 보세요. "작년 내 생일날 무슨 선물을 받았는데 금년에는 무슨 선물을 받고 싶다."고 얘기하는 경우가 많지 않습니까? '작년에는 어머니에게 무슨 선물을 사서 드렸는데 올해는 무엇을 사 드리고 싶다'는 생각이 자리잡아야 하는데, 생일날 오히려 더 불효한다는 겁니다. 술 먹을 나이쯤 되면 생일날 술 먹고 술에 취해서 쓰러진 경험을 가진 분들이 많을 것입니다.

어떤 어머니가 하소연하길, 낳을 때도 애를 먹이더니 생일날만 돌아오면 술 먹고 해롱대면서 힘들게 한다며 속상해 하더군요. 생일날 부모님께 선물 받을 생각하지 말고 선물을 해 드리셔야 합니다. 저는 예전부터 생일에 대해 이런 법문을 해 주었는데, 어느 날 노보살님이 싱글벙글해서 찾아왔습니다. 시집간 딸이 자기 생일이라고 옷을 사서 보냈다며 좋아서 그 옷을 입고 동네방네 자랑을 하고 다니다가 절에 와서도 자랑하는 것이었습니다. "딸이 부모 생일이라고 선물 사서 보낸 것 받아본 사람 있으면 나와 보라."며 하도 자랑을 하니까 옆 사람이 질투가 나서 "말 안 듣고 속 썩이더니 이제야 철이 들었구먼." 하면서 퉁명스럽게 말합니다. "그런 소리 말아라. 우리 딸은 낳을 때부터 효녀였다. 배도 하나 안 아프고 쑥 나왔다."는 말까지 하면서 딸을 효녀로 만드는 노보살님을 보면서 미소가 절로 지어졌습니다. 십 년은 더 젊어진 것 같아 보이는 노보살님을 보면서 부모의 마음을 느꼈습니다. 자식이 하나만 해도 열 가지 했다고 기뻐하는 게 부모 심정입니다.

　이렇게 생일날 선물을 사서 드리는 것도 좋지만 미역국을 한 번 끓여 드리는 것도 대단한 일이라는 겁니다. 우리나라에서는 전통적으로 어머니가 아들딸을 낳고 미역국을 드시는데 그건 아들딸이 끓여준 게 아니잖아요. 그래서 나중에라도 자기 생일날, '아 오늘은 우리 어머니가 나를 낳아 주신 날이다. 어릴 때는 미역국도 못 끓여 드렸지만 이제라도 부모님의 은혜를 갚기 위해서 미역국을 끓여 드려야겠다'는 생각을 하고 실천에 옮겨야 합니다. 그래서 생일날 미역국을 끓여서 어머니를 드려야 되는데 자기가 미역국 먹는 날인 줄 잘못 아는 분들이 많습니다.

　또한 앞에서 말씀드린 스님처럼 생일날 선물 사 드릴 돈을 매일매일 저금하면서 하루에 한 번씩 낳아 주신 은혜를 생각한다면 삶이 180도로 달라질 겁니다. 아침에 일어나서 돼지저금통에 동전 하나씩 넣으면서 '어머니 이렇게 낳아 주셔서 고맙습니다. 오늘도 열심히 보살행을 하겠습니다. 베풀면서 살겠습니다.' 하고 발원하면서 날마다 새롭게 태어난다면 행복한 인생으로 가꾸는 데 이보다 더 좋은 비결이 없을 것입니다. 해가 바뀌어 새해만 되어도 각오가 새로워지는데 이렇게 하면 날마다 새롭게 태어나는 것입니다. 그 때는 생일날만 효도하는 게 아니라 매일매일 효도를 하는 겁니다. 하루에 10원씩만 모아도 일 년이면 3,650원이니까 미역국을 한 번 끓여 드릴 수 있고, 하루에 100원씩만 모아도 36,500원입니다. 500원씩이면 182,500원입니다.

1,000원이면 365,000원이죠.

　　자기 생일날 효도를 하기 위해서 매일매일 돈을 모으는 것은 돈 자체에 의미가 있는 것이 아닙니다. 하루도 빠지지 않고 할 수 있는 정도의 정진력을 가지면 무슨 일을 하든 성공한다는 겁니다. 제 말을 듣고 당장 오늘부터 실천할 사람도 있겠지만, 실천에 옮긴다는 것은 정말 부지런해야 됩니다. 그리고 지속적으로 하는 힘이 있어야 합니다. 며칠 하다말다 하다가 점점 안 넣는 날이 많아지면 흐지부지하게 되는 겁니다. 하다말다 그럭저럭 흐지부지, 그게 중생살이입니다. 지속적으로 하면 얼마든지 달라질 수 있어요. 금방 태어난 마음, 은혜에 대한 고마운 마음, 지극한 마음으로 하면 인생이 달라집니다.

좋은 인연으로 맺어진 자식은 자식 복이 있다 할 것이고,
그렇지 않고 빚을 받으러 온 자식이면 힘들게 할 것이니
금생만 놓고 보면 자식 복이 없다 할 것입니다.
어떤 일이든 억울해 할 것도 없고, 좋아할 것도 없습니다.

효도하는 법

효도를 하라 하면 특별한 것이 있는 줄 아는데, 절대로 특별한 방법으로 효도해야 된다는 생각을 갖지 마세요. 일상생활 속에서 부모님 마음을 편하게 해 드리는 것이 효도입니다. 그것을 일관성 있게 지속적으로 하면 됩니다. 자기 기분 좋으면 부모님께 관광이나 가시라고 돈 좀 드리면서 생색냈다가 사이가 나빠지면 "부모로서 해준 게 뭐가 있느냐? 내가 못 한 게 뭐 있느냐?"면서 그 동안 용돈 드린 것을 죽 나열하면서 따지고 할 일 다 했다고 큰소리쳐서는 안 됩니다. 그리고 돈 좀 더 벌면 용돈 드리겠다고 계속 미루는 사람들도 많은데, 미루지 말고 당장 해야 됩니다. 다른 것은 다 미뤄도 부모에게 효도하는 것은 미루면 안 됩니다. 나무가 가만히 있고 싶어도 바람이 불면 흔들리듯이 부모에게 효도하고 싶어도 기다려 주지 않습니다. 지금 당장 자기 능력껏 하면 됩니다.

또한 요즘 세상에 그럴 사람도 없겠지만, 심청이처럼 물에 빠져 죽으면서까지 효도하려고 생각하지 마십시오. 만일 심청이처럼 생명을 바치고 살을 도려내어 부모님께 드리는 특수한 경우를 효도라고 한다면 보통사람들이 일상생활 속에서 효도를 하기 힘들 것입니다. 심청이가 인당수에 빠져서 용왕을 만나고 나중에 황후가 되는 깃은 평소 효도한 것에 대한 상을 주는 과정입니다. 심청이는 중국 상인들에게 팔려가기 전에도 품을 팔아서 눈 먼 아버지를 잘 봉양하였습니다. 평소에 한 효도는 쏙 빼고 물에 빠져 죽은 것만 가지고는 효도라고 할 수 없습니다. 몽은사 부처님께 공양미 300석을 올린 공덕으로 눈도 뜨게 되고 부녀가 만나서 잘 살게 되었다는 것이 불교적인 효도의 표현입니다. 아버지가 세상을 볼 수 있도록 자신의 가장 소중한 생명까지 바쳐서 공양을 올린 것입니다. 심청이는 아버지를 위해 삶에 머물지도 않고 집착하지도 않고 오로지 본마음에 맡긴 효도를 한 것입니다.

부모의 입장에서 자식이 어려서는 잘 자라고 건강하고 공부 잘하고 마음 착하고 부모 말 잘 듣는 것이 효도라고 생각합니다. 또한 부모를 잘 모시는 것은 이차적인 문제인데, 자식들은 부모를 잘 모시는 것만 효도라고 생각하다 보니까 자식에게 효도교육, 인간교육을 하기에는 이미 늦어진 것입니다. 효도는 만행의 근원이라는 말처럼 효도교육을 하면 인간교육이 저절로 됩니다.

육체적인 건강 또한 현재의 건강을 유지하는 것뿐만 아니라 더 건강해질 수 있도록 좋은 습관을 들이도록 가르치는 것도 효도교육입니다. 어려서부터 철저하게 부모를 위해서 자신의 건강을 유지하도록 몸조심하라는 교육을 해야 합니다. 몸에 좋은 것을 일부러 먹으려고 노력하지 말고 몸에 해로운 술과 담배 등을 먹지 않는 것부터 시작해야 합니다.

절에 약수터가 있는데, 젊은이가 와서 담배를 피우며 물을 떠갑니다. 그 때 노스님이 오셔서 그 젊은이에게 "왜 여기까지 와서 물을 떠가느냐?"고 물으시니, "몸에 좋다고 해서 왔습니다."라고 답하는 것입니다. 스님께서 "좋은 물 먹으려 애쓰지 말고 담배나 끊으라."고 하셨습니다. 몸에 이익이 된다는 보약도 한두 번 먹어서는 효과가 안 납니다. 하지만 몸에 해로운 것은 한두 번 먹어도 해롭습니다. 담배를 한 개비만 피워도 중독되는 체질이 있고 여자는 남자보다 더 적은 양으로도 중독이 되어 금연도 하기 힘들다고 합니다. 아예 입에 대지 말아야지요.

어렸을 때는 완전히 부모에게 의지해서 자라기 때문에 모든 것이 부모에게 달려 있습니다. 그래서 지금 당장만 볼 것이 아니라 미래를 보고 교육해야 합니다. 불교에서 마음이 고요한 경지를 삼매라고 하는데 그 중에 해인삼매가 있습니다. 바다는 넓기 때문에 세상 모든 법을 뜻합니다. 도장 인자는 과거·현재·미래의 시간이 일시(一時)임을 말합니다. 예를 들어 부처님이라는 글자를 쓰게 될 때 '부' 자를 쓰고 '처' 자를 쓸 때 이미 '부' 자는 과거가 됩니다. 부처님이라는 도장을 파서 찍으면 일시에 나타납니다. 해인삼매를 증득하신 부처님의 경지는 바다가 잔잔하면 삼라만상이 다 비치듯이 일체 법이 다 나타나고, 시간적으로 과거·현재·미래가 일시에 나타납니다. 생일날 부모가 자식에게 잘 해 주기만 하면 자식이 부모에게 감사하는 것은 가르치지 않았기 때문에 일체 법을 못 보는 것이 됩니다. 현재뿐만 아니라 미래를 못 보는 것이기도 합니다.

어떤 어머니가 맛있는 것을 아들딸에게 주면서 할아버지 할머니 안 계실 때 많이 먹으라고 합니다. 당장에는 자식을 사랑하는 것처럼 보이겠지만, 다음에 아들딸이 결혼해서 자식을 낳아서 어떻게 하겠습니까? 자기가 그랬던 것처럼 우리끼리 먹자고 하면 본인이 못 얻어먹을 것입니다. 게다가 거기에서 끝나는 게 아니라 자식의 자식, 그러니까 손자가 자식을 낳아서 우리끼리 먹자고 하면 자기가 그렇게 사랑하고 잘 먹이고 싶은 내 자식이 굶게 될 것입니다. 내 자식이 늙었을 때 자식에게 버림 받으며 굶는 모습이 보이면 지금 그렇게 살지는 않을 것입니다. 근본적인 진리는 변함이 없지만 교육은 시대에 따라서 바뀝니다. 어린이날에 옛날 같으면 맛있는 것을 사 주었지만, 지금은 날마다 맛있는 것을 먹고, 너무 먹어서 병이 많은 세상이므로 맛있는 것을 사 주는 것은 잘못 된 교육입니다. 절대빈곤 속에서 굶고 살 때는 자식에게 먹이는 것이 가장 큰 어머니의 은혜이겠지만 지금 시대에는 건강을 유지할 수 있는 좋은 식습관을 길러 주는 것이 더 중요합니다.

공부도 마찬가지입니다. 온갖 과외 다 시켜 학교 성적 몇 점 올려 주는 것보다 바르게 볼 수 있는 안목을 길러 주고, 정신적으로 건강한 습관을 길러 주는 것이 더 중요합니다. 정신적 건강에는 잘 참을 줄 아는 인내심을 첫손에 꼽을 수 있습니다. 성질을 못 참아서 일을 저지르면 저도 속상하고 남도 속상하고 그것이 큰 병이 됩니다. 속상한 일을 참는 것도 습관이 되면 됩니다. 또한 모든 것을 긍정적으로 합리적으로 생각하고 다른 사람도 생각할 줄 알고 아량을 베푸는 사람으로 길러야 합니다. 그러기 위해서는 먼저 부모가 마음공부를 해야 되겠지요. 염불·참선·간경 등 여러 방법이 있습니다만 항상 자기 마음을 다스리는 공부를 해야 합니다. 또한 사회적으로 건강한 사람으로 길러야 합니다. 다른 사람에게 피해 주지 않고, 남을 배려할 줄 알고, 사회질서를 지킬 줄 알고, 가능한 한 남을 돕고 살아가는 것이 얼마나 중요한지 모릅니다.

한편 세상에서는 영적 건강이라는 말을 씁니다만, 사람의 근본적인 본성, 성품도 건강해야 합니다. 견성한다, 깨달음을 얻는다, 열반을 증득한다는 불교의 높은 경지도 있습니다만, 그것이 아니더라도 부처님의 제자로서 항상 부처님의 가르침대로 살아가고자 하는 마음을 갖는 것이야말로 완성된 건강입니다. 그것이 계속 이어지면 그 힘은 내생까지 갑니다.

자식 복 있는 사람

아이들은 다 천재라고 합니다. 백지에 어떤 그림이든 그릴 수 있듯이 백지 같은 아이들의 가능성은 무궁무진하다는 얘기를 천재라는 말로 표현하곤 합니다. 그런데 어릴 때는 누구든지 똑똑해 보이는데 점점 자라면서 천양지차로 벌어집니다. 똑같은 능력을 갖고 있어도 실제로 '하느냐', '하지 않느냐', 또 '할 수 있느냐', '할 수 없느냐'가 우리 인생에 주는 영향이 매우 크기 때문입니다.

　예를 들면, 일요일이면 절에 가야 한다고 판단했습니다. 절에 가야 한다고 판단하고 절에 가는 사람이 있고, 마음만 일으켰을 뿐 절에 가지 않는 사람도 있습니다. 그런데 본인은 절에 가려고 하는데 어떻게 할 수 없는 상황이 벌어지는 경우도 많습니다. 오랜만에 손님이 찾아 온다든지, 갑자기 가족이 아프다든지 하면 절에 갈 수 없게 됩니다. 하느냐, 하지 않느냐는 본인의 실천 여하에 달려 있지만, 할 수 있는 능력에는 조건과 상황뿐만 아니라 복력도 있습니다.

자녀를 훌륭하게 키우고 싶은 것은 모든 부모의 한결같은 심정입니다. 자식을 위해서 교육을 잘 시켜야 된다는 판단도 했을 것이고, 잘 기르고 싶어 하는 마음도 거의 비슷하지만 할 수 있느냐, 할 수 없느냐 하는 능력은 사람마다 차이가 있습니다. 자식 복이 있으면 쉽게 키우고, 자식 복이 없으면 고생만 한다고 합니다. 재복이 없는 사람은 돈 버는 방법도 많이 알고 경험이 많아도 잘 안 되는 수가 있는 것과 같습니다. 이 모든 것이 금생만 가지고 봐서는 안 되기 때문입니다. 전생부터 지은 복덕이 지금 금생에서 발현되는 사람은 재복이 많은 사람이고, 지금 열심히 복을 짓는 사람은 당장에는 눈에 보이지 않더라도 말년에 혹은 내생에 재복이 많은 것입니다. 자식 또한 좋은 인연으로 맺어진 자식은 자식 복이 있다 할 것이고, 그렇지 않고 빚을 받으러 온 자식이면 힘들게 할 것이니 금생만 놓고 보면 자식 복이 없다 할 것입니다. 그렇기 때문에 어떤 일을 겪든지 억울해 할 것도 없고, 특별히 좋아할 것도 없습니다. 늘 참회하고 수행하면 날마다 좋은 날이 되는 것입니다.

그런데 제대로 뉘우치고 참회하면 앞으로 나쁜 일이 반복되지 않는데, 잘못한 일을 뻔뻔스럽게 변명이나 하면서 둘러대면 평생 못 고칩니다. 법당에 들어갈 때 당연히 신발 벗고 들어가듯이 휴대폰을 끄고 법당에 들어가는 것이 당연하게 지켜져야 합니다. 아내가 남편과 자녀교육문제로 말다툼하고, 속상한 상태에서 자녀를 나무라면 감정에 싸여서 욕을 하게 되고, 정작 잘못한 일은 제대로 지적하지 못합니다.

부모가 자녀를 먹이고 입혀서 키워 주고, 의지처가 되어 주는 것은 기본이고, 인생을 잘 살아갈 수 있는 능력을 키워 주어야 합니다. 먼저 해야 할 일과 하지 않아야 할 일의 판단력이 중요한데, 이것은 육바라밀 중에서 지계로 키워 주면 됩니다. 계행 지키는 것을 어렵게 생각하지 않고 할 수 있는 사람이면 무슨 일이든 옳고 그름을 잘 판단할 수 있는 힘이 생깁니다.

하고 싶다, 하기 싫다는 마음을 잘 다스릴 수 있는 능력은 육바라밀 중 인욕에서 나옵니다. 잘 참을 수 있으면 하고 싶은 것도 억제할 수 있고 하기 싫은 일도 할 수 있습니다. 그리고 무엇이든 할 수 있는 능력은 육바라밀 중의 첫째인 보시로 이루어집니다. 보시 중의 하나인 재시(財施)를 베풂으로써 재물로 남을 도와주는 능력이 생기고, 다른 사람의 두려움을 없애 주는 보시(無畏施)를 잘 함으로써 다른 사람을 잘 보호해 주는 능력이 생기고, 법을 잘 설해 주는 법보시(法布施)를 베풀면 자연히 자녀를 이끌어 주는 능력도 생겨 옳고 그름을 잘 가르쳐서 자녀를 올바른 길로 인도해 줄 수 있습니다.

『화엄경』「보현행원품」 보개회향원에 보면, "나쁜 일은 하려고 해도 이루어지지 않고, 좋은 일은 쉽게 이루어지이다." 하는 보현보살의 원이 있습니다. 계행을 열심히 지키면 그것이 복이 되어서 나쁜 일을 하고 싶어도 이루어지지 않는다고 합니다. 도둑이 도둑질을 하려고 어느 집 대문 앞에 갔는데 경찰이 그 앞에 있으면 할 수 없으니 얼마나 좋은 일입니까? 공무원이 사무실에 있는데, 어떤 사람이 와서 청탁을 하면서 봉투를 주는데 안 받아야 된다고 판단해서 돌려 주고 옵니다. 집에 와서 부인에게 이 일을 얘기하면 복 있는 집의 부인은 잘 했다고 하고, 복 없는 집의 부인은 혼자만 깨끗한 척한다고 질책합니다. 그럼 다음에는 받게 되겠지요. 복 없는 사람은 금생에 들키지 않아서 내생에 지옥 가게 되고, 복 있는 사람은 그나마 들켜서 죄 값을 받아서 금생에 죄를 없앤답니다.

무슨 일이든 꼭 해야 될 일이 하고 싶고, 복이 있어서 쉽게 할 수 있으면 행복한 삶이 됩니다. 이 힘의 근본 바탕은 보시·지계·인욕 바라밀을 닦는 것이라는 것을 명심하시기 바랍니다.

부모의 마음부터 개조하라

아주 오래 전에 서울시 교육위원회에서 자녀교육에 대한 가정교육의 지침이 나와 있는 것을 보았습니다. "아들딸이 싸우더라도 말리지 말라, 아들딸에게 좋은 음식만 먹이려고 하지 말라, 숙제를 못하더라도 도와주지 말라, 차 안에서는 서 있게 하라, 비가 와도 학교에 마중을 가지 말라, 할 일이 없으면 만들어서라도 일을 시켜라, 아이가 스스로 노력해도 알 수 없는 것만 가르쳐 주어라, 집안에서 부모와 자식 사이의 밥상을 달리 하라, 집안의 서열을 인식시켜라, 학교에 못 가더라도 아침에 깨우지 말라." 등등의 내용으로 자녀교육에 꼭 필요한 내용이 있었습니다. 요즘 부모들이 자식을 과보호하면서 잘못 가르치고 있는 데에서 오는 문제점을 빨리 시정해야 된다는 뜻에서 지침을 마련한 것으로 보입니다. 깊이 살펴보면 우리 세대가 어렸을 때 부모님들이 하신 그대로라는 생각이 들었습니다.

결혼을 한다는 것은 이미 이루어져 있는 가정에 새로운 일원으로 들어온다는 의미도 있고 또 하나는 자식을 출산하고 기르고 교육시키는 막중한 의미가 있습니다. 자식을 바르게 기르겠다면 그런 준비가 결혼에서부터, 아니 결혼 전부터 시작되어야 됩니다. 그런데 요즘 사람들은 자기 위주로만 살다보니까 결혼해서 부부지간에도 화합하지 못하고, 자식 교육도 제대로 못 시켜서 많은 문제를 일으키고 있습니다. 세상에서 물의를 일으키는 것이 다 사람들이 하는 짓인지라 인간 교육을 시키는 것이 가장 중요하고, 그 밑바탕에는 가정이 있습니다. 어릴 때 가정에서 기본을 잘 배워야 평생 사회에서 물의를 일으키지 않고 잘 살아갈 수 있는 것입니다.

그런데 이러한 문제가 우리의 마음이 근본적으로 바뀌기 전에는 풀리지 않습니다. 이것은 일시적인 것에 불과하고, 영구성이 없습니다. 지속적으로 할 수 없는 내용도 많지요. 부모가 완전한 인간이 되기 전에는 자녀를 잘 기르기 위한 공부를 조금 한다고 해서 해결되지는 않습니다. 부모 노릇이 사회생활 하는 것보다 어렵다고들 합니다. 직장에서 직원을 채용할 때도 시험을 치르는데 부모는 시험을 보지 않습니다. 중생 세계를 올바르게 이끌어 갈 아이를 낳아서 키우는 막중한 임무를 맡고 있는데, 좋은 부모가 되기 위한 노력을 하지 않으니 참으로 안타깝습니다. 옛날에는 집안에 어른이 있었기 때문에 아무리 화가 나도 자기의 감정대로 살지 않고 참는 모습을 자녀에게 보여 줄 수 있었습니다. 자녀를 키우는 것도 어른의 지시를 받아서 키웠습니다. 그런데 지금은 핵가족으로 어른이 없어서 자기들 감정대로 살다 보니 아들딸에게 좋은 모습만 보여 주기가 어렵습니다.

직장에서는 자기의 잘못을 어느 정도 감출 수 있지만, 가정에서는 자기도 모르는 사이에 그대로 드러냅니다. 회사에서는 술도 많이 마시지 않고, 혹 마시더라도 취한 모습을 보이지는 않지만 가정에서는 술 마신 그대로의 모습을 다 보여 주는 것입니다. 옛날에는 어른이 있었기 때문에 조심하기도 하고 몰래 숨어 들어가기도 하였는데, 지금은 오히려 큰소리를 치면서 아파트 현관문을 차고 들어갑니다. 또한 옛날에는 아이를 여럿 낳아서 키웠기 때문에 첫째 아이 기를 때 조금 실수한 것이 있다면 다음 아이를 키울 때는 그 점을 고려해서 키웠기 때문에 잘 되는 아이가 있었는데, 지금은 하나만 낳다 보니 그 아이가 잘못 되면 자식 농사를 그대로 망치게 되는 것입니다.

옛날에는 어른들의 가르침을 받으며 아이를 잘 길렀다는 이야기를 하면, 요즘 젊은 사람들은 새로운 육아법이 있어서 혼자서도 잘 기른다고 합니다. 인간을 만들자는 교육적인 차원이 아니고 잘 먹이고 잘 키우는 것을 육아로 알고 있습니다만, 어린이의 버릇을 고치는 구체적인 방법을 아는 것이 문제가 아닙니다. 신문이나 책에 있는 육아법을 아무리 보고 따라 해도 되지 않습니다. 부모의 인격이 제대로 형성되지 않은 환경에서는 교육이 올바로 이루어질 수 없습니다. 교육은 환경이 굉장히 중요한데, 환경은 이웃뿐만 아니라 부모, 더 나아가서 자기의 마음 씀씀이도 환경에 들어갑니다. 그런데 별로 큰 영향력이 없는 환경이라 할 수 있는 강남 학군 등은 따지면서 직접 영향을 주고 있는 부모의 마음 환경을 개조하려 하지 않습니다. 이것이 오늘날 교육의 제일 큰 문제입니다.

자녀를 교육하는 데 있어서 당장 어떻게 되었으면 하고 너무 조급한 마음을 갖는 경우가 많습니다. 자식문제로 걱정하고 상담하는 분은 고등학교 3학년 학생을 둔 학부모가 제일 많습니다. 그런데 따지고 보면 항상 그 정도의 관심은 가져야 되는데 그저 대학 합격에만 매달려서 나중에 불효자가 되든지 나쁜 사람이 되는 것에는 관심조차 없습니다. 어려서부터 자식을 올바른 인간으로 키우겠다는 뚜렷한 목표를 가지고 지속적인 노력을 해야 합니다. 그러기 위해서는 자식이 태어나기 전부터 준비를 해야 합니다. 일단 자기 자신이 바른 사람이 되어야 하고, 참된 짝을 만나 두 사람이 화합해서 자식을 잘 길러나갈 수 있는 가정을 일구어야 합니다. 그런데 전혀 준비 없이 순간순간 자기감정과 기분에 따라서 화풀이를 하는 경우가 많습니다. 기분이 나쁘면 괜히 공부하라며 쥐어박고, 기분이 좋

을 때는 정신이 없어서 자식이 노는지, 게임에 빠져있는지 관심이
없습니다. 항상 자식을 바르게 기르겠다는 목표를 세우고, 한 방향
으로 일관성 있게 지속적으로 열심히 하지 않으면 성취할 수 없습
니다. 그러기 위해서는 마음공부를 통해 자기 마음을 다스릴 줄 알
아야 합니다.

맹추를 성인으로 키운 것은…

맹자의 어머니가 아들의 교육을 위해 이사를 세 번 했다는 맹모삼천지교(孟母三遷之敎)에 대해 모르는 사람은 없을 것입니다. 하지만 맹자가 성인에 이를 수 있을 정도로 학문에 매진할 수 있었던 것은 맹모단기지교(孟母斷機之敎) 덕분입니다. 맹자가 큰 뜻을 품고 공부를 하기 위해 멀리 길을 떠났습니다. 지금으로 치면 유학을 간 셈이지요. 몇 년 동안 타향살이하느라 어머니도 그립고 공부하기도 힘들어서 맹자가 갑자기 집으로 돌아왔습니다. 그 때 마침 어머니가 베를 짜고 있다가 맹자를 보고 다짜고짜 묻습니다.

"벌써 학문을 다 이루었느냐?"

"그냥 쓸 만큼 배웠습니다. 어머니가 보고 싶어서 왔습니다. 이제 공부도 그만하고 싶어요."

하는 맹자의 대답이 끝나기가 무섭게 맹자의 어머니가 베틀 위에서 내려와 짜고 있던 베를 칼로 확 잘라 버리니 베가 다 풀어졌습니다.

깜짝 놀란 맹자에게, 어머니가 단호하게 꾸짖습니다. "네가 학문을 다 이루지 못한 것은 이렇게 짜다 말고 잘라버린 베와 같이 아무 짝에도 쓸모없다." 하면서 대성 통곡을 합니다. 이에 맹자가 크게 뉘우치고 한밤중인데도 불구하고 그 길로 다시 돌아가 굳은 결심으로 공부하여 성인의 학문을 이루었다고 합니다.

기록에 의하면, 맹자는 어릴 때 우유부단하고 심지가 굳지 못하여 자주 변덕을 부리고 게으름을 부렸답니다. 학습과 예절을 익히는 데 열중하지 못해서 이런 사람을 일러 '맹추(孟鄒:맹씨 성을 가진 추나라 사람, 곧 맹자)'라고 하는 말도 이때 생겼다고 하는데, 이런 사람이 성인의 반열에 올랐으니 다 그 어머니 덕분인 것입니다.

사실 이런 상황일 때 어머니는 아들이 보고 싶어서 더 반갑게 맞을 수도 있었을 것입니다. 하지만 맹자의 어머니는 지혜로워서 어떻게 하는 것이 아들에게 더 나은 행동인지를 잘 알았던 것입니다. 또 한 가지 맹자의 어머니의 소견을 잘 드러내 주는 일화가 있습니다.

맹자가 시장 근처에 살 때의 일인데, 밖에 나갔다 집에 돌아오면서 어머니에게 묻습니다. "시장 저쪽에서 돼지 잡는 것을 봤어요. 누구 주려고 잡는 거예요?"라고 묻는 맹자에게, 어머니는 아무 생각 없이 "너 주려고 잡는다."고 대답합니다. 그러자 맹자가 동네 친구들을 다 데리고 와서는 "저 돼지는 나 주려고 잡는 것이야."라고 자랑하는 겁니다. 맹자 어머니가 그 소리를 듣고 정신이 번쩍 들어 그 돼지를 사 와서 친구들에게 대접했다고 합니다. 보통 어머니라면 자기가 한 말도 금세 잊어먹고 아들을 바보 취급할 수도 있겠지만, 맹자의 어머니는 그렇게 하지 않았습니다. 그 후로는 얼마나 정신을 차리고 살았던지 아들에게 헛소리나 거짓말을 단 한 번도 하지 않아서 맹자는 거짓말이 뭔지도 모르고 살았다고 합니다.

말이 나온 김에 미국의 초대 대통령인 워싱턴의 일화도 말씀드 리겠습니다. 워싱턴이 어렸을 때 도끼로 장난을 치다가 아버지가 아끼 던 사과나무를 찍었습니다. 베어져 넘어진 사과나무를 보고 아버지가 누가 그랬느냐고 물었습니다. 워싱턴은 거짓말을 하지 않고 "제가 했 다."고 자백했습니다. 그 자리에서 아버지는 용서를 했다고 합니다. 그 책에는 거짓말을 하지 않고 솔직하게 이야기했다는 것에 초점이 맞춰 져 있었습니다만, 우리 부모님의 입장에서는 용서했다는 것에 초점을 맞추셔야 합니다. 즉 용서를 통해서 아들을 정직한 사람으로 길렀다는 것입니다. 또 자녀가 잘못했을 때 용서를 빌면 너그럽게 용서할 줄도 알아야 자녀가 바르게 성장하는 것입니다.

영국의 공원에서 어떤 아이가 울고 있어서 물어보니, "공이 잔 디밭 안에 들어가서 운다."고 하자 신사가 지팡이로 공을 꺼내줬다는 이야기도 있지요. 만일 우리나라에서 아이가 그렇게 울고 있으면 바보

같이 울지 말고 들어가서 꺼내 오라고 말할 것입니다. 언젠가 지나다가 보니, 횡단보도가 10미터 전방에 있는데, 거기까지 가는 게 귀찮았는지 찻길을 어머니가 먼저 건너고 아이더러 빨리 건너오라는 어머니도 있더군요.

일상생활 속에서 대수롭지 않게 여긴 일이 습관이 되고 인생을 결정하는 것입니다. 맹추 같은 맹자를 성인으로 키운 맹자의 어머니가 그리운 시절입니다.

주인으로 기르기

요즘은 모르겠지만, "어떤 사람이 되고 싶은가?"라는 질문을 했을 때 예전에는 됨됨이, 즉 인간성이 좋은 사람이 되고 싶다는 답변이 많았습니다. 그런데 인간성, 인격, 인품을 논할 때에는 민족적·사회적 통념과 가정의 가풍에 따라서 구체적인 내용이 달라집니다. 우리 민족은 어떻게 해서 현재에 이르렀는지 잠시 살펴보면, 조선 중기와 조선 말기, 근현대에 접어들어 사회적 구조가 급격히 바뀌어 왔습니다. 조선 시대에는 철저한 계급사회였기 때문에 거기에 맞춰서 교육도 실시했습니다. 지배계급이었던 양반은 훗날 지배자가 되었을 때 필요한 인간성, 즉 다른 사람에게 관용과 사랑을 베풀 줄 알고, 아랫사람을 잘 다스릴 줄 아는 내용을 중심으로 공부했습니다. 한편 피지배계급이었던 상민은 복종할 줄 알고 반항하지 않는 내용으로 배웠지요.

양반은 비교적 느긋하게 여유 있는 삶을 배웠습니다. 가정에서도 아들이 부모님에게 따질 일이 있어도 몸종을 시켜서 부모님에게 전달하고 부모님이 허락하면 찾아가서 하고 싶은 말을 했습니다. 그러한 교육이 양반으로 하여금 다른 사람의 잘못을 보더라도 참고 견디면서 감정적으로 처리하지 않고 법도에 맞춰서 처리하도록 하였습니다. 지배자는 일상의 생활 자체를 법도에 맞게 지도할 수 있도록 교육받은 반면 상민들의 교육은 상전이 부르면 재빨리 뛰어가야 하기 때문에 조급할 수밖에 없었습니다. 그런데 조선 말엽에는 가짜 양반이 생기기 시작하였습니다. 상민이 돈으로 양반이 되고 벼슬도 돈으로 사서 수령이나 고을 원님으로 가는 경우가 생겼습니다. 교육도 조급하게 받은 데다 벼슬도 돈을 주고 샀기 때문에 돈을 빨리 회수해야 되는지라 뭐든 빨리 빨리 하라고 독촉하는 조급한 문화가 생긴 것입니다.

또 일제 강점기에는 일본인이 지배자가 되었습니다. 우리나라 사람은 피지배자가 되었으니 사회의 지배층이었던 양반은 보통 억울한 일이 아니었습니다. 양반이든 상민이든 다른 나라 사람이 지배하고 있으니 나라를 찾기 위해 독립운동을 하였지요. 저항 의식을 갖고, 상전에 복종하지 않고, 어떤 수단으로든 항일하는 사람이 민족주의자이고 혁명가이며 애국자라는 사상이 은연중에 흘러내려 왔다고 볼 수 있습니다.

그리고 해방이 되자, 모든 사람에게 기회가 균등하게 주어졌습니다. 그런데 제대로 인성교육을 받을 시간적 여유가 없었습니다. 일본에 유학한 사람도 지식은 갖추었지만 실제의 내면, 성격이나 성품은 지도자의 자질이 부족했습니다. 그렇게 세월이 내려오면서 교육을 제대로 못 시키고 가정교육도 엉망이 되었습니다. 학교 교육은 시험 위주의 교육이 되었고, 급변하는 사회상 속에서 삶 자체가 조급해졌으니 여기저기서 문제가 생긴 것입니다.

그런데 윗사람은 절대 조급하게 일을 해서는 안 됩니다. 예를 들어서 저희 절이 있는 산에 불이 난 적이 있습니다. 그 때 많은 사람이 와서 불을 껐습니다. 헬기가 물을 길어 와서 끌 정도로 상당히 큰 산불이었습니다. 도에서 전화가 오고, 군과 경찰서, 지서와 면, 의용소방서 등에서 전화가 왔습니다. 전화 내용은 대부분 위에서 빨리 보고하라는 것인데, 언제 어디에서 얼마나 탔으며 언제 불을 껐는지 나무가 얼마나 탔는지 등을 보고해야 하는 것이었습니다. 전화를 받고 보고해야 할 사람이 여섯 명이었고, 아직 불도 끄지 않았는데 여섯 사람이 얼마나 탔는지에 대해 보고할 내용을 맞추는 것을 보고 윗사람은 그렇게 재촉하면 안 된다는 것을 알았습니다. 빨리 보고하기를 바라면 거짓으로 할 수 있기 때문입니다.

우리가 어렸을 때 생각하면, 학교에서 돈을 가져오라고 할 때 부모님께서 그날 주는 경우는 드뭅니다. 장에 가서 물건을 팔아야 한다면서 다음으로 미룹니다. 그런데 요즘에는 아침에 돈 달라고 하면 바로 그 자리에서 줘야 합니다. 굉장히 급하지요. 이것은 지도자가 하는 짓이 아닙니다. 그렇게 조급한 사람이 다음에 지도자가 되었을 때 어떻겠습니까? 아랫사람을 괴롭게 하고, 법대로 안 할 것입니다.

요즘 사람들은 어떻게든 지도자를 만들려고만 하지 지도자가 어떤 마음가짐으로 어떻게 살아가야 하는지에 대해서는 전혀 교육을 하지 않습니다. 지도자의 인간성 교육에는 신경을 쓰지 않으니 앞으로 문제점이 많아질 것입니다. 이러한 문제를 해결하려면 아이가 뱃속에 있을 때, 태교부터 잘 해야 합니다. 그리고 아이가 아주 어렸을 때부터 제대로 교육해야 합니다. 아이들이 어릴수록 백지상태이므로 인성 교육이 쉽습니다. 아이가 커갈수록 부모의 영향력에서 멀어져 부모의 뜻대로 되지 않습니다. 뱃속에 있을 때 전달이 제일 잘 되고, 품안에 있을 때도 그나마 잘 되는데, 그런 때는 다 놓치고 나중에 버릇이 잘못 든 다음에 고치려고 하면 쉽지 않습니다.

부모는 자식의 입장에서 볼 때에는 바깥 환경적인 요인입니다. 그렇기 때문에 바깥 요인에 의해서 억지로 만들려고 하지 말아야 합니다. 부모도 자성, 자기 스스로의 성품 자리에서 시작하여 자식의 성품 자리에 교육시키면 곧바로 들어갈 수 있습니다. 지금까지의 잘못이 별 문제가 안 됩니다. 그런데 부모가 아들딸에게 마음의 힘으로 하지 않고 외적 환경의 힘으로 영향력을 미치려고 하니까 안 되는 것입니다. 부모가 옆에서 잠도 자지 않고 자식에게 공부를 시킨다 해도 만족할 만한 결과를 얻을 수 없습니다. 그렇게 하지 않아도 인간성을 잘 길러 주면 고등학교만 졸업하고도 자기 능력, 적성에 맞는 분야에서 성공할 수 있습니다. 어쨌든 외적 환경에 의한 방법에만 편중하지 말고 순리대로 자기 본마음 자리에 맡기는 방법을 써야 합니다. 깨끗한 샘, 자기의 본마음 자리가 있는데 그것이 흘러 내려와서 여기에 고인 것이 현재의 자기 상태라고 볼 수 있어요. 그런데 지금 상태가 고여서 썩었다면 여기에서 아무리 갖은 방법을 써도 정화가 되지 않습니다. 물줄기가 흘러오는 곳을 터서 깨끗한 물을 공급하여 정화시켜야 하는데 사람들이 근본은 보지 않고 주변 환경 탓만 하고 있습니다.

요즘 대학입시가 상당히 큰문제입니다. 『평생 성적, 초등 4학년에 결정된다』는 책이 인구에 회자되는 것을 보면 부모들의 근심 걱정이 초등학교 때부터 시작되는 듯합니다. 그렇게 학업 성적에만 치우치다보니 자녀교육이 제대로 이루어지지 않습니다. 자녀교육비를 마련하기 위해 남들이 손가락질하는 일도 서슴지 않고 자행합니다. 번연히 나쁘다는 것을 알면서도 자기 양심에 비추어 께름칙하면서도 사회 전체적으로 도덕성이 떨어진 상황인지라 '남들도 다 그런데' 하면서 아무렇지도 않게 행합니다.

어느 저명인사가 TV에 나와 "학교에서 시험을 보는 것은 그 사람이 어떤 일을 맡았을 때의 지식, 지적 능력을 평가하는 것이다. 그 일을 올바르게 감당할 수 있는 인간성은 가정교육에서 이루어져야 된다.”고 하면서 학부모가 학교에 와서 학교 교육에 간섭하지 말고 가정에서 자녀교육에 더 신경 쓰라고 부탁을 하더군요. 대학 시험 잘 치르고, 좋은 학교에 가고, 좋은 회사에 입사하여 지도자가 되었을 때 인간성이 바르지 못해서 생기는 문제점이 많다고 얘기한 그 사람도 막상 자기 자식 대학 입시 문제에는 강박관념을 갖고 있는 듯했습니다. 이와 마찬가지로 “직업에는 귀천이 없고, 평등하다. 한 건물의 사장님과 청소부가 있을 때, 일하는 능력과 수고에 따라 월급을 받는다면 청소부가 더 많은 월급을 받는 사회가 되어야 한다.”고 주장을 하는 사람도 자기 자식에게는 “그렇게 공부 안 하면 사장은 못 되고, 청소부밖에 안 된다.”고 이야기하지 않습니까?

외국에 나갔을 때, 외국인들이 우리나라 사람들을 보고 “빨리 빨리.”라고 하는 말을 들은 경험이 있을 것입니다. 우리나라 사람들이 여행을 다니면서도 얼마나 빨리 빨리를 해댔으면 한국어를 처음 경험하는 외국인들이 ‘빨리 빨리’를 모방했겠습니까. 우리나라 사람들은 무엇이든 빨리 하려고 합니다. 조그만 회사를 시작하면 빨리 재벌이 되려 하고, 빨리 성공하려고 합니다. 초등학교도 가기 전에 세계적인 화가나 음악가가 되어야 한다고 조급해 합니다. 정당을 만들면 그 해에 정권을 잡으려고 합니다. 이승만 박사도 직선제로 1952년에 헌법을 고칠 때 자유당을 만들어서 대통령에 당선이 되었고, 박정희 대통령도 공화당 만들어서 그해에 대통령이 되었고, 전두환 대통령도 민

정당 만들어서 대통령이 되었으니 조급할 수밖에 없습니다.

진짜 양반이 양반 수업을 제대로 받고, 양반 노릇을 해야 하는데 조선 말엽에는 가짜 양반이 수도 없이 많이 생겨서 문제가 된 것입니다. 진짜 양반 노릇하기는 아주 어렵습니다. 양반 집에 태어나서 양반의 법도대로 살기 싫어 도망가는 사람도 있었습니다. 드라마의 사극을 보면 양반의 생활을 대강 짐작할 수는 있겠지만, 그보다 훨씬 힘들고 엄격했습니다. 지금은 전부 양반이 되었습니다. 겉으로 드러난 의식은 전부 양반인데 역사적으로 살아온 내면적인 의식, 심층 의식은 상민이기 때문에 여러 가지 문제가 불거지는 것입니다.

이렇게 우리의 현실이 갑자기 생긴 것이 아니라 역사성과 문화와 의식 속에서 형성되었다는 것을 아셔야 합니다. 앞으로 이것을 고쳐나가야 하는데 조급한 마음으로 해서는 안 됩니다. 어머니가 아들딸에게 빨리 고치라고 말합니다. 어머니 뱃속에서부터 배운 것이고 조상 때부터 배운 것이 빨리 고치려 한다고 고쳐집니까? 여유를 두고 차분하게 생활 속에서 하나하나 고쳐야 합니다. 빨리 빨리 외에도 반항의식 등 여러 문제점이 있습니다. 조급한 사람이 포악한 마음을 가지면 밖으로 쉽게 드러납니다. 아무리 인간의 속마음이 독하더라도 좀 여유가 있고 느긋하면 이성적으로 억제하기 때문에 밖으로 금방 나타나지 않습니다. 예를 들어서 성품이 포악한 사람이 성질까지 급하면 살인을 할 것입니다. 성질이 급한 사람은 독한 마음이 적어도 금방 밖으로 나타나고, 포악하다 하더라도 성질이 느긋하면 참을 수 있습니다. 같은 자극을 받았어도 사람마다 반응이 다릅니다. 칭찬과 욕을 했을 때 사람마다 기뻐하는 정도와 화를 내는 정도가 다르다는 말입니다.

양반이나 상민을 만들겠다는 생각을 갖지 말고 대승보살을 만들어야 합니다. 자기 일에 보람을 가지고 남을 위해 살아갈 수 있는 건강하고 건전한 대승보살이 되려고 노력하고, 아들딸도 그렇게 만들려고 노력해야 합니다. 이론적으로는 계급에 차별이 없는 평등사회라고 하면서도 중생은 자신이 그 위의 계급이 되지 못해 안달을 합니다. 무슨 방법을 써서라도 지배자가 되고자 합니다. 하지만 대승보살의 마음으로 살아가면 형식적으로는 계급이나 상하가 있는 것 같아도 내부적으로는 계급이 없습니다. 나와 남이 따로 없는데 누가 위고 누가 아래이겠습니까? 제도적으로 평등하고 계급 없는 사회를 만든다고 하는 것은 말뿐이고, 인간의 마음자리에서 평등해야 하는 것입니다.

사회적으로 질서를 유지하기 위해서 계급이 있다 하더라도 자기 마음속에서는 그런 것을 전혀 의식하지 않고 대승보살의 마음으로 살면 행복합니다. 청소부든 사장이든 바로 지금 그 자리에서 자기 일을 충실히 행복하게 할 수 있는 사람이 되어야 합니다. 보살의 마음은 바로 자성의 힘에서 흘러나와야 되는 것입니다.

기쁘게 즐겁게 행복하게

일상생활에서 환희심은 매우 중요합니다. 환희심을 느끼면 아무리 어려운 일이라도 쉽게 해 낼 수 있기 때문입니다. 자녀가 공부를 안 한다고 걱정할 것이 아니라 공부에 환희심을 낼 수 있는 분위기를 만드는 방법에 대해 골몰하십시오. 작곡가요, 연주자로 유명한 어떤 선생님의 어릴 적 이야기를 들은 적이 있는데 아주 인상 깊더군요. 이분은 초등학교 저학년 때는 교과서 표지조차 보기 싫어했다고 합니다. 공부는 전혀 하지 않고 오로지 노는 것만 좋아해서 열등생으로 낙인이 찍혔었는데, 외당숙 아저씨 덕분에 이분의 인생이 바뀌었다고 합니다. 암기 위주의 교육이 아닌, 자유분방하면서도 포괄적이고 현장 중심적인 교육으로 어린이 스스로 배우는 기쁨을 느끼게 해 주었다는 것입니다. 당연히 열등생이 우등생으로 되었을 뿐만 아니라 매사 최선을 다하는 인생관을 갖게 되었다고 합니다. 그분은 어릴 적 배우는 기쁨을 일깨워 준 외당숙의 교육 덕분에 성공적인 삶을 일구게 된 것입니다.

그런데 이론적으로는 다 잘 알고 있으면서도 교육현장에서는 이와 같은 점이 도외시되고 있는 듯합니다. 교과서, 학습지를 달달 외우게 하면서 당장 눈앞에 보이는 성적만 중요하게 생각하니 공부가 지긋지긋해지는 것입니다. 공부뿐만 아니라 무슨 일이든 스스로 기뻐하고 좋아하게끔 해야 질리지 않고, 계속 할 수 있는 것입니다. 짧다면 짧고 길다면 긴 인생을 이왕이면 행복하고 즐겁게 환희심으로 살아야지 짜증내고 괴롭게 살아서야, 또 금쪽 같은 자녀를 고통 속에 내몰아서야 되겠습니까?

『화엄경』「보살십지품」의 첫 번째 지위가 환희지입니다. 그런데 동양의 고전인 『논어』의 첫머리에도 기쁨이 나옵니다. 학이시습지(學而時習之)면 불역열호(不亦悅乎)아, '배우고 때때로 익히면 어찌 기쁘지 아니한가' 하는 뜻으로 배우는 것에 대한 기쁨이 가장 먼저 나옵니다. 『논어』의 두 번째 구절은 유붕자원방래(有朋自遠方來)하니 불역락호(不亦樂乎)아, '벗이 있어 멀리서 찾아오니 어찌 즐겁지 아니한가' 하는 뜻으로 더불어 사는 것에서 즐거움을 느끼고, 세 번째는 사람들이 자기를 알아주지 않아도 원망하는 마음이 없어야 군자라는 내용이 나옵니다. 그런데 요즘의 학교 교육에서는 무슨 일에 기뻐하고 즐거워하는지 전혀 나오지 않을 뿐만 아니라 친구 또한 경쟁자로 전락한 지 오래입니다.

『맹자』에 보면 군자삼락(君子三樂)이라 하여 군자가 즐거워하는 세 가지가 나옵니다. 천하에 임금 되는 것은 여기에 포함되지 않는다는 내용부터 나오는데, 부모님이 건강하게 살아계시고 형제간에 아무 일 없이 지내는 것으로 가정적인 즐거움에서 시작합니다. 그 다음에는 사회적인 것으로 하늘을 우러러 한 점 부끄러움이 없고 땅을 아래로 굽어볼 때에도 부끄러움이 없는 즐거움입니다. 그리고 역사적인 것으로 천하의 영재를 얻어 가르쳐서 후배를 양성하는 즐거움, 역사적 사업, 문화를 계승하는 것입니다.

『화엄경』의 환희지에는 백 가지의 기쁨이 나옵니다. "항상 모든 부처님을 생각하는 데에서 환희심이 나온다."는 내용이 가장 첫머리에 있습니다. 그리고 부처님의 법을 생각하고, 부처님이 중생 제도를 생각하고, 보살행을 생각하는 데에서 환희심이 나온다고 합니다. 환희심이 나야 그것을 구하고자 하는 마음이 일어나고, 어렵지 않게 성취할 수 있습니다. 일반적으로 보살행이라 하면 남을 위해서 보시하고 희생하는 고난의 삶을 떠올립니다. 하지만 정작 보살행을 하는 당사자는 그것을 희생이라 생각하지 않고, 대우나 칭찬을 받으려 하지 않습니다. 보살행 그 자체에서 재미와 즐거움을 느낍니다. 보살의 자리는 남을 기쁘게 해 주는 자리이므로 남을 기쁘게 하는 데에서 기쁨을 찾는 것입니다. 어떤 결과를 얻고, 또 그 결과에서 행복을 찾으려 하면 안 됩니다. 왜냐하면 인생에서 확실한 결과는 죽음밖에 없기 때문입니다. 『화엄경』「보살십지품」에서 맨 처음에 환희행이 나오는 까닭이기도 합니다. 중생이기 때문에 때로는 마음이 흔들릴 수도 있지만 마음의 뿌리를 환희로운 보살행에다 두면 금방 제 자리로 돌아올 수 있기 때문입니다.

부모님이 자녀를 기를 때도 마찬가지 이치입니다. 어머니가 자식을 키울 때 그 자체를 즐기면서 환희심으로 키워야 합니다. 어머니의 자리는 자식을 키우고 이익 되게 하는 것에서, 학생의 자리는 공부하는 과정에서 기쁨을 얻어야 하겠지요. 그런데 요즘에는 자기 욕심으로 기르는 분들이 많은 듯합니다. 아이가 처음 학교에 들어갔을 때 어머니가 아이가 할 일을 일일이 다 챙겨주고, 심지어 숙제까지 대신 해 줍니다. 혹시라도 아이가 뒤처질까 봐 전전긍긍하면서 아이를 대신해서 공부를 해 주고 아이 입속에 밥 넣어 주듯 시험문제도 시시때때로 넣어 준다고 합니다. 그렇게 속을 끓이면서 아이를 다그치니 처음에는 성적이 좋습니다. 그러나 스스로 공부하는 기쁨을 모르는 아이의 성적은 어느 순간 미끄러지기 마련입니다. 옆에서 도와주는 것도 한계가 있기 때문입니다.

영국의 어느 과학자가 어렸을 때 애벌레가 누에고치에서 나비가 되어 나오려고 몸부림치는 것이 하도 불쌍해보여서 누에고치를 찢어서 꺼내주었다고 합니다. 그런데 결국은 나비가 날아가지 못하고 죽어버리는 것을 보고 많은 것을 깨달았다고 합니다. 누에고치를 찢고 나오려고 발버둥치는 동안 생명력이 생기는 것입니다. 고통을 이겨내면서 날개 운동도 하고 숨을 쉬게 되는 과정을 거치고 나와야지 그렇지 않으면 시들시들 그냥 죽게 되는 것처럼 사람도 어렸을 때부터 스스로 역경을 이겨내는 과정이 필요합니다. 어려운 공부를 통해서라도 역경을 이기는 힘을 키울 필요가 있습니다. 그런데 자기의 삶을 위해 당연히 해야 하는 것을 마치 부모를 위해 공부하는 것처럼 착각하는 학생들이 많은 듯합니다. 주위에서 그렇게 만든 측면도 있습니다. 요즘 집안에 고3이 있으면 숨도 제대로 쉬지 못하고, 부모가 슬슬 자식 눈치를 본다고 합니다.

어떤 선생님께 들은 이야기를 말씀드리면, 어느 학생이 고3 때 아주 열심히 공부를 하니 부모들이 자식을 부처님처럼 떠받들었습니다. 다행히 그 학생은 본인과 가족의 희망대로 일류대학에 들어가서 졸업도 잘 했습니다. 남들이 다 알아주는 일류대학에 다니는 본인도 자랑스러워하고 부모 또한 그 자식 덕분에 의기양양했지요. 졸업한 뒤에도 취업난이 심각한 상황에서 턱하니 대기업에 입사했으니 얼마나 좋았겠습니까? 그런데 몇 달이 안 되어 그만두고, 또 다른 직장에 갑니다. 실력은 있어서 취직은 잘 하는데 오래 있지를 못합니다. 직장에서 자기를 알아주지 않는다고 자꾸 직장을 옮기기만 하니 제대로 월급도 받아오지 못하고, 이제는 백수가 되었다며 부모가 걱정을 태산같이 하더랍니다.

잘못된 교육은 이렇게 바로 과보를 받습니다. 성적만 강조하다 보니, 부지런하고, 어른 알아보고, 부모에게 효도하고, 법을 잘 지키고, 정직하고, 자기를 잘 다스리고, 다른 사람에 대한 배려심 등 정말 중요한 인성은 뒷전이었기 때문에 삶의 자생력까지 잃은 것입니다. 또한 어떤 면에서 보면 조부모, 아버지, 형제의 역할까지 어머니 혼자 도맡아서 하다 보니 인성교육보다는 성적에만 치우친 교육을 할 수밖에 없는 상황인 것입니다.

어릴 때는 억지로라도 어머니 말을 듣다가 사춘기만 되면 어머니 말은 다 잔소리로 여기고 원망하며 집을 뛰쳐나가는 아이들도 많습니다. 돌팔이 의사가 상처를 잘못 건드리는 것은 아예 건드리지 않는 것보다 못하듯 자녀교육에 전문가가 아닌 어머니의 잘못된 교육열은 자녀의 인생을 파괴시킬 수도 있습니다. 자식 교육을 욕심과 집착으로 하다 보니 자식의 인성이 오염된 것입니다. 핵무기가 자연을 파괴시킬 힘을 갖고 있다고 무서워할 것이 아닙니다. 사람을 파괴시킬 힘을 갖고 있는 사람이 더 무서운 것입니다. 또 자식교육을 휘두르고 있는 어머니가 가장 무섭다고 해도 과언이 아닙니다.

그 어느 때보다 어머니 교육이 절실한 때입니다. 어머니가 수행을 통해 지혜와 자비가 충만해져야 합니다. 특히 일체 중생을 자기의 몸과 똑같이 생각하는 자비심, 자식에 대한 집착이나 욕심이 아닌 진정한 사랑이 우러나와야 합니다. 그렇지 않고 능력을 휘두르면 자식에게 상처를 주고, 거기서 끝나는 것이 아니라 세상에 상처를 주는 사람을 만드는 것입니다. 그럼 어떻게 할 것인가? 기쁘게 마음공부를 하십시오. 기쁘게 하면 못 이룰 일이 없습니다. 부처님도 될 수 있는데, 자식교육의 도사가 될 수 없겠습니까?

■ 5장 ■

본마음으로 살자

수행자와 속인의 차이

하루하루 어떻게 살아가고 있는지 점검하면서 사는 것과 그렇지 않은 삶은 큰 차이가 있습니다. 불자라면 늘 자기 자신을 되돌아보고 오늘보다 나은 내일을 만들기 위해 노력해야 할 것입니다. 먼저 일상생활 점검표를 한번 만들어 보세요. 점검표를 만들어 표시하는 순간부터 삶이 달라질 것입니다.

하얀 종이 가운데에 줄을 그어서 상하로 나누십시오. 위쪽에는 불자로서 수행인으로서 부처님의 가르침대로 사는 삶을 표시하고, 아래쪽은 일반 속인의 삶에 대해 표시하면서 하루씩 점검해 보시기 바랍니다. 또 위쪽의 제일 위에 다시 줄을 그어보세요. 그 선을 넘어가는 삶은 부처님의 삶이고, 그 아래는 불자로서 보살행을 하는 삶을 표시해 보세요. 그리고 아래쪽의 맨 아래에 줄을 그어 보세요. 그 아래로 내려가는 것은 본인이 생각하기에도 사람 같지 않은 삶을 살았을 때 표시하세요. 우리가 부처님의 가르침을 제대로 따르는 불자라면 가운 뎃줄 위쪽으로 사는 삶이 되어야 하는데, 일반적으로는 가운뎃줄을 오락가락하는 삶이기 쉽습니다. 절에 나오는 날은 마음도 좋게 먹고, 부처님 말씀 들으면서 새롭게 발심도 하기 마련이니 위쪽으로 표시할 수 있겠지요. 그런데 며칠 지나서 그럭저럭 살다보면 다시 아래로 내려가는 경우가 태반일 것입니다. 그래도 맨 아랫줄까지만 안 내려가도 세속에서는 그런 대로 남한테 욕을 먹지 않고 살 수 있습니다. 그러나 항상 자신의 마음과 행동을 점검하면서 위쪽으로 올라가는 날이 많아지는 삶, 수행자의 삶이 많아지도록 해야 할 것입니다.

수행자로서의 불자의 삶을 크게 다섯 가지로 나누어서 말씀드리겠습니다.

첫째, 신행생활, 불자, 부처님 제자로서 신심이 얼마나 있는가? 절에서 행사나 법회가 있을 때 빠지지 않았는가? 하루에 부처님을 얼마나 생각했는가? 절에서 불사가 있을 때 얼마나 동참했는가 하는 것으로 신심을 검토할 수 있겠지요. 『화엄경』 「입법계품」에 보면 선재동자가 일체 부처님께 공양 올리고 부처님을 생각만 해도 환희심이 나는 내용이 나옵니다. 그렇듯이 내가 얼마나 불자로서의 신심을 성취하기 위한 수행을 하고 있는가를 생각할 수 있습니다.

둘째, 부처님의 가르침을 얼마나 알고 있는가를 점검합니다. 책을 통해서 공부를 하든지 법문을 듣든지 여러 가지 방법으로 얼마만큼 부처님의 가르침을 공부했는가를 검토할 수 있습니다. 부처님의 가르침을 알기 위해서 하루에 어느 정도 공부하고 노력하고 있는지, 교법을 얼마나 이해하고 알고 있는지를 생각해 봅니다.

셋째, 계율, 오계를 얼마나 잘 지키고 있는가를 살펴봅니다. 계율을 지키는 일이 아주 쉽다고 생각해야지 어렵다고 생각하면 안 됩니다. 도둑질하기가 얼마나 어렵습니까? 밤에 잠도 못 자고 담도 넘어가야 하고, 가슴을 졸여야 하니 보통 어려운 일이 아닙니다. 또 거짓말하고 남에게 악담하거나 흉보는 것이 얼마나 어려운지 생각해 보면 계율 지키는 것이 쉽다는 것을 알 수 있습니다. 술 마시는 것도 그렇지요. 술값을 치러야 하니 돈도 많이 있어야 하고, 술 마실 시간도 있어야 하고, 숙취를 감당할 수 있는 건강도 있어야 하니 일이 보통 많은 게 아닙니다. 음행은 패가망신의 지름길이고, 살생은 그대로 본인의 목숨까지 앗아가니 보통 어려운 게 아닙니다. 계율을 지키는 것이 훨씬 쉽지 않습니까? 도둑질도 점점 안 하면 나중에 도둑질할 일이 없어진답니다. 빚이 있어서 도둑질했다고 하는데 훔칠 일이 생긴 것 자체가 잘못된 것입니다. 훔칠 일이 아예 생기지 않아야 합니다.

계율을 지키려고 애쓰는 것은 완전한 게 아니고, 지킬 필요가 없어지는 것이 완전한 것입니다. 내가 악한 일을 버리기보다 세상의 악이 나를 버리면 더 쉽습니다. 정말 착하고 덕이 많은 사람에게 "법

없이도 살 사람"이라고 말하지요. 그렇듯 세상에 제일 행복한 것이 계율을 지킬 필요 없이 지키면서 사는 사람입니다. 해서는 안 될 일을 아주 쉽게 안 하고 해야 될 일을 아주 쉽게 하는 사람이 행복한 사람이지요. 계율에는 인욕도 포함됩니다. 참고 남을 용서해 주는 것도 계율을 지키는 것입니다. 사실 남을 용서해야 될 때에 용서하지 않음으로써 일어나는 일이 많습니다. 깊이 들여다보면 용서를 하지 못하는 것은 자기 자신의 감정을 잘못 다스려서입니다.

또한 살생하지 말라는 계율에는 폭력도 포함이 되는데, 남을 해치고 때리지 않을 뿐만 아니라 남을 미워하는 감정까지 없어져야 완전한 것입니다. 미워하고 질투하고 시기하는 마음이 없어져야 자비스런 마음이 생기고 자기 마음도 편해지고 다른 사람도 편하게 해 주는 것입니다. 우리가 꿈꾸는 것은 부처님을 닮는 것인데, 부처님을 생각해 보세요. 부처님께서는 자비가 넘치셔서 부처님 얼굴을 바라만 봐도 자비스런 사람이 됩니다. 부처님께서 기원정사에 계실 때 거리에 탁발을 나가셨습니다. 그런데 거리에 사람이 아무도 없는 것입니다. 살인마 앙굴리마라가 나타났다는 소리만 듣고도 마을 사람들이 집에 숨어 있었기 때문입니다. 앙굴리마라가 부처님을 발견하고 부처님을 죽이려고 쫓아옵니다. 부처님께서 돌아보시자, 그 자비스런 얼굴만 보고도 참회하여 앙굴리마라는 부처님의 제자가 됩니다.

넷째, 수행생활입니다. 불교는 부처님을 믿고 교리를 알고 계율을 지키는 것에서 끝나는 것이 아니라 수행을 해야 합니다. 경전을 읽고, 참선, 염불, 또는 다라니 주력 수행을 해야 합니다. 그리고 모든 것을 본래의 마음에 맡기고, 다 놓아버리는 공부를 해야 됩니다. 기본적으로 한 가지 수행을 정해 놓고 하면서, 동시에 일상생활 속에서 육바라밀 수행을 실천하여야 합니다. 우선 남을 미워하는 마음, 원망하는 마음을 조금씩 없애야 합니다. 그 마음이 복을 감하기 때문입니다. 특히 자식이 은혜를 베풀어 준 부모를 원망하는 것만큼 복을 많이 감하는 것이 없습니다. 아무리 좋은 환경 속에 있어도 매사 불평불만인 사람, 조그만 일에도 화내고 원망하면서 사는 사람은 평생 불행하게 살아갑니다. 제일 불행한 것이 남을 미워하는 감정에 휩쓸리는 것입니다. 미워하는 마음이 크면 상대방이 하는 일마다 밉게 보이니, 그것만으로도 속상한데, 상대방도 미워하는 마음을 느끼게 되어 그 파장이 그대로 반사됩니다. 그것 자체가 자기 복이 달아나는 일이고, 불행한 것입니다. 그에 반해서 항상 다른 사람을 고맙게 생각하고 은혜를 베풀어 준 분이라 생각하면서 살아가면 행복합니다.

　　다섯째, 전법도생, 부처님 법을 얼마나 널리 전해 주고 포교하느냐 하는 것입니다. 가족이나 이웃에게 얼마나 열심히 부처님의 법을 전해 주고 있는지를 생각해 볼 수 있습니다. 전법을 한다고 해서 입으로만 부처님의 가르침을 전하는 게 능사가 아닙니다. 자신의 삶 자체가 모범이 되어야 합니다. 이웃, 친지, 자식들이 지켜보고 불자의 삶을 따르고 싶다는 마음을 가질 수 있도록 마음을 쓰고 행동을 해야 진정한 전법이 될 수 있지요.

이렇게 다섯 가지를 통해서 불자의 삶인지 속인의 삶인지를 매일 점검할 필요가 있습니다. 가능한 한 가장 위쪽, 부처님의 경지까지 갈 만큼의 노력을 해야 됩니다. 우리는 늘 향상하려는 노력을 해야 합니다. 무거운 물체를 허공에 놓았을 때 그대로 있는 것이 아니라 아래로 떨어지듯이 향상하지 않으면 속인의 삶으로 떨어집니다. 불자라는 생각을 갖고 있어도 수행하는 삶을 살지 않으면 자기도 모르게 점점 속인의 삶이 됩니다. 가만히 있으면 중생의 소견과 중생의 업으로 살아가는 속인의 삶이 앞서게 되지 수행인의 자세가 앞서지 않습니다.

최소한 하루 중에 시간을 정해 놓고 천수경이나 반야심경을 한 번 읽기만 해도 불자라는 생각은 들 겁니다. 드라마를 보는 것보다 공부하는 것이 시간적으로나 정신적으로나 여러 면에서 훨씬 쉬울 것입니다. 자기 전에 천수경을 한 번 읽으면 얼마나 청정한 가운데 잠자리에 들 수 있겠습니까? 아마 꿈자리도 좋을 것입니다. 만일 귀신 나오는 영화를 보고 자면 밤새 꿈속에서 귀신하고 씨름이나 할 것입니다. 또 드라마를 보신 분은 드라마에 나오는 좋지 않은 장면만 되풀이되니 도움 될 것이 전혀 없습니다. 나이 드신 분들은 드라마 내용을 금세 다 잊어버리니까 더욱 볼 필요가 없습니다. 쓸 데 없이 시간 낭비하지 말고 경전을 보시거나 참선을 하시거나 염불을 하시면 진정한 불자의 삶, 수행자의 삶으로 향상되어 내생까지 편안하실 것입니다.

업력(業力)과 원력(願力)

사막의 바위를 두드려서 물이 솟아나오게 하거나 장님의 눈을 뜨게 하는 것이 인간의 힘으로 할 수 없던 시대에서는 기적이라고 할 수 있지만, 요즘 시대에는 우물을 파거나 눈을 뜨게 하는 개안수술이 수도 없이 많습니다. 우리는 우리에게 주어진 능력을 다 발휘하지 못하고 삽니다. 노력하고 정진하면 아주 많은 것을 해결할 수 있습니다. 부처님께서는 마음을 위주로 말씀하시지만, 인간의 가능성을 개발할 수 있는 데까지 다 개발한 분이라고도 이야기합니다. 수행하는 정도에 따라서 자기 마음을 자기 마음대로 할 수 있는 능력이 가능합니다. 민족이나 지역의 문화에 따라서 참는 것도 가능합니다. 옛날에 시집 갈 때는 '장님 3년, 벙어리 3년, 귀머거리 3년'이라고 가르쳤기 때문에 잘 참았습니다. 지금은 우리의 의지와 노력으로 할 수 있는 것이 많아진 만큼 자기 마음을 잘 다스리는 마음공부를 할 수 있는 시대라고 할 수 있습니다.

중생처럼 본능적으로 살게 하는 원동력을 불교에서는 업력이라고 합니다. 일반적으로 몸과 입과 생각으로 짓는 세 가지 업[三業]이 있는데, 그것을 반복적으로 짓는 데에서 힘이 생기는 것을 업력이라고 합니다. 공업(共業)은 중생이 함께 지은 업으로 거의 같이 지니는 것이고, 별업(別業)은 개개인이 다르게 짓는 업으로 자기 삶에 각기 다른 영향을 줍니다. 업은 일반적으로 어떤 행위를 한 결과를 말합니다. 하지만 그뿐만 아니라 마음속에 업력이 살아있습니다. 예를 들어서 어떤 사람에게 나쁜 말을 했을 때 그 사람과 원한을 맺는 것은 업의 작용이라고 할 수 있지만, 마음속에 남을 미워하거나 나쁜 말을 할 수 있는 힘은 업력이라 할 수 있습니다. 그래서 중생은 업력으로 산다고 하고, 업 노릇을 한다고 합니다.

우리가 업력으로 살 때에는 아무리 환경이 좋은 시대가 되었어도 항상 부족함을 느낍니다. 밖에 있는 조건에 따라 달라지는 것이 아니라 자기 업력에 따른 것이기 때문입니다. 자기 몸 편하고 남의 덕 보려는 것은 업력이고, 남을 이익 되게 해 주는 삶은 원력입니다. 원력이 생기면 이타행을 쉽게 할 수 있습니다. 업에 힘이 생긴 업력으로 하는 일은 쉬운데, 원력으로 하는 일이 어려운 것은 원을 세웠어도 원력이 생기지 않은 탓입니다. 부모가 자식을 사랑하는 것을 업력이라 하고, 자식이 부모를 사랑하고 효도하는 것을 원력이라고 할 수 있습니다. 부모가 자식 사랑하는 것은 무거운 물체가 아래로 내려오듯 애를 쓰지 않아도 저절로 되는 것이고, 부모에게 효도하는 것은 무거운 물체가 위로 올라가듯 그냥 이루어지지 않기 때문입니다.

원력에 힘이 생기면 「보현행원품」의 회향원에서 보듯이 나쁜 일은 하려고 해도 이루어지지 않고 좋은 일은 쉽게 속히 이루어집니다. 일찍 일어나는 것은 습관이 되지 않아서 어렵고 늦잠 자는 것은 버릇이 되어서 쉽습니다. 원을 이룰 수 있는 힘이 생기면 원을 이루기가 쉽습니다. 원을 쉽게 할 수 있는 가장 기본적인 마음은 좋아하는 것, 환희심입니다. 십지 보살의 단계에 올라서면 그 때부터 법신보살이라고 해서 보살이 됩니다. 첫째 초지가 환희지입니다. 부처님만 생각해도 기쁘고 보살행할 것을 생각해도 기쁜 단계입니다. 우리는 보살행이라고 하면 남을 위해서 하는 일이기 때문에 힘든 일이라고 생각하는데, 보살은 환희심이 나서 힘을 들이지 않고 할 수 있습니다.

어머니가 아이를 낳는 것을 보살이 되는 과정에 비유해 보면, 아이를 낳은 때가 보살, 어머니의 지위이고 그 이전은 준비과정이 됩니다. 어머니가 되면 자식을 사랑하는 것이 환희심이 나서 어려운 일을 쉽게 합니다. 고모가 조카 기저귀 갈 때에는 냄새난다고 찡그리면서 손사래를 치는데, 자기 아이를 키울 때는 사랑하는 마음이 크니 똥냄새도 향기롭다고 합니다. 그렇게 되어야 아이 키우기가 쉽습니다. 하지만 그만한 힘이 있어야 자식을 잘 키울 수 있는데, 힘없이 키우니 잘 못 키우는 사람들이 생기는 것입니다. 자식을 낳기 전에 부모의 힘을 키우는 교육을 시키고 시험까지 치르게 해야 하는데 그런 과정이 없는 것이 아쉽습니다. 말 잘 듣는 자동차도 운전하려면 교육받고 시험 치는데 제일 말 안 듣는 자식을 키우는 부모는 아무런 검증도 없이 그럭저럭 아이 낳고 그럭저럭 키우니 문제가 생기고 힘이 무척 드는 것입니다. 술 먹고 음주운전하면 면허증 취소하듯이 아버지가 술 먹고 집에 와서 아이들 깨워서 잔소리하면 아버지 면허도 취소하면 좋지 않을까요?

효자는 효도하기가 쉽습니다. 불효자는 효도를 하려고 해도 하는 짓마다 불효를 하게 됩니다. 80세 된 홀아버지를 60세 된 홀아비 아들이 모시고 사는데, 하루는 물가에서 빨래를 하고 있었습니다. 지나가는 아주머니가 좀 도와주겠다고 하니까, 자기는 아버지 빨래를 하는 재미로 살기 때문에 그런 이야기는 하지도 말라고 합니다. 그러자 아주머니가 "아버지 돌아가시면 어떻게 살겠느냐?"고 시비조로 이야기하니까, 깜짝 놀라면서 "왜 우리 아버지가 돌아가시느냐, 아버지가 죽는다는 생각을 한 번도 한 일이 없다."고 합니다.

어떤 부인이 시어머니에게 야단을 심하게 맞았습니다. 그 날 저녁에 남편이 집에 들어오자마자 남편에게 따로 나가서 살자고 합니다. 그 남편이 말하기를 "우리가 참고 살아야지, 어머니가 사시면 얼마나 살겠느냐."고 하면 그나마 효자라고 할 수 있지만, '사시면 얼마나 살겠느냐고 하는 말은 어머니가 죽기를 기다리는 말투라서 효도가 안 됩니다. 만일 자식이 속상하게 했다고 아이와 따로 살자고 했을 때 '우리가 참고 살아야지, 자식이 살면 얼마나 살겠느냐고 말할 수는 없을 것입니다.

우리 어머니는 당시 60세가 넘은 외할머니를 모시고 살았는데, 36세의 젊은 나이에 돌아가셨습니다. 어머니는 돌아가시기 직전에 "내가 죽으면 우리 어머니는 누구하고 사느냐."면서 외할머니를 걱정하셨다고 합니다. 평소에 효성이 지극하셨는데, 죽음에 임박해서도 생후 여섯 달 된 자식과 함께 늙은 어머니를 걱정하셨다는 소리를 듣고 마을사람들이 어머니를 효녀라고 많이 칭찬하셨지요. 제가 만약 어머니 입장이었다면 어머니를 먼저 걱정할 수 있을까 생각해 본 적이 있는데, 저에게 그만한 효성과 힘이 있을지 솔직히 자신이 없습니다.

업에 맡기지 말고 본마음에 맡기면 됩니다. 어떤 문제가 있을 때 속상해 하고 걱정하는 것은 잘 하지만, 탁 털어버리고 본마음으로 돌아오는 것은 쉬운 일인데도 안 하던 일이라서 어렵습니다. 담배에 중독되면 다른 사람 눈치 보면서 피우기도 어려운 담배를 쉽게 공공장소에서 피우듯이 효도에도 중독이 되어 아침에 일어나자마자 낳아주셔서 감사하다는 마음으로 사는 것이 습관화되면 효도하는 것은 일도 아닙니다.

소승불교에서는 업을 바꾸든지 업을 버린다고 합니다만, 대승불교에서는 원력을 세우라고 합니다. 자기의 안 되는 일, 나쁜 생각에 매달려서 그것을 바꾸려 하지 말고, 그냥 자기의 본마음으로 살아가라고 합니다. 일의 되고 안 되는 것을 다 쉬어 버리고 본마음으로 돌아가면 원력의 삶으로 바꾸어집니다.

허물을 그치게 하는 다섯 가지 수행법

업력으로 사는 삶을 본마음에서 나오는 원력으로 사는 삶으로 바꾸기 위해서 해야 할 일이 있습니다, 먼저 업력으로 살아가는 다섯 가지의 허물을 그치게 하기 위해 닦는 다섯 가지 수행법인 오정심관(五停心觀), 즉 부정관, 자비관, 인연관, 수식관, 염불관을 해야 합니다. 이 공부가 이루어지지 않은 상태에서는 더 이상 높은 단계의 수행이 어렵습니다. 자기의 업력이 먼저 작용하기 때문입니다.

특히 욕심이 많은 사람은 오정심관 중에서 백골관, 부정관을 합니다. 색(色)을 탐하는 마음이 생길 때 백골관, 부정관을 하는 것입니다. 사람의 아름다운 겉모습을 보는 것이 아니라 해골, 뼈를 본다고 하면 만정이 떨어질 것입니다. 재물에 대한 욕심도 마찬가지입니다. 사람이 죽어서 한 줌 뼛가루로 돌아간다고 생각하면 욕심이 없어질 것입니다.

화를 잘 내는 사람은 자비관을 하고, 어리석은 사람은 인연관을 하면 됩니다. 어리석음은 모든 것이 인연으로 이루어진다는 것을 모르는 것입니다.

그런데 모든 사람들에게 통용되는 것이 수식관, 혹은 염불관입니다. 요즘 현대인들은 변화가 빠른 시대에 살고 있기 때문에 그 어느 때보다 마음이 산란해지기 쉬워서 집중과 통일이 어렵습니다. 본마음으로 되돌아가 본마음에 맡기라고 해도 중생의 업력으로 생각하고 쫓아가는 마음이 더 강한데 어떻게 본마음으로 돌아가겠습니까? 관세음보살을 정근하면서 염불하고 주력할 때에도 집중이 안 되고 딴 생각을 하는 경우가 많습니다. 입으로는 관세음보살을 부르면서도 생각은 엉뚱한 곳에 가 있는 것입니다. 걱정거리가 있고 문제가 있을 때에도 본마음에 놓아버리라고 합니다. 하지만 생각으로는 놓는다고 해도 중생의 업력이 먼저 작용해서 걱정이 생기고, 욕심이 생겨서 그 마음이 지속되지 않습니다.

산란심을 다스리기 위해서 호흡을 세는 수식관을 하는 게 좋습니다. 호는 내쉬는 날숨, 흡은 들이쉬는 들숨입니다. 자기 몸속의 공기를 내놓으면 자동적으로 다시 공기가 들어갑니다. 나이가 들어서 호흡 곤란이 생기는 것은 숨을 잘 내놓지 못해서 그렇습니다. 어려서는 자동적으로 배가 불룩불룩거릴 정도로 깊이 숨을 쉽니다. 그런데 점점 나이가 먹어가면서 숨이 가슴으로 올라오기 시작해서 늙으면 어깨로 헐떡거립니다. 중생은 호흡에도 욕심을 부려서 마시려고만 하지 내놓지는 않으려고 합니다. 산에 올라갈 때에도 내놓지는 않고 자꾸 마시려고만 하니까 헐떡거리는 것입니다. 내놓는 호흡을 연습해야 합니다.

사람의 근육 중에 수의근(隨意筋)이 있고 불수의근(不隨意筋)이 있습니다. 수의근은 자기의 의지, 뜻을 따라주는 근육으로 내 뜻대로 움직일 수 있는 팔 다리 등의 근육을 말하지요. 그런데 심장이나 위장은 마음대로 안 됩니다. 밥을 먹고 소화시키는 것은 내 뜻대로 안 되는 것입니다. 호흡은 수의근임에도 불구하고 일반적으로는 의식하지 않고 호흡을 합니다. 평소 '내가 숨을 마신다, 내놓는다'고 하면서 숨을 쉬지 않습니다. 의식적·무의식적으로 할 수 있는 호흡을 통해서 정신적·육체적 건강을 어느 정도 다스릴 수 있습니다.

긴장될 때 숨을 크게 한 번 쉬어보듯이 호흡을 잘 하면 어느 정도 자기 의지로 마음을 안정시킬 수 있습니다. 호흡은 계속 하는 것이기 때문에 평소 앉아 있을 때도 호흡을 셀 수 있습니다. 물론 처음에는 호흡을 세다가 생각이 엉뚱한 곳으로 갈 수 있어서 계속 센다는 것이 쉬운 일은 아닙니다. 하지만 호흡은 잠시도 쉴 수 없으니까 호흡으로 공부하는 것이 제일 좋습니다. 따로 시간을 내서, 아침에 일어나서 30분 이상 오로지 호흡만 세면서 수행을 하면 아주 좋습니다. 따로 시간을 내기 힘들면 텔레비전을 볼 때도 한쪽으로는 자기 호흡을 의식하고 깊이 들이쉬고 내쉬는 공부를 하면 됩니다. 자기 의지로 할 수 있는데도 하지 않는 것이 호흡입니다. 평소에는 호흡을 의식하지 않는데, 나중에 늙어서 호흡이 곤란하게 되면 의식하게 됩니다. 내쉬는 호흡을 하면 훨씬 쉬울 텐데 자꾸 마시려고만 해서 헐떡거리게 됩니다. 호흡 훈련이 안 되었을 때에는 나이에 따라 가슴, 어깨 등 점점 올라오는 숨을 쉬게 되는 것입니다. 평소 단전까지 내리는 호흡을 하면 호흡 자체가 올바른 호흡이 될 뿐만 아니라 의식하면서 하기 때문에 마음이 항상 거기에 가 있게 됩니다. 이것이 정념인데, 요새는 마음 챙김이라고 번역합니다. 호흡을 의식하면서 지속적으로 깊이 호흡하면 집중력이 길러지고 마음을 통일시키는 힘이 길러져 산란한 마음이 없어집니다.

또 하나 의식하면서 할 수 있는 것으로 걷기가 있습니다. 팔은 많이 의식하면서 움직이는데 발은 특별한 경우가 아니면 무의식적으로 걷습니다. 축구 선수도 공은 의식하면서 자기 발은 의식하지 않는데 하물며 보통사람들이 걷는 것이야 오죽하겠습니까. 무의식적으로 걷다 보니 돌을 밟아서 넘어지는 것입니다. 만일 걸음에 의식을 하고 있었으면 돌에 닿으면서 바로 알아차리게 되어 넘어지지 않는 것입니다. 군대에서 훈련할 때 구령에 맞춰서 오른발, 왼발을 움직이며 걷는 것도 정신 통일에 상당히 도움이 됩니다.

화난 마음을 다스리는 것, 본마음에 맡긴다는 것은 말은 쉽지만 매우 어려운 일입니다. 하지만 호흡과 걸음은 무의식적으로도 가능한 것이기 때문에 실천하기가 굉장히 쉽습니다. 화가 날 때 심호흡을 하시고 걸으십시오. 걸으면서 걷는 것을 의식하면서 하나 둘 세거나 관세음보살을 염하면 마음이 평온해지는 것을 느낄 수 있을 것입니다. 그래서 전문적으로 계속 걸으면서 걸음 하나하나에 의식하면서 마음 챙김하고 수행하는 사람도 있습니다. 걷기 명상, 행선(行禪)이라고도 하지요. 물론 의식하면서 걷는 것도 쉬운 일은 아니지만 비교적 빨리 될 수 있고 집중이 잘 됩니다. 초심자나 마음이 산란한 분은 앉아 있을 때는 호흡으로, 걸을 때는 걸으면서 수행하면 달리 시간을 내지 않고도 공부를 많이 할 수 있습니다. 걸으면서 걸음 하나하나에 의식을 집중하고 공부하면 더욱 많은 시간을 공부할 수 있는 것입니다.

불수의근인 심장이나 위장이 자기 뜻대로 움직이는 것은 아니지만 전혀 내 뜻과 상관이 없는 것도 아닙니다. 내가 마음이 편안하면 심장도 천천히 뛰고 위장도 활발해서 소화도 잘 되는데, 속이 상하거나 근심 걱정이 있으면 정신적인 영향을 받아 심장도 나빠지고 소화도 잘 안 됩니다. 우리나라 사람의 위장병 환자의 원인을 살펴보면, 대부분 심인성, 신경성이 많답니다. 기능적으로 위장에는 아무런 문제가 없는데 소화가 잘 안 되는 것이 그런 경우입니다. 밥 먹을 때 기쁜 마음으로 먹으면 소화가 잘 되는데 속상한 마음으로 먹으면 체한 경험을 해보신 적이 있을 것입니다. 요즘 사람은 밥 귀한 줄 몰라서 특히 더 그렇습니다. 옛날 며느리들이 요즘 며느리들보다 훨씬 더 심한 스트레스를 받았는데 그 때는 밥이 귀할 때라 아무리 속상한 일이 있더라도 소화를 잘 시켰습니다. 그런데 지금은 밥 귀한 줄 모르고, 속상한 일만 머리에 남아서 밥은 먹어도 소화를 못 시키는 겁니다. 어쨌든 특별한 이유 없이 자주 병이 나고, 스트레스가 원인이라는 진단을 받은 분들은 수행을 통해 마음을 편안하게 하고 즐겁게 살면 병이 없어집니다.

욕심이 많은 사람은 백골관, 화를 잘 내는 사람은 자비관, 어리석은 사람은 인연관, 산란심이 많은 사람은 수식관을 하라고 했습니다. 그리고 업장이 두터운 사람은 불상관(佛相觀), 부처님 모습을 늘 생각하라고 합니다. 부처님과 보살님의 명호를 부르거나 부처님 관을 하면 업장이 소멸된다고 합니다. 이 다섯 가지가 오정심관입니다.

지금 당장 할 수 있는 수행을 하십시오. 먼저 걷기 수행을 권합니다. 어지간한 거리는 공부 겸해서 걸으면 많은 시간 동안 공부할 수 있을 것입니다. 비록 한 걸음 한 걸음 의식적으로 알아차리면서 수행을 하지 않더라도 많이 걸으면 건강에 좋으니 걷기를 적극 권장합니다.

나이가 들면 혈압이 높아질 수도 있고 어지러울 수도 있어서 앉았다가 일어나면 쓰러지기도 합니다. 그래서 아침에 이부자리에서 일어나실 때부터 연습을 하면서 일어나시면 좋습니다. 일어나기 전에 오른쪽으로 한 번 구르고, 왼쪽으로 한 번 구르면서 어느 정도 정신과 몸을 의식하면서 '본마음' 하고 일어나면 일어나기가 쉽습니다.

또한 살다보면 화가 날 때가 있습니다. 자식이 말 안 듣고 말대답하거나 속 썩일 때, 직장에서 아랫사람이 속 썩일 때 화가 나서 자리에서 벌떡 일어나면 큰일 납니다. 그러다가 혈압이 높아져 갑자기 쓰러지면 못 일어날 수도 있습니다. 그럴 때에도 몸을 조금 흔들면서 본마음 하고 워밍업을 한 뒤에 일어나면 좋습니다. 아무리 바쁘고 급한 일이라도 내가 쓰러지면 다 소용없습니다. 조금 여유를 두고 일어나는 습관을 기르십시오. 마음을 다스리는 것보다 몸을 다스리는 것이 더 쉬우므로 거기에서부터 집중력을 길러보자는 뜻입니다.

제가 설악산 대청봉에 간 일이 있었습니다. 그 때 하산하다가 다른 사람이 넘어지는 것을 보고 크게 느꼈습니다. 한 발을 내려서 딛을 때 다른 발이 놓일 자리를 보지 않고 발을 디디면 넘어집니다. 다른 발이 갈 자리까지 봐야 넘어지지 않습니다. 나이가 들어가면 한 발만 딛고 서 있는 훈련을 해야 됩니다. 그것도 눈을 감으면 금방 넘어지고, 손으로 균형을 잡지 않으면 넘어집니다. 균형 잡는 연습을 자꾸 하면 그것을 담당하는 뇌가 발달한답니다. 의식을 하면서 걷고 움직이면 건강해지는 것은 물론이고, 집중력도 강화되고, 산란심도 없어져 마음의 평정을 되찾게 됩니다. 당장 지금부터라도 걷기 수행을 통해 몸과 마음의 건강을 되찾기 바랍니다.

자기 마음속에서 죽 끓듯 하는 번뇌 망상이
다 자기 운명을 만드는 것입니다.
일체유심조(一切唯心造)라는 말처럼
자기가 망상 부린 그대로 만들어지니,
안 된다고 포기할 것이 아닙니다.

색즉시공 (色卽是空)

중국 초나라 때 어느 임금이 사냥을 나갈 때 금으로 만든 화살로 활을 쏘았습니다. 화살이 빗나가면 금 화살이 숲속에 떨어져 있겠지요. 임금이 사냥을 하고 돌아가면 온 마을 사람들이 올라와서 금 화살을 찾느라 정신이 없습니다. 신하들은 더 어두워지기 전에 금 화살을 회수해야 되는데 화살을 몇 개 못 찾았다고 임금님께 말씀드리니까, 임금님이 "내일 와서 찾으면 되지."라고 합니다. 신하들이 "내일이면 늦습니다. 오늘 저녁에 마을 사람들이 횃불을 가져와서 금 화살을 다 찾아가버릴 겁니다."라고 말씀드리자, "초나라 임금이 잃어버린 것을 초나라 백성들이 주워 가는데 뭐가 아깝냐."라고 말씀하시는 겁니다. 임금님의 이 말을 듣고 백성들이 얼마나 좋아했겠습니까. 임금님이 백성들을 한 몸처럼 생각해 준다는 말씀이니 감격을 했지요.

임금님의 이 말씀이 전국적으로 소문이 났습니다. 공자님 제자 중의 하나가 그 말을 듣고 공자님한테 가서 "초나라 임금은 천하를 통일할 만한 성군인 것 같습니다."라고 말씀드립니다. 그러자 공자님은 "아니다. 그 소견으로는 천하통일을 할 수 없다. 겨우 초나라 임금 자격밖에 안 되는 소견이다."라고 하는 겁니다. 왜냐하면 초나라에 한정 짓지 말고 사람이 잃어버린 것을 사람이 줍는다고 얘기를 했어야 된다는 것입니다. 공자님의 말씀을 노자님의 제자가 듣고는 노자님한테 가서 자랑합니다. 공자님 이야기를 하면서 "초나라 임금과 공자님을 비교하면 하늘과 땅 차이입니다."라고 하자, 노자님은 "그 공자라는 사람이 나와서 사람 다 버린다."고 하더랍니다. "왜 꼭 사람만 주워 가야 하느냐, 안 주워 가면 또 어떻고. 사람 욕심만 키워 주는 소리를 했구나."라고 하더랍니다.

그러면 우리 불교, 부처님께서는 뭐라고 말씀하셨을지 한 번 생각해 봅시다. 반야심경에 보면 "색불이공(色不異空) 공불이색(空不異色) 색즉시공(色卽是空) 공즉시색(空卽是色), 색이 공과 다르지 않고, 공이 색과 다르지 않다, 색이 곧 공이요, 공이 곧 색이다."라는 말이 나옵니다. 금화살이 공과 다르지 않다고 생각하면 주울 것도 없고 욕심낼 것도 없지요. 이 말은 금이 없다는 말이 아니라 금에 대한 집착을 끊으라는 뜻입니다. 초나라 임금님 말씀이나 공자님, 노자님 말씀은 다 금에 대한 욕심이 깔려 있는 것입니다. 초나라 백성이 주워 간다고 하나, 사람이 주워 간다고 하나, 안 주워 간다고 하는 말이 다 금을 금으로 보고 한 이야기입니다. 그런데 우리 불교처럼 금즉시공이라고 하는 것, 집착을 않는다는 것은 참 대단한 일입니다.

제가 중고등학생법회에서 이 법문을 해준 일이 있는데, 그 뒤에 어떤 학생이 편지를 보내왔습니다. 금즉시공 법문을 듣고부터는 동생하고 싸울 일이 없다고 합니다. 예전에는 사과 하나를 가지고도 서로 먹으려고 싸웠는데, 요즘엔 사과즉공이라고 하면서 자기가 양보를 한답니다. 화살 하나의 이야기 속에도 부처님까지 올라오는 엄청난 경지가 있습니다. 이런 경지에 이를 정도로 마음을 바꿔갈 필요가 있다는 생각에서 말씀을 드린 것입니다.

중국에 성리학을 집대성한 주자의 스승으로 정자라 불리는 형제분이 있었습니다. 명도 정호, 이천 정이 선생인데, 그 형제분이 하루는 배를 타고 가다가 풍랑을 만났습니다. 풍랑을 만났을 때 공포 속에서 아우성치는 사람, 풍랑에 이리 몰리고 저리 몰리며 우왕좌왕하는 모습이 제각각이었습니다. 이 형제분들은 움직이지 않고 가만히 앉아 있으면서 마음을 다스리고 있었지요. 다행히 배가 전복되지 않고 언덕에 닿았습니다. 갑판을 걸어 나오면서 형이 동생에게 물었습니다. "아까 풍랑을 만났을 때 우리는 몸은 움직이지 않고 가만히 있었다. 그 때 마음은 어떻더냐?" 하고 물으니까 마음은 불안했다는 것입니다. 불안한 마음을 억제하려고 노력한 것이었지요. 그 말을 듣고, 형이 "나도 그랬다. 우리는 도가 완전히 이루어진 게 아니다. 그 때 마음이 아무렇지도 않아야 되는데, 마음이 흔들렸다면… 몸만 가만히 있는 것으로는 완성된 게 아니다."라고 얘기를 하였지요.

그 때 마침 저 뒤에서 떨어진 누더기를 입은 스님이 내렸습니다. 형제분이 동시에 그 스님에게 묻습니다. "아까 풍랑을 만났을 때 스님의 마음은 어떻습디까?" 하고 물었습니다. 사실 이 때의 대답은 대부분 둘 중 하나입니다. 마음이 불안했다든지, 아무렇지도 않았다든지 하는 것이지요. 수심(修心)이 무심(無心)만 못하다, 무심의 경지가 수심의 경지보다 더 높다는 등 개념적으로 얘기할 수는 있습니다. 그런데 그 때 선사스님의 대답이 재미있습니다. 격외도리, 격식 밖의 일로 얘기를 하시는 겁니다. 마음에 잘 새기셔야 오래오래 기억되는 아주 중요한 얘기입니다.

"내 마음은 배를 탄 일도 없고 풍랑을 만난 일도 없습니다."

엄연히 배를 타고 왔고 풍랑을 같이 만났는데 마음은 그렇지 않다고 얘기하는 겁니다. 사실 그것도 완전한 답은 아닙니다. 아무 대답 없이 지나간다든지, 지팡이로 한 대 때려주고 간다든지, 악! 하고 소리를 한 번 지른다든지 하는 일구법이 있는데 대답을 해 준 것은 상대방의 경지를 봐서 해 준 겁니다.

불자님 몇 분이 친구 집에 놀러갔습니다. 그런데 친구가 좋은 마음먹고 찾아온 사람들을 불편해 하면서 퉁명스럽게 대하는 겁니다. 얼마 안 있다 기분이 나빠져 싸우고 돌아 나옵니다. 다시는 그 집에 안 간다고 욕을 하면서 길거리에 분풀이를 해 댑니다. 그런데 이 책을 읽고 이 법문을 들으신 분은 아무렇지 않게 걸어가는 겁니다. "그 집에 가서 그렇게 욕을 먹었는데 아무렇지도 않느냐?"고 물으면, 일반적으로 "무슨 속상한 일이 있었겠지, 우리가 이해해야지." 이렇게만 얘기해도 대단합니다. 그런데 그것이 완전한 것은 아닙니다. 앞서 스님의 대답처럼 "나는 그 집에 간 일도 없고 욕 먹은 일도 없다."고 하는 정도가 돼야 마음공부를 했다고 할 수 있습니다.

그럼 우리는 어느 정도의 경지까지 올라야 하느냐? 적어도 금화살 이야기를 들으면 '금즉시공(金卽是空)'이라고 말할 정도는 되어야 합니다. 어떤 일이 있었을 때 그런 일이 없었던 때로 돌아가는 겁니다. 자기가 어떤 잘못을 저지르고 참회한다는 것도 본래 청정한 자기 마음, 불성자리로 되돌아가는 것이 완전한 참회이지 잘못했다는 죄의식 속에 산다면 아직 죄에서 못 벗어난 것입니다. 이와 같이 불자라면 좀 더 차원을 달리할 필요가 있습니다. 누군가 "절에 갔다고 들었는데 스님이 무슨 법문을 하더냐?"고 물으면 "간 일도 없고 법문 들은 일도 없다."고 대답하면서 도인 행세를 한 번 해보세요.

어쨌든 일상생활 속에서 일반적으로 생각하고 있는 마음에서 한 차원 업그레이드시켜서 다른 쪽을 찾아보는 사람이 되기를 부탁합니다.

안 하니까 안 되는 것이다

옛날 선사스님들께서는 방하착, 놓으라는 가르침을 주셨습니다. 그런데 중생은 모든 것을 욕심껏 거두어들이려고만 하기 때문에 놓는 것이 잘 안 됩니다. 본마음에 다 놓아버리면 자기 할 일이 다 끝난다고 하는데도 못 놓습니다. 놓는 것으로 다 이루어진다는 것에 대한 믿음이 없기 때문에 놓아버리지 못 하는 것입니다. 중생은 없는 것을 만들어내고 열심히 긁어모으기는 해도 있는 것을 놓지 못하는 습성이 있습니다. 아무리 놓으라고 해도 안 하던 것을 하려니 당연히 어렵습니다. 모든 근심 걱정 망상을 본마음에 놓아버리기 위해 애를 써야 합니다. 자기 마음속에서 죽 끓듯 하는 번뇌 망상이 다 자기 운명을 만드는 것입니다. 일체유심조(一切唯心造)라는 말처럼 자기가 망상 부린 그대로 만들어지니, 안 된다고 포기할 것이 아닙니다. 안 하니까 안 되는 것이므로 하려고 열심히 노력해야 합니다.

80세 되신 노스님이 법상에서 열심히 공부하라고 말씀하시니까 법상 아래에 있던 스님이 "화두 일념도 안 되고 염불 일념도 안 됩니다. 왜 이렇게 공부가 안 됩니까?" 하고 여쭙니다. 노스님 말씀이 "안 하니까 안 되는 것이지."라고 하십니다. 일념으로 모든 것을 본마음에 맡기고 놓아버리려고 했는지 먼저 반성하고 열심히 해야 하는 것입니다.

본마음에 놓아버리라고 하면 어렵게 생각하니까, 우리에게 관음신앙이 친숙하므로 관세음보살에 대한 믿음을 예를 들어 말씀드리겠습니다. 우리가 어렸을 때 어머니들이 돌부리에 걸려 넘어질 때 '아이쿠 관세음보살' 하고, 자식이 말을 안 들어도 '관세음보살' 할 정도로 관음신앙이 뿌리 깊게 자리 잡았지요. 관음신앙의 경전적 근거는 『법화경』 제25품인 「관세음보살보문품」입니다. 「관세음보살보문품」에 등장하는 무진의보살이 부처님께 묻습니다. "관세음보살을 왜 관세음보살이라고 합니까?" 부처님께서 말씀하시기를, "어떤 중생이 어려운 일을 당했을 때 관세음보살을 일심으로 부르면 관세음보살님이 그 소리를 듣고, 관하고 어려움에서 해탈하게 해 주기 때문에 관세음보살이라고 한다."고 대답하십니다. 『법화경』 「관세음보살보문품」은 관음신앙의 가장 기본적인 경전이어서 그 부분만 따로 독립시켜서 관음경이라 하여 독송하고 있습니다.

어쨌든 관세음보살님을 일심으로 칭명하면 관세음보살님의 위신력으로 중생을 어려움에서 구해 준다고 합니다. 또한 관세음보살님은 중생이 부르면 그 소리를 듣는 게 아니라 그 사람을 관하는 능력이 있다고 합니다. 아이의 우는 소리를 듣고 어머니가 그 소리만 듣는 게 아니라 아이의 배고픔과 아픔을 볼 수 있는 능력, 관이 있는 것과 마찬가지입니다. 관세음보살에게 중생을 구원하려는 자비심과 능력이 있어서 그렇게 관할 수 있다고 합니다.

이 때 관세음보살님의 자비심과 능력에 대한 믿음이 가장 중요합니다. 그리고 딴 생각 없이 일심으로 오로지 관세음보살님을 부르는 것입니다. 이 두 가지가 합해져서 관세음보살님의 가피력이 이뤄지는 것입니다. 그렇다면 내 소원을 이루어줄 수 있다는 관세음보살님에 대한 믿음이 어느 정도라야 가능할까요? 본인은 어느 정도인지 한 번 스스로 생각해 보세요. 경전을 읽으니까 그렇고 스님의 법문을 들어보니까 그렇다고 하더라고 하는 정도로 믿는 사람이 있을 것이고, 또 하나는 그럴 것이다, 그럴까 하는 정도로 믿는 사람도 있을 것입니다.

불교적인 용어로 말하면 믿는다고 할 것도 없이 믿어야 됩니다. 예를 들어서 아이가 울 때 어머니가 나에게 젖을 주는 능력과 자비심을 믿고 웁니까? 내가 울면 우리 어머니는 젖을 준다고 '한다더라', '할 것이다'가 아니고, '꼭 줄 것이다'도 아닙니다. 우리의 믿음도 어린

애가 무조건 어머니를 믿는 정도의 경지가 되어야 합니다. 부모가 자식을 사랑할 때 사랑한다는 말을 하면 이미 사랑하는 것이 아닙니다. 누가 길에서 "나는 우리 아들을 사랑한다."고 외치면 지나가는 사람들이 "미쳐도 많이 미쳤다."고 한마디씩 할 겁니다. 하물며 우리가 불보살을 믿는 정도야 오죽하겠습니까?

관세음보살을 부르고 본마음에 놓아버리는 것도 그렇게 믿는다고 할 것도 없이 믿어야 합니다. 믿으면 어떻게 된다는 것을 생각할 것도 없는 경지가 되어야 진짜 믿음이 됩니다. 중생의 업을 버리고 보살과 부처님의 업으로 바꾸면 내가 부처님 된다, 내가 부처라고 하는 확신도 믿는다고 할 것도 없는 경지가 되어야 합니다. 이론적으로 설법할 때는 내가 부처라고 생각한다고 하지만 대화를 몇 차례 하다 보면 '중생이 그렇지.'라고 말하면서 금방 중생이 되어버립니다.

관세음보살님을 부를 때도 부른다고 할 것도 없이 불러야 합니다. 갓난아이가 울 때 '이렇게 울어볼까', '더 크게 울어볼까', '일심으로 울어야 된다던데' 하면서 우는 게 아니듯이 그렇게 울어야 합니다. '염도염궁무념처(念到念窮無念處)'라는 게송의 구절이 있습니다. 아미타 부처님께로 생각이 도달하여 끝까지 가서 생각 없는 곳에 이르렀다는 뜻입니다. 진짜 염(念)은 생각이 없는 곳에 이르러야 완성된 것입니다. 한문에 생각 염(念), 생각 사(思), 생각 상(想) 자가 있는데 뜻은 다 다릅니다. "다음 주에 절에 올 수 있느냐?"고 물을 때, "생각해 보고 온다."고 답할 때는 따져서 분별한다는 뜻입니다. '앉으나 서나 당신 생각'처럼 오로지 생각하는 것이 염입니다. 분별하고 따지는 것과는 다릅니다. 일념, 일심이 되고 무념처, 생각이 없는 곳에 이르러야 완전한 것입니다.

관세음보살님에 대한 믿음을 완전하게 하기 위해서는 항상 관세음보살님을 가까이 해야 됩니다. 절에 와서는 늘 부처님과 관세음보살님을 뵙고 절하고 공양 올리고, 집에서도 관세음보살님 사진을 모시든지 해서 자기 마음속에 가득 들어와 있어야 됩니다. 명호를 부를 때도 처음에는 소리를 내어서 부르고, 다음에는 마음속으로 소리 없이 부르다 보면 일념이 되고, 나중에는 온 몸으로 무념처에 이르게 됩니다. 그렇게 되어야 일심칭명이 됩니다. 절에서 목탁을 치면서 관세음보살을 부를 때가 일념이 잘 되는데, 그럴 때에도 옆에 지나가는 사람과 시끄럽다고 시비하면 일념으로 부르기가 어렵습니다. 안 하던 것이어서 어렵겠지만 하면 됩니다. 어린이가 어른의 말을 따라하면서 말을 배우는데도 금방 못 배웁니다. 매일같이 쓰는 말도 몇 년씩 걸려야 겨우 배우는데 어쩌다 한 번씩 절에 와서 하는 염불이 쉽게 되겠습니까? 가슴 속에 가득 관세음보살을 모시고 열심히 염불하는 수밖에 없습니다. 무슨 일이든 성취될 때까지 염불하면 됩니다.

무엇이 윤회하는가?

한 스님이 마을을 지나다가 목이 말라서 어느 집에 가서 물을 청했습니다. 그런데 물을 떠온 아주머니의 몸이 새까맣게 멍이 들어 있는 것입니다. 스님은 아주머니가 고맙기도 하고 측은하기도 해서 어떻게 된 일이냐고 물어보았습니다. 날이면 날마다 남편이 자기만 보면 때린다고 합니다. 밖에서는 멀쩡한데 안에만 들어오면, 그것도 자기 부인한테만 그렇게 구타를 한다는 것입니다. 스님께서 일러주기를, "오늘 저녁에 남편이 들어오거든 무조건 매를 맞으세요. 대신 덜 아프게 두꺼운 옷을 입고 맞으십시오. 아무 말도 말고 덤비지도 말고 그냥 맞으세요. 또 왕골 껍데기로 만든 돗자리를 말아서 방 한쪽 구석에다 놓아두고, 방안에 일체 다른 것은 다 없애시면 됩니다."

그날도 남편이 들어와서는 부인을 보자마자 왕골 돗자리를 들고 때립니다. 부인은 평소에는 반항도 했는데, 스님 말씀대로 아무 말도 하지 않고 맞았습니다. 남편은 그렇게 부인을 한참 때리더니 한숨을 푹 내쉬더랍니다. 그리곤 그 다음부터는 부인을 전혀 안 때렸다는 이야기입니다. 얼마 후 그 집에 스님이 또 들렀습니다. 그렇잖아도 스님의 말씀대로 했더니 그날 이후로는 남편이 전혀 구타를 하지 않아서 고맙기도 하고 궁금하기도 해서 스님을 기다려 왔던 터라 오자마자 여쭈었습니다.

"보살님 남편의 전생은 소였고 보살님은 소 주인이었지요. 전생에 보살님께서 소를 몰고 다니면서 많이 때렸습니다. 금생에 그것을 되갚기 위해 보살님 남편이 늘 그렇게 때린 것입니다. 그런데 돗자리를 만든 왕골의 개수가 수백 개가 넘으니까 한 번 맞으면 수백 번 맞는 것이 되어서 그날 하루 만에 다 갚아졌기 때문입니다. 그런데 수많은 세월 동안 수없이 맞으면서도 전생 빚을 갚지 못한 것은 욕하고 대들었기 때문입니다. 그렇게 맞는 것은 욕 값으로 맞는 것이지 전생 빚을 갚는 것이 아니었기 때문입니다."

불교의 인과와 전생업보 사상을 바탕으로 전해 내려오는 이야기인데, 시사하는 바가 큽니다. 사람이 살다 보면 좋은 일도 있고 나쁜 일도 있습니다. 좋은 일은 그냥 그런가 보다 하고 넘어가는데, 나쁜 일이 생겼을 때는 그냥 넘어가지지 않습니다. 특히 원인을 분명하게 모르거나 자신의 잘못이 아니라고 여겨질수록 더욱 기분이 나쁩니다. 자기 탓이라 생각하지 않기 때문에 더욱 속이 상하고 화가 납니다. 그러다보면 점점 더 기분 나쁜 일이 많이 생기게 됩니다. 그래도 절에 다니는 분들은 정도가 덜합니다. 입버릇처럼 "전생에 내가 무슨 죄를 지어서."라고 하면서 속을 삭입니다. 온 우주의 진리를 깨달으신 부처님께서는 과거·현재·미래를 다 보시기 때문에 중생을 확실하게 제도하실 수 있었습니다. 아직 깨닫지 못해서 비록 과거 전생을 볼 수 없다 할지라도, "콩 심은 데 콩 나고 팥 심은 데 팥난다."는 속담에서 확실히 일깨워주고 있는 인과를 알면 마음이 훨씬 더 평온해집니다.

상대방이 나에게 기분 나쁜 일을 하였을 때 전생에 내가 상대방에게 기분 나쁘게 한 일을 지금 받는다고 생각하면 마음이 편합니다. 남에게 돈을 꾸었다가 갚을 때 기분 좋게 고맙다 생각하면서 빚을 갚으면 속이 편한데, 오히려 자기 것을 뺏기는 것 같은 느낌이 들면서 속이 상하는 일과 같습니다. 나쁜 일이 생기면 자기 잘못이라 생각하고, 전생업을 갚는다 생각하면 업장이 소멸되어서 삶이 훨씬 나아지게 됩니다. 인과는 자기가 몰라서 그렇지 한 치의 틀림도 없이 분명합니다. 벗어나려고 발버둥 친다 해서 억지로 벗어나는 것이 아니므로 자기에게 닥친 고난을 기분 나빠하지 말고 즐거운 마음으로 빚을 갚는다고 생각하면 고난이 점점 줄어드는 것입니다.

일상생활 모든 게 다 그렇습니다. 남편이 매일 늦게 집에 들어오는 집이 있습니다. 아내가 남편에게 집에 일찍 들어오라고 하면 남편은 아내가 웃는 얼굴을 하고 있어야 일찍 들어온다고 합니다. 아내는 남편이 일찍 들어오면 웃겠다고 합니다. 그러면 끝까지 해결이 나지 않습니다. 남편이 일찍 들어올 테니까 웃으라 하고, 아내는 웃을 테니까 일찍 들어오라 하면 조금은 해결이 되지요. 이렇게 한 생각을 아주 약간만 돌려도 해결되는 일이 굉장히 많습니다.

인과법이나 윤회를 과거·현재·미래를 들먹이면서 너무 거창하게 생각할 게 없습니다. 바로 지금 이 자리에서 인과를 받고 윤회를 합니다. 부처님 같은 생각을 하고 부처님 같은 행을 하면 불국토에 가서 난 것이고, 나쁜 생각을 하고 나쁜 짓을 하면 바로 당장 지옥에 떨어진 것입니다. 불국토와 지옥의 극단적인 비교까지 할 것도 없고, 마음을 어떻게 먹고 행동하느냐에 따라 행복과 불행이 오락가락합니다. 집안에서 혹은 직장 사무실에서 한 사람이라도 화난 표정을 짓고 있으면 금세 분위기가 썰렁해지고 불행해집니다. 또 한 사람이 환히 웃으면서 행복바이러스를 퍼뜨리면 분위기가 화사해지고 행복해 하는 분들이 많아지는 것입니다.

불교교리로서의 삼세인과, 윤회에 대해서 간략하게나마 설명드리면, 윤회는 주로 금생에 어떻게 살면 내생에 어떻게 받는다는 인과를 생각하면 쉽게 알 수 있습니다. 원인과 결과가 같은 것을 등류과(等流果)라 하고, 원인과 결과가 다른 것을 이숙과(異熟果)라 합니다. 증상과(增上果)는 주체적인 것 이외에 뭔가 도와주고 방해하지 않아서 결과를 얻는 것이고, 사용과(土用果)는 선비가 공부하는 것과 같이 자기 스스로 해서 이루는 결과를 말합니다. 과정을 중심으로 나눌 때는 증상과와 사용과로 나눕니다. 예를 들어서 강을 건널 때 배를 타고 건넌다면 증상과이고 수영해서 건널 때에는 사용과입니다.

그리고 만일 절에서 향로나 촛대 등 불구(佛具)를 깨끗이 닦으면 내생에도 불구를 깨끗이 닦는다고 하면 등류과이고, 불구를 닦은 공덕으로 내생에는 얼굴이 예쁘게 태어난다고 하면 이숙과, 다르게 익어서 태어나는 것이 됩니다. 12연기에 대해 잘 알고 계실텐데, 무명(無明)으로 시작해서 전혀 다른 생과 사가 생긴다는 것은 이숙과입니다. 이와 같이 불교학에서 보는 인과론은 깊이가 헤아릴 수 없이 깊어서 우리가 상식적으로 알고 있는 인과와는 많이 다릅니다.

"윤회한다고 할 때 무엇이 윤회하는가?"에 대한 질문을 자주 받습니다. 육신은 없어지는 것이므로 업 사상에서는 우리가 지은 업이 윤회를 한다고 합니다. 예를 들어 돈을 훔쳐서 다 쓰지 못하고 죽을 때에 그 돈을 완전히 자기 것으로 만들기 위해서 먹을 것을 사서 먹었는데 죽어 보니까 그것도 완전하게 자기 것이 아니더랍니다. 육신이 죽었을 때 움직이는 기운은 바람으로 돌아가고, 따뜻한 기운은 불로 돌아가고, 습한 기운은 물로 돌아가고, 찌꺼기는 흙으로 돌아가서 물질은 하나도 없게 되어 물질적으로는 빚진 것이 없게 됩니다. 공수래공수거라고 하지만 손도 가져가지 못합니다. 다음 생까지 남는 것은 그 마음과 행위, 업(業)뿐입니다.

그러면 그 업은 어디에 숨어 있다가 다음 생에 넘어올까요? 금생에 착한 일하고 살고 다음 생에 고통 받지 말라는 방편설로만 생각한다면 그냥 착하게 살기만 하면 되지 어디에 숨어 있다가 나타나는지 따질 필요도 없습니다. 부처님 당시에는 이렇게 따지지 않고 수행에만 전력해서 윤회를 끝내는 열반에 중심을 두었지요. 그런데 그 후 불교학이 발달하면서 유식학에서 깊이 연구를 하였습니다. 인간에게는 보고 듣고 냄새 맡고 맛보고 행동하고 생각하는 육식이 있습니다. 또한 그 외에 우리가 알지 못하는 제7 말나식과 제8식 아뢰야식이 있습니다. 제8식에 우리의 업을 저장하여서 없어지지 않는다고 합니다. 아뢰야식에 저장된 업이 있어서 윤회를 하고, 또한 누구든지 본래 간직하고 있는 불성, 여래장이 있어서 깨달을 수도 있는 것입니다.

바다에 바람이 불면 파도가 치고, 바람이 잠잠하면 바다는 다시 수평을 이룹니다. 바닷물 스스로의 성품으로 잠잠해지듯이 우리에게는 부처님이 될 성품이 있어서 성불하게 되는 것입니다. 그런데도 우리는 무명 업풍(無明業風)만 있는 줄 알고, 이 업력이 힘이 되어 자기중심적으로 욕심을 부리며 삽니다. 과거로부터 지어온 업력은 엄청나게 크기 때문에 업력으로 착한 생각을 내거나 깨달은 것은 범부각(凡夫覺)으로서 그것은 완전한 깨달음이 아닙니다. 아무리 구름이 가리고 있어도 태양은 여전하듯이 그 본래의 마음자리에 맡기고, 마음자리가 작용을 해야 완전하게 사는 것입니다.

선업보다 수행업을 지어야 하는 까닭

불교에는 유위법과 무위법이 있습니다. 유위법은 밖으로 모양이 있고, 경험할 수 있고, 설명할 수 있고, 생각할 수 있는 일입니다.. 겉으로 드러난 일이기 때문에 잘하면 칭찬할 수 있고 못하면 비난할 수 있습니다. 그런데 마음 닦는 일, 무위법은 잘 보이지도 않고 생각할 수도 없고 모양이 없습니다. 그렇다고 해서 필요가 없다거나 중요하지 않다고 생각해서는 안 됩니다. 무위법은 모든 삶의 근본이요, 깊은 내면의 업식(業識)으로 자기도 모르는 사이에 생각과 말과 행동으로 나타나게 됩니다. 그래서 밖으로 나타나는 말과 모양만 고치려고 해서는 미봉책에 불과하고, 근본 마음을 닦아야 됩니다. 그 마음을 우리가 평소 사용하는 마음과 구분하기 위해서 본마음, 혹은 깊은 마음, 부처님 마음이라고 이름을 붙입니다.

불교에서는 무위법을 중시합니다. 그래서 선업 짓기를 강조하기보다는 수행업을 짓도록 가르칩니다. 사람 몸 만나기 어렵고, 불법 만나기 어렵고, 수행을 강조하는 정법을 만나기 어렵다고 합니다. "이 몸을 금생에 제도하지 못한다면 다시 어느 생을 기다려서 제도할 것인가."라는 말이 있습니다. 이 말은 좋은 복을 지어서 부자로 태어나거나 천상에 태어나는 것이 아니라 생사 없는 도리를 깨달아서 부처님이 된다는 뜻입니다.

인간은 누구나 세상을 살아가면서 업을 짓게 되는데, 업에도 선업과 악업 그리고 무기업이 있습니다. 선업과 악업은 잘 아실 것입니다. 선업은 말 그대로 착한 행동을 말합니다. 악업은 자기 본성에 어긋나는 것, 도둑질, 거짓말, 사음 등이고, 자기 보호의 본능에 따른 행동은 선도 아니고 악도 아니지만 중생의 업입니다. 자기 몸이 영원하다고 생각하는 것과 죽으면 그만이라는 생각은 선도 아니고 악도 아니지만 우리가 도를 닦는 데 방해가 되는 것이어서 삿된 소견으로 중생의 업입니다.

우리는 보통 일생을 태어난 날로부터 시작해서 죽는 날까지로 생각합니다. 하지만 이것은 윤회에서 보면 반밖에 돌지 않은 것이고, 어머니 뱃속에 있는 날과 죽어서 다시 태어날 때까지 다 합해야 윤회가 완성됩니다. 어머니 뱃속에 잉태하는 것을 입태(入胎)라 하고 머물러 있는 것을 주태(住胎), 세상에 태어나는 것을 출태(出胎)라고 하여 태어나는 생유(生有)가 됩니다. 한평생 사는 것을 본유(本有)라 하고, 죽는 것을 사유(死有)라 하고, 죽어서 다시 어머니 뱃속에 입태할 때까지를 중유(中有)라 하고 중음신이라 합니다. 이 중유의 기간이 일반적으로 49일이어서 다시 몸을 받게 되는데, 이 기간을 넘기면 점점 지능이 저하되고 중음신으로 떠돌아다닌다고 합니다. 다음 생을 결정 받지 못했기 때문에 자기가 지금까지 살아온 습성을 지니고 세상에 집착하고 있는데 그것을 업감, 업으로 느낀다고 합니다.

우리가 고통 받는 것도 업감으로 받는다고 합니다. 몸뚱이가 없는데도 우리가 꿈속에서도 배고픈 것을 느끼듯이 특히 중음신은 배고픔을 느낀다고 합니다. 그래서 옛날 양반집에서는 돌아가신 조상을 위해 상식이라 하여 새벽마다 밥을 차려 주었는데, 이것은 원리를 잘 모르고 하는 것입니다. 업감으로 느끼는 배고픔은 아무리 갖다 바쳐도 배가 부르지 않아서 소용이 없습니다. 그 대신 깨닫게 해 줘야 합니다. 절에서 49재를 지내거나 천도재를 지낼 때 "사대가 없어졌으므로 먹지 않아도 된다."는 법문을 통해 영가가 이치를 깨닫게 해 줍니다. 영가가 이런 이치를 모르면 죽었어도 죽지 않은 것같이 느낀다고 합니다. 그와 마찬가지로 우리가 음식을 먹을 때에도 대부분의 사람들은 중생업, 욕심으로 먹습니다. 그것을 수행업으로 돌려야 합니다. 자신을 완성시키기 위해서 먹어야 한다는 말입니다. 상대방과 자신을 둘로 볼 때에는 보시, 효도를 하는 것도 선업이 됩니다. 하지만 나와 남을 둘로 보지 않고, 모든 일을 자기를 완성시키기 위해 행한다면 보시와 효도가 수행업이 됩니다. 그렇게 되면 보시와 효도도 실천하기가 점점 쉬워져서 무주상보시의 완성으로 가기가 쉬운 것입니다. 그렇지 않고 선업 차원에서 하면 행할 때마다 힘이 들고 더 이상 발전이 안 됩니다.

수행업이 어렵다고 생각하시는 분들이 많으시겠지만, 생각하기에 따라서 결코 어렵지 않습니다. 세상에 태어났으면 책 한 권은 꼭 쓰셔야 합니다. 무슨 책이냐? 법회에서 설법을 들은 내용, 경전 말씀, 불서(佛書), 교양서, 사람들과의 만남 속에서 느낀 감동을 노트에 적어 수행일기를 만들어 보십시오. 그리고 딸이 시집가고 아들이 장가갈 때 알맞은 내용을 모아서 공책 한 권에 적어 주시면 아주 좋습니다. 독자가 딸 혹은 아들 하나일지라도 이렇게 인생을 살아가는 교훈이 담긴 책 한 권은 만들어 주셔야 부모로서 할 일을 했다고 볼 수 있습니다. 경제적으로 한 밑천 대 주는 것으로 부모 노릇이 끝나는 게 아닙니다. 부모가 남겨 준 글을 읽고 자식이 감동을 받아 비록 뒤늦게라도 생활 습관이 바뀌고 마음이 바뀔 정도로 진실한 마음을 담아서 글을 써야 합니다. 부모가 수행하고, 공부하는 모습을 보여 준다는 것이 자식에게 얼마나 중요한 일인지 모릅니다.

제가 아는 노보살님이 연세가 80이 넘으셨는데도 교양대학에 다니면서 공부를 열심히 하시기에 일부러 "다 늙어서 무엇 하러 공부하느냐?"고 여쭤 보았지요. "나중에 죽어서라도 공부한 게 더 좋을 것 같아서 한다."고 하시더군요. 그 보살님은 윤회를 확실히 믿고 계신 겁니다. 지금 공부한 것이 세세생생 작용한다는 것을 아시는 것이지요. 내생까지 갈 것도 없고 지금 당장 자식, 손자 손녀에게 공부하는 모습을 보이는 것만으로도 큰 가치가 있습니다.

어쨌든 법회에서 설법 들은 내용을 집에 가서 법회일기, 수행일기를 쓰시기 시작하면 말할 수 없이 큰 효과를 볼 것입니다. 그 자체가 수행하는 자세를 확고하게 해서 본격적인 수행의 길로 들어서게 되는 것입니다. 법사가 설법을 잘하고 못하고의 문제가 아닙니다. 단 한 마디의 말씀도 받아 들이기에 따라서 큰 차이가 납니다. "이 몸을 금생에 제도하지 못하면 어느 생에 제도할 것인가."라는 문장 한 구절에도 팔만대장경 전체를 받아 들이는 만큼의 가치를 부여할 수 있고, 밥 한 끼 놓치면 못 찾아 먹는 정도의 가치를 부여할 수도 있습니다. 법문을 듣는 자신의 수준이 높아지면 법사의 한계를 느끼지 못하는데, 자기 수준에 한계가 있으면 자기 소견으로 법사의 한계를 말하면서 매일 같은 소리를 한다고 느끼고 투덜거리는 것입니다.

우리의 일상생활 모든 것을 수행업으로 삼아야 합니다. 항상 수행하는 자세로 살면서 내 본마음 닦는 곳으로 회향해야 됩니다. 욕심을 버릴 때에도 남에게 칭찬받거나 존경을 받거나 다음에 어떤 이익을 바라고 하는 것이 아니라 욕심을 버린 공덕으로 깨달음 얻어지기를 바라는 곳으로 돌려야 합니다. 본마음에 맡긴다는 것도 회향한다는 뜻입니다.

마음공부가 빛을 발하는 시대

부처님께서 아난다와 함께 콜리 성 북쪽의 한 나무 아래 머무시며 여러 비구에게 말씀하셨습니다.

"너희들은 청정한 계율을 지니고 선정을 닦으며 지혜를 구하여라. 청정한 계율을 지니는 사람은 탐욕과 성냄과 어리석음을 따르지 아니하고, 선정을 닦는 사람은 마음이 산란하지 않게 되며, 지혜를 구하는 이는 애욕에 얽매이지 않으므로 하는 일에 걸림이 없다. 계정혜가 있으면 덕이 크고 명예가 널리 퍼지리라. 또 세 가지 허물을 떠나면 마침내 아라한이 될 것이다. 지금의 이 몸으로 삼매를 얻고자 하면 부지런히 깨닫기를 구해 금생이 다하도록 청정한 도에 들어가라. 마땅히 실행할 것을 행하면 죽은 뒤에 다시 윤회하는 세상에 태어나지 않을 것이다."

부처님께서는 아난다를 데리고 여기저기 다니시면서 제자들에게 세 가지 요긴한 말씀을 하셨습니다.

"너희는 마땅히 계를 지니고 선정을 생각하며 지혜를 닦아라. 이 세 가지를 잘 지키는 사람은 덕망이 높고 명예가 드날리게 될 것이다. 음란한 마음과 성내는 마음과 어리석은 마음과 잡된 생각이 없어질 것이니 이것을 일러 해탈이라 한다. 이 계행이 있으면 저절로 선정이 이루어지고 선정이 이루어지면 지혜가 밝아지리니 이를테면 흰 천에 물감을 들여야 그 빛이 더욱 선명하게 되는 것과 같다. 이 세 가지 마음이 있으면 도를 어렵지 않게 얻을 것이고 일심으로 부지런히 닦으면 금생을 마친 후에는 청정한 데에 들어갈 것이다. 이와 같이 행하면 스스로 이 몸을 버리고 다시 나지 않는 줄 알아라.

만약 계정혜의 행을 갖추지 못하면 윤회에서 벗어나기 어려울 것이다. 그러나 이 세 가지를 갖추면 마음이 저절로 열려 문득 천상·인간·아귀·지옥·축생들의 세상을 보게 되고 온갖 중생의 생각하는 것도 알게 될 것이다. 마치 시냇물이 맑으면 그 밑에 모래와 자갈의 모양을 환히 들여다 볼 수 있는 것과 같다. 깨달은 사람은 마음이 밝으므로 보고자 하는 것이 다 나타난다. 도를 얻으려면 먼저 그 마음을 청정히 해야 한다. 마치 물이 흐리면 그 속이 보이지 않는 것과 같다. 마음을 깨끗이 지니지 못하면 세상에 나고 죽음을 벗어나지 못할 것이다. 스승이 보고 말하는 것은 제자들이 마땅히 실행해야 할 것이다. 스승이라 할지라도 제자의 마음속에 들어가 그 생각을 잡아줄 수 없기 때문이다. 생각과 마음이 청정한 사람은 도를 스스로 얻을 것이다. 여래는 청정함을 가장 즐거워한다."

이상의 내용을 요약하면, "마음에 욕심이 있어서 흐려지거나 산란해지거나 어두워지면 볼 수 없으므로 맑고 고요하고 밝은 마음이라야 볼 수 있다. 맑은 마음은 계를 지켜야 되고, 고요한 마음은 선정을 닦아야 되고, 밝은 마음은 지혜가 있어야 된다. 탐심을 버리는 것은 계를 지키는 것과 연결이 되고, 진심(瞋心:화내는 마음)을 버리는 것은 선정에 든 것이고, 치심(癡心:어리석은 마음)을 다스리는 것은 지혜가 있으면 된다."는 말씀입니다.

인간의 삶을 대략 나누어 보면 신체(배)로 사는 삶, 지적인 활동(머리)으로 사는 사람, 그리고 감정(가슴)으로 사는 사람 세 가지로 나눌 수 있습니다. 본능적인 욕망을 다스린다는 것은 쉬운 일이 아닙니다. 욕망을 다 버렸다고 생각하던 사람도 돈지갑을 잃어버린 것을 발견하고 순간적으로 허둥지둥할 수 있습니다. 잘못된 관념을 무명(無明), 혹은 무지라고 합니다. 무명은 본래 없는 것인데 있다고 생각하거나, 본래 내 것이 아닌데 내 것이라고 생각하는 것입니다. 이렇게 잘못된 관념에서 착각하여 일으키는 욕심을 올바른 관념으로 조금만 바꾸어도 일상생활에서 감정을 다스리는 데 큰 도움이 됩니다. 이렇게 마음 한 번 바꾸면 싸울 일도 없어지고 마음이 편해집니다. 불교의 공사상(空思想)은 고정관념에서 벗어나자는 것입니다. 남자는 술 마시고 늦게 들어와도 된다고 생각하는 것도 고정관념입니다. 얻어먹거나 받는 것보다 베푸는 것을 더 복이 있다고 생각하고, 생일은 내가 태어난 날이 아니라 어머니가 낳아주신 날이라고 생각하는 것은 지혜로써 고정관념을 바꾼 것입니다.

자녀 교육 또한 당장 효과가 나타나지 않지만 평생교육이라 생각하고, 꾸준하게 교육시켜서 꼭 해야 될 일을 하고 싶어 하는 사람으로 만들어야 합니다. 교육에는 칭찬하는 방법과 꾸중하는 방법이 있는데 안 해야 될 일을 안 하게 하는 것은 꾸중이 효과적이고, 해야 될 일을 하고 싶어 하게 하는 데에는 칭찬이 효과적입니다. 칭찬할 때에도 방법이 있습니다. 방법은 하기 쉽고, 효과적이어야 합니다. 물건을 살 때 값 싸고 질도 좋아야 하는 것과 같습니다.

사람들이 꾸중하는 모습을 보고 제가 칭찬하는 방법을 생각해 냈습니다. 꾸중과 칭찬도 현재형, 과거형, 미래형이 있습니다. 현재형, 지금 잘못된 것을 구체적으로 따져 가면서 꾸중하는 것과 같이 칭찬도 지금 잘한 일을 구체적으로 해야 합니다. 과거형, 과거에 있었던 잘못을 동원하고 더 나아가 조상까지 들먹이면서 꾸중하듯이, 칭찬도 과거에 잘한 일까지 들먹이면서 족보를 따라가며 칭찬해야 합니다. 또 미래형, 앞으로의 일까지 예언하면서 야단을 치듯이, 미래의 좋은 예상까지 하면서 칭찬하면 됩니다.

제 이야기를 듣고 어떤 분이 "자기 아이는 잘하는 일이 하나도 없어서 칭찬할 것이 없다."고 하더군요. 그분에게 찾아보면 잘하는 것이 반드시 있을 거라고 하면서 잘 생각해 보라고 하니까 다른 것은 몰라도 심부름 하나는 잘 한다고 합니다. 그래서 "심부름을 시킬 때, 심부름을 잘 한다고 칭찬하면서 다음에 심부름센터 사장을 하면 잘 하겠다. 동네에서만 할 것이 아니라 나라와 나라를 다니면서 심부름을 하려면 무역회사를 차려야 하고, 그러기 위해서는 영어도 해야 되고, 공부도 잘 해야 된다. 공부만 조금 더 잘 하면 큰 종합상사 사장도 잘 하겠다."고 하라고 시킨 일이 있습니다. 이분이 제 말대로 실천을 했더니 정말 아이가 공부도 열심히 하고, 사람이 달라져서 우등생이 되었다고 합니다.

이와 같이 교육은 하고 싶어 하는 사람을 만드는 것에 착안해야 합니다. 이렇게 되려면 부모님이 자기를 다스릴 줄 알아서 인내심이 있어야 하고 여유가 있어야 합니다. 하고 싶어서 할 때까지 기다리려면 아이가 당장 하기 싫어할 때 그 모습을 지켜볼 줄 알아야 합니다. 아무리 속이 상해도 꾸중하지 말고 칭찬하는 방향으로 노력해야 됩니다.

인간의 운명을 좌우하는 것은 감정적인 부분이 아주 큽니다. 능력이 모자라는 사람보다 인간성이 못된 사람이 직장에서 쫓겨나고 사회에서 낙오되는 것입니다. 대학시험의 본래 의도는 이 세 가지를 다 보자는 데 있어서 체력장으로 신체적인 능력을 평가하고, 능력을 보기 위해서 학력평가를 하고, 인간성을 알아보기 위해서는 내신성적을 보는 것인데, 인간성은 객관적인 판단이 어렵다고 해서 내신성적도 학력으로 평가하고 있으니 교육이 잘못 되고 있는 것입니다. 외국에서는 평소의 봉사활동이나 헌신적인 인간성으로 내신성적을 평가합니다. 미래 세상은 로봇이 사람의 육체적인 일을 대신하고, 컴퓨터가 사람의 지적인 일을 대신 하는 사회입니다. 사람의 감정이 개입된 일의 분야만 남았다고 해도 과언이 아닙니다. 인간성 좋은 사람, 감정을 잘 조절하는 사람, 마음공부를 한 사람이 더욱 빛을 발하는 시대입니다.

관세음보살, 내 자비심의 다른 이름

『법화경』「관세음보살보문품」에 다음과 같은 내용이 나옵니다.

"만일 한량없는 백 천 만 억 중생들이 온갖 괴로움을 받을 적에 관세음보살의 이름을 듣고 일심(一心)으로 관세음보살의 이름을 일컬으면 관세음보살이 곧 그 음성을 관찰하고 모두 괴로움에서 벗어나게 하느니라."

"만약 어떤 여인이 아들을 낳기 위하여 관세음보살에게 예배하고 공양하면 문득 복덕이 많고 지혜가 있는 아들을 낳게 되느니라. 딸을 낳기를 원하면 문득 단정하고 예쁜 딸을 낳으리니 숙세에 덕의 근본을 심었으므로 모든 사람이 사랑하고 공경하리라. 관세음보살은 이와 같이 힘이 있느니라. 만약 중생들이 관세음보살에게 공경하고 예배하면 복이 헛되지 않으리라. 그러므로 중생들은 모두 관세음보살님의 이름을 받아 지닐지니라."

이것은 관세음보살이 바로 자기의 본마음 자리이기 때문에 가능한 것입니다. 그 자리에서 관세음보살의 이름을 일컫기 때문에 괴로움에서 벗어날 수 있는 것입니다. 또한 그 자리에다 온 정성을 다해 예배 공양하며 불공을 드리기 때문에 소원을 성취하는 것입니다. 지금까지 관음기도를 통해 자손을 얻은 사례는 일일이 거론하기 힘들 정도로 많습니다.

그런데 그렇게 기도로 자식을 낳았음에도 불구하고, 기도하는 마음으로 자식을 기르는 사람은 별로 없는 듯합니다. 자식을 기를 때도 본마음 자리에서 나오는 마음으로, 또 자식의 본마음 자리에 공양 올리는 마음으로 길러야 합니다. 칭찬을 하거나 꾸중을 하는 것도 마찬가지입니다. 주인공 자리에서 하면 자식의 주인공 자리가 알아들어 주인공을 만드는데, 욕심 자리에서 하니까 욕심 많은 자식을 만들고, 동물적 본능으로 하니까 동물적 본능을 지닌 자식이 됩니다. 부모가 본마음 자리에서 우러난 자비심으로 기르면 자식 또한 자비심이 넘치는 훌륭한 자식으로 성장하는 것입니다. 본래 자기 마음속에 자비심이 넘쳐나면 안 가르쳐도 다 되게 되어 있습니다.

자비도 본마음 자리에서 나온 것이라야 모든 중생에게 영향을 줄 수 있습니다. 자신의 생각이나 욕심에서 나온 자비는 상대방을 감동시킬 수 없을 뿐만 아니라 오히려 상대방을 해칠 수도 있습니다.

지금 이 시대와 앞으로의 시대는 외형적인 힘만 의지하고 살아서는 살기가 어렵습니다. 자신의 힘을 기르지 않고는 살아가기가 힘이 든다는 말입니다. 물질이 풍부해진 만큼 자기 자신이 훨씬 더 줄어들기 때문입니다. 옛날과 비교하면 욕망을 자극하는 것이 훨씬 많아져서 마음을 뒤흔드는데, 그것을 제어하고 감당할 힘은 더 작아졌지요. 유혹하고 자극하는 것은 많아졌는데 유혹에 넘어가지 않을 만큼 정신을 차리기는 더 어려워졌다는 말씀입니다. 본마음 자리로 돌아가야 합니다. 세상에서 가르치는 것은 임시적인 미봉책으로 언 발에 오줌 누기일 뿐이지요. 근본적인 자기 혁신 없이 완전한 행복과 변화는 이룰 수 없습니다.

가정에서도 마찬가지입니다. 부모님이 아들딸을 기를 때 꾸중도 하고 훈계를 합니다. 자녀를 양육하는 마음을 살펴보면, 본마음 자리가 많이 흔들린 상태입니다. 자녀를 양육하는 것이 기쁨과 환희에 넘쳐야 하는데, 과거사에 묻혀서 본인의 속이 뒤집혀 있는데 잘 기를 수가 없지요. 예를 들면 아들끼리 격렬하게 때리며 싸우는 것을 본 어머니가 마음이 격해집니다. 은연중에 자신이 어릴 적에 언니, 동생, 오빠, 남동생과 싸우던 때가 생각나서 싸우는 아들을 더 때리게 됩니다. 그와 같은 행동은 과거에 묻혀 있는 것인지라 자식을 바르게 가르칠 수 없습니다. 어머니가 순수한 마음이라면 화내지 않고 기쁜 마음으로 자식을 가르칠 수 있는데, 대부분의 어머니들이 자식에게 어떤 힘을 베풀어야 하고, 어떤 힘을 기르게 해야 할지를 모릅니다. 좋은 부모가 되기 위해서 책도 보고, 공부도 하지만 그것이 자기 본마음에서 나와야, 뼈에 사무치는 자비와 사랑이 넘쳐 나와야 힘을 발휘할 수 있습니다. 본능적인 사랑으로는 본능적인 자식밖에 못 기릅니다. 욕심이 바탕에 깔려 있는 지적인 능력은 발달될지 모르지만 그것으로는 자식을 기르는 데 큰 힘이 안 됩니다.

집을 지을 때 지상만 보고 땅 밑으로 얼마나 깊이 들어갔는지를 모르면 그것이 없는 줄 아는데, 기초공사가 가장 중요한 것입니다. 자신이 바뀌었을 때 생활이 바뀌고 환경이 바뀝니다. 쉬운 예를 들면, 내가 부지런해져서 청소를 잘 하면 방 안이 깨끗해집니다. 청소를 하지 않으면 지저분하고, 또 청소하라고 억지로 시키면 그 순간뿐입니다. 부지런한 사람이 되어야 청소를 할 것이고, 청소를 하면 방은 저절로 깨끗해지는 것입니다.

사실 알고 보면, 내적으로 자기 스스로의 힘이 갖추어지지 못하면 외적인 것을 제대로 받아들일 수도 없고, 그것을 지니고 관리할 능력도 없습니다. 사람들은 외적 환경이 변화되는 것에만 신경을 쓰는데 자기 자신을 변화시키는 것이 더 중요하다는 것을 깊이 깨달아야 합니다. 자기에게 영향을 주는 외적인 환경을 깊이 생각해 보면 다 자기가 만든 것이라고 볼 수 있습니다. 외적인 환경은 자신이 다겁 생을 두고 살아오는 과정에서 만들어온 것이고, 또 만들어가는 것입니다. 그래서 자기 자신의 변화와 혁신이 더욱 중요합니다. 이제 환경에 얽매이고 환경을 바꾸려고 애쓰기보다 자기 자신의 본래 마음자리를 찾는 데 힘을 쏟으십시오. 자신을 바꾸어야 자기의 생활을 바꿀 수 있고, 그래야 주변을 좋은 환경으로 바꿀 수 있습니다.

행근본방편(行根本方便)

용주사에 머물고 있을 때의 일인데, 어떤 학생이 마당에서 비를 맞고 앉아 있었습니다. 그 학생이 평소 싸움을 잘했는데, 하도 부모님이 마음 아파해서 각서를 쓰고 다시는 싸우지 않겠다는 맹세를 했다고 합니다. 그런데 그날 또 싸워서 너무 마음이 아파서 차라리 죽는 게 낫겠다는 생각이 들어 집에다 편지를 써놓고 나왔다고 합니다. 죽으러 가기 전에 절 마당에서 마지막으로 기도를 올리는 중이라고 하더군요.

그래서 "결론적으로, 학생은 부모에게 효도하고 싶은 것 아니냐?"고 물었습니다. 고개를 끄덕이기에, "아들이 싸워서 부모의 마음을 아프게 한 것과 아들이 죽겠다고 유서를 써놓고 나온 것 중에서 어느 것이 더 불효라고 생각하느냐?"고 묻고, 학생을 잘 타일러 집으로 돌려보낸 적이 있습니다.

이 학생처럼 사람들을 지켜보면 안타까울 때가 많습니다. 스스로 일을 잘못되게 만들어 놓고, 그 잘못을 고친다는 것이 더 큰 잘못을 저지르는 경우가 많습니다. 일의 겉만 보았지 뿌리를 보지 못하고, 환경만 고치려 했지, 문제의 근원인 자기 마음을 닦는 데는 도외시하기 때문입니다.

마음을 닦아 나가는 방편은 먼저 형식에 의해서 이루어집니다. 마음 자체만 닦는 것은 공부가 많이 된 사람이라야 이루어지는 것입니다. 처음부터 마음을 닦기는 힘듭니다. 자기의 본마음에 놓으라는 가르침을 아무리 많이 들었어도 놓는 곳과 놓는 마음이 있다고 관념적으로 생각하는 우리의 소견에서는 만족할 만큼 공부가 이루어지지 않습니다. 마음을 놓을 때 여기에다 놓으면 좋다더라고 하는 새로운 관념을 잡고, 오히려 거기에 엄청난 욕심을 보탤 수도 있습니다. 그래서 『기신론』에 보면 행근본방편, 근본을 행하는 방편이라는 내용이 나옵니다. 구체적으로 나쁜 일을 하지 않는다거나 착한 일을 하는 내용이 아니라 근본적으로 행해야 하는 방편을 뜻합니다. 적어도 근본적으로 변하지 않은 상태에서는 아무리 좋은 구체적인 방편이 있다 하더라도 이루어질 수 없다는 말입니다.

예를 들어, 마음을 다스리지 못하는 사람은 자녀를 기르는 구체적인 방법을 아무리 많이 알아도 일상생활 속에서 제대로 지키기 힘듭니다. 화가 나서 자기 마음이 흔들리면 자녀 교육 태도에 변화가 온다는 것을 알 수 있을 것입니다. 아들딸에 대한 집착으로 마음이 머물러 있는 상태, 또는 화가 나서 마음이 흔들릴 때는 제대로 교육시킬 수 없는 것입니다. 또 별 교육 효과가 없으면 소용이 없다고 생각하여 다시 제자리로 돌아가기 마련입니다. 놓아버린다는 뜻을 모르는 사람은 구체적인 방법을 들을 때마다 그렇게 해보겠다고 신경을 곤두세워서 관심을 갖지만 실천한다는 게 쉽지 않습니다. 그래서 근본을 행하는 방편을 먼저 쓸 줄 알아야 한다는 것입니다.

근본을 행하는 방편이란 한 마디로 놓아버리는 것이고 맡기는 것입니다. 조금 더 자세하게 말씀드리면, 모든 법의 자성(自性)이 본래 무생(無生)이라, 생겨나는 것이 없는지라 망상된 견해를 떠나고 집착을 떠나야 됩니다. 자성 자체가 불생불멸(不生不滅)인데, 거기에 집착하고 망령된 생각으로 삿된 견해를 붙이는 것에서 생사(生死)가 시작되고 생사에 머물게 됩니다. 그래서 본래 자성 자체에 생멸이 없는 것을 관(觀)하여 망령된 견해를 떠나야 합니다. 그러고 나서 생사에 머무르지 않고 집착하지 않고 자기 자신의 진여 자성 자리에 놓아버려야 하는데 우리는 허망한 것을 붙잡고 있는 것이 많습니다. 허망한 것을 붙잡고 그것에 매여 있기 때문에 놓아버리라고 말하는 것입니다.

물론 생사에도 머무르지 않아야 하듯 놓는 것에도 머무르고 집착해서는 안 됩니다. 일체 모든 법은 인연에 의해서 서로 화합하여 만들어지고 변화되고 있습니다. 본래 자성자리는 생사가 없는 것이지만 자성을 그대로 지키는 게 아니라 연에 따라서 변화하고 생성한다는 것을 알아야 합니다. 인과의 법을 믿고, 인연화합으로 생성되는 원리를 알아서 항상 복과 덕을 닦고 중생을 교화해야 합니다. 하지만 열반에도 머무르지 않아야 합니다. 본성 자체, 주인공 자체, 진여 자성 자체가 어디에 머무름이 없다는 것을 따르는 방편이 됩니다.

우리의 일상생활과 연결 지어서 말씀드리면, 고난에 집착하는 것은 생사에 머무르는 것이 되고, 좋은 일에 집착하는 것은 열반에 머무르는 것입니다. 좋은 일도 감사한 마음으로 놓아버려서 붙잡지 않는 것이 행근본방편입니다. 이 정도의 경지가 되지 않고서는 구체적으로 따져 봐야 소용이 없습니다. 자녀를 기르는 좋은 방법이 아무리 많이 나열되어 있어도 그것을 붙잡고 있어서는 안 된다는 겁니다. 조금 효과가 있는 듯해서 지나치게 그 법을 쓰다 보면 나중에 오히려 역효과가 나게 됩니다. 집착하지 않고 머무르지 않는 근본적인 방편이 없이는 아무리 좋은 방편도 효과가 없습니다.

행근본방편 다음에 그릇됨을 능히 막아버리는, 잘못을 저지르지 않게 하는 방편과 착한 일과 좋은 일을 많이 하는 방편, ‘중생을 다 제도하리라’는 큰 원을 세우는 방편 세 가지가 나옵니다. 진여자성과 주인공의 본성은 머무름이 없는 것이므로 어떠한 경우에도 머무르면 안 됩니다. 세상살이에서 일어나는 갖가지 고민을 해결하자면 중생의 수많은 망상을 놓아야 합니다. 어려운 일이든 쉬운 일이든, 좋은 일이든 나쁜 일이든 집착을 다 놓고 오로지 자기 마음의 본성에 입각해서 살아야 합니다. 머무름이 없는 것에 의지해서 살아야 한다는 말씀입니다. 따지고 들어가면 의지하는 놈도 없고 의지 받는 놈도 없지만 방편으로 그렇게 놓으라고 말합니다. 수행이 어느 정도의 단계에 올라서면 놓을 것도 없어집니다.

어쨌든 세상을 사는 데 가장 좋은 방법은 놓아버리는 것입니다. 또한 근본을 행하는 방편을 하지 않고서 곁가지밖에 안 되는 문제 해결로 세상일을 하겠다는 생각은 절대로 하지 말아야 합니다. 이 세상 모든 일과 문제는 근본방편으로 해결해야 한다는 것을 명심하고 늘 근본, 뿌리부터 챙기는 생활습관을 가지시기 바랍니다.

나는 이렇게 살고 싶었다

지은이　　　_ 정락
2009년 5월 15일 초판 발행
2011년 11월 17일 6쇄 발행

펴낸이　　　_ 박상근(至弘)
주간　　　　_ 류지호
책임편집　　_ 사기순
디자인　　　_ 백자복
사진　　　　_ 하지권
녹취봉사　　_ 손경자
제작　　　　_ 김명환
홍보마케팅 _ 허성국, 김대현, 김영수
관리　　　　_ 윤애경

펴낸 곳　　　불광출판사
110-140 서울시 종로구 수송동 46-21
대표전화　　02) 420-3200
편집부　　　02) 420-3300
팩시밀리　　02) 420-3400

출판등록 제1-183호(1979. 10. 10)

ⓒ정락, 2009
ISBN 978-89-7479-559-7. 03220

값 15,000원

독자의 의견을 기다립니다.
http://www.bulkwang.co.kr

잘못된 책은 바꾸어 드립니다.

불광출판사는 '불서(佛書)와의 만남이 부처님과의 만남'이라는 신념으로 책을 펴냅니다.
부처님의 빛으로 우리에게 본래 깃든 부처의 씨앗을 싹틔우는 책을 출판, 개개인의 성장을 돕고
이웃을 밝히고 사회를 밝혀 모두가 행복한 세상을 일구는 주춧돌이 되고자 합니다.